与这些不同时段的"知识人"同在的感觉,是学术之于我的一份特殊赐予,我珍视这种经历与感觉。我也曾设想在京城及周边地区搜寻明清之际士大夫的踪迹。即使遗痕全无,也无妨站在"实地",遥想其时情景,追寻那些痕迹被"岁月的潮水"冲刷的过程。

明清之际的思想与言说

（增订本）

MINGQING ZHIJI
DE
SIXIANG YU
YANSHUO

赵园 著

陕西新华出版
陕西人民出版社

赵园，1945年生。1969年北京大学中文系本科毕业，1981年北京大学中文系研究生毕业，师从王瑶先生。中国社会科学院文学研究所研究员。著有《北京：城与人》《地之子》《明清之际士大夫研究》《易堂寻踪——关于明清之际一个士人群体的叙述》以及散文集《独语》《红之羽》等。

目录

说"戾气"——明清之际士人对一种文化现象的批判 / 001

那一个历史瞬间 / 035

时间中的遗民现象 / 103

谈兵——关于明清之际一种文化现象的分析 / 141

常态与流离播迁中的妻妾——明清之际士大夫与
　　夫妇一伦（之一）/ 225

我读傅山 / 265

附录

《明清之际士大夫研究》后记 / 291

《制度·言论·心态——〈明清之际士大夫研究〉续
　　编》后记 / 307

说"戾气"

——明清之际士人对一种文化现象的批判

明代的政治暴虐，已是一个常识性话题，且已获得某种象喻资格——常常被人因特定情境而提到，如在20世纪三四十年代。丁易那本《明代特务政治》，就是当时的讽喻之作。一时的左翼史学家，很少不利用这现成的题材的。我以为，较早而有力地运用了这象喻的，仍然是鲁迅。这是后话。在本文中，我更关心亲历过那时代的士大夫的反应和反应方式，尤其他们对所处时代的批判及所达到的深度，以及他们对所置身其间的时代氛围——也即他们本人的生存情境的感觉与描述。明代学术虽以"荒陋"为人诟病，明代士人却不缺乏对自己时代的批判能力，尤其在明清之交，经历了劫难的那一代人，尤其其中的思想家。那一代士人中的优秀者所显示的认识能力，为此后相当一段时间的士大夫所不能逾越。

我注意到了王夫之对"戾气"对于士的"躁竞""气矜""气激"的反复批评。以"戾气"概括明代尤其明末的时代氛围，有它异常的准确性。而"躁竞"等，则是士处此时代的普遍姿态，又参与构成着时代氛围。

我还注意到同处此时代的著名文人，与如王夫之这样的大儒的经验的相通：对上文所说"时代氛围"的感受，以至于救病之方；尽管他们完全可能是经由不同的途径而在某一点上相遇的。但这绝不像是偶尔的邂逅。事实与认识的积累，使得有识之士在不止一个重大问题上默契、暗合。就本文所论的问题而言，我注意到的，就有钱谦益的有关议论。

钱谦益以其文人的敏感，也一再提到了弥漫着的戾气。他在《募刻大藏方册圆满疏》中描述他对于世态人心的体察："劫末之后，怨怼相寻，拈草树为刀兵，指骨肉为仇敌，虫以二口自啮，鸟以两首相残……"（《牧斋有学集》卷四一，页1399，上海古籍出版社，1996）他说到普遍的"杀气"，说"刀途血路"，说毁灭人性的怨毒和仇恨。他另由一时诗文，读出了那个残酷时代的时代病。"兵兴以来，海内之诗弥盛，要皆角声多，宫声寡；阴律多，阳律寡；噍杀恚怒之音多，顺成啴缓之音寡。繁声入破，君子有余忧焉。"（《施愚山诗集序》，同书卷一七，页760）"噍杀"是他常用的字面。以降清者作此诗论（所论且多为遗民诗），你得承认，是需要点勇气的。由此不也可见钱氏的气魄？无论开的是何种药方，钱谦益是明明白白提到了"救世"的。他所欲救的，也正是王夫之、顾炎武们认为病势深重的人性、人心①。

一时的有识者对时代氛围有感受的相通。朱鹤龄说："今也举国之人皆若饿豺狼焉，有猛于虎者矣。"（《获虎说》，《愚庵小集》卷一四，页658，上海古籍出版社，1979）张尔岐《广戒杀牛文》极言"杀人之惨"，曰："杀牛之惨，戒惧迫蹙，血肉淋漓而已；杀人之惨，则有战惧而不暇，迫蹙而无地，血肉淋漓充满世间而莫测其际者；何也？杀牛者，刀砧而已；杀人者，不止一刀砧也。"说"使天下之人无生路可移，相率委沟壑而死，即为杀人"（《蒿庵集》卷三，页14，齐鲁书社，1991）。方以智写于丧乱中的文字，亦颇有血的意象，如曰"弥天皆血""古今皆血"（参看《浮山文集后编》，《四库禁毁书丛刊·集部》）。王夫之的《蚁斗赋》（《船山全书》第15册，岳麓书社，1995）也可读作有关其时时代空气、历史氛围的寓言。明末刘宗周致书其时首辅温体仁曰："乃者嚣讼起于累臣，格斗出于妇女，官评操于市井，讹言横于道路，清平世宙，成何法纪，又何问国家扰攘！"（《上温员峤相公》，《刘子全书》卷二〇，道光甲申刻本）吴伟业、陈维崧也说戾气、杀

---

① 钱氏在《徐季重诗稿叙》中引师旷语（"南风不竞，多死声"云云），说："何谓死声？怨怒哀思，怗懘噍杀之音是也"，其与夏声皆"生于人心，命乎律吕，而著见于国运之存亡废兴、兵家之胜败"（《牧斋有学集》卷一八，页796）。在《题纪伯紫诗》中，说："愿伯紫少闷之"，"如其流传歌咏，广赍焦杀之音，感人而动物，则将如师旷援琴而鼓最悲之音，风雨至而廊瓦飞，平公恐惧，伏于廊屋之间，而晋国有大旱赤地之凶。可不慎乎！可不惧乎！"（同书卷四七，页1549）但钱氏非全用此一标准，如《题燕市酒人篇》，即有对时调的理解。

气，甚至也用"噍杀"的字面，当然也不是偶然的思路相遇。①

王夫之等所提供的以上描述，并不足以标明深度。由儒家之徒与受儒家思想熏陶的士人说出上述明显事实，是不会令人惊讶的。明清之际有识之士的深刻处，更在于他们由此而对明代政治文化、明代士文化的批判，比如对暴政所造成的精神后果的分析。在这方面，王夫之的有关评论，仍然具有更为犀利的性质。

暴政—对抗

不消说，明末上述民情士风，是整个明代政治的结果。王夫之借诸史论（亦政论）对于暴政的批判，有着无可置疑的针对性。

士所谈论的政治暴虐，首先系于士群体的经验，也即施之于士的暴政。明太祖杀戮士人，对于有明二百余年间"人主"与士的关系，是含意严重的象征。明初的士人，就已由此感到其生存的极端严峻性。苏伯衡比较了元、明当道者之于

---

① 吴伟业说戾气、杀气，见吴伟业《太仓州学记》《观始诗集序》《扶轮集序》等篇，均见《吴梅村全集》，上海古籍出版社，1990。陈维崧《王阮亭诗集序》说："胜国盛时，彬彬乎有雅颂之遗焉。五六十年来，先民之比兴尽矣，幼渺者调既杂于商角，而亢戾者声直中夫鞞铎，淫哇噍杀。弹之而不成声。夫青丝白马之祸，岂侯景任约诸人为之乎？抑王褒庾信之徒兆之矣。"（《湖海楼全集·文集》卷一，乾隆乙卯浩然堂刊本）与钱、吴等人思路相接。顾炎武也曾批评"北鄙杀伐之声"（参看《日知录》卷三《孔子删诗》条）。

士，以为元之于诸生，"取之难，进之难，用之难者，无他，不贵之也。不贵之，以故困折之也"。明之于诸生则不然，"取之易，进之易，用之易者，无他，贵之也。贵之，以故假借之也"。苏氏不便明言的是，与其"假借之"，不如"困折之"："夫困折之，则其求之也不全，而责之也不备。假借之，则其求之也必全，而责之也必备。"（《苏平仲文集》，四部丛刊初编集部）到明清之交，士人对其命运的表达，已无须如此含蓄。黄宗羲就径直说明代皇帝对士"奴婢"蓄之，怨愤之情，溢于言表。①

对施之于士的暴政，明代士人对"厂卫"及"廷杖""诏狱"的批判尤为集中。据《明史·刑法志》，明代的廷杖之刑自太祖始；到正统时，"殿陛行杖"已"习为故事"。诏狱始于汉武帝，"明锦衣卫狱近之，幽系惨酷，害无甚于此者"。"廷杖""诏狱"是士人蒙受耻辱的标记，透露着明代帝王面对士人时的复杂心态，包括隐秘的仇恨。王夫之在其史论中说到廷杖、诏狱之为对臣的污辱（"北寺之狱，残掠狼藉，廷杖之辱，号

---

① 参看《明夷待访录·奄宦上》，《黄宗羲全集》第 1 册，浙江古籍出版社，1985。黄宗羲还借阐发师说（按：师即刘宗周）曰："顾后来元明之开创者，不可称不嗜杀人，而天下为威势所劫，亦就于一，与秦隋无异……盖至此天道一变矣……""然后世君骄臣谄，习而成故，大略视臣如犬马，视君如国人者，居其七八。顾亦有视之如土芥，而视君如腹心者，君子多处于是，如黄石斋、成元升之类；……"（《孟子师说》卷一、卷四，同书页 51、105。黄石斋，黄道周；成元升，成德）

呼市朝")，以之为"为人君者毁裂纲常之大恶"①。王氏更关心三代以下对于士的戮辱的后果："身为士大夫，俄加诸膝，俄坠诸渊，习于诃斥。历于桎梏，褫衣以受隶校之凌践。"隐忍偷生，又怎能指望他们"上忧君国之休戚，下畏小民之怨讟"（《读通鉴论》卷二，页 106）呢！王夫之无疑以为弥漫天下的"戾气"，正由君主所激成（参看《读通鉴论》卷二四）②。

处此时代，士人的命运之感，其精神创伤是不待言的。王夫之说宋太祖的"盛德"（其对立物即"凉德"），即不免是一种命运感的表达，充满了遗憾与无奈。"易代"固然是痛苦，但如王夫之、黄宗羲的大胆言论又使人想到易代的某种"解放意义"——那种批判以及怨愤表达，也只有在明亡之后才成为可能；虽然即使激烈如黄宗羲，也并未发挥其"君"论、"公私"论的逻辑可能性，对比如其自身社会角色、其与"明"的政治关系，做出不同于他人的描述。

历史文本关于廷杖、诏狱以及其他肉刑的记述中，往往

---

① 《读通鉴论》卷三〇，《船山全书》第 10 册，页 1137，岳麓书社，1988。祁彪佳也说过："盖当血溅玉阶，肉飞金陛，班行削色，气短神摇。即恤录随颁，已魂惊骨削矣。"语见《明季南略》卷二，页 79，中华书局，1984。

② 同卷王氏说："习气之薰蒸，天地之和气销铄无余。推原祸始，其咎将谁归邪？习气之所由成，人君之刑赏为之也"（页 929）。万斯同《读洪武实录》也说明太祖"杀戮之惨一何甚也"，"盖自暴秦以后所绝无而仅有者"（《石园文集》卷五，四明丛书）。孟森说崇祯"茫无主宰。而好作聪明。果于诛杀"（《明本兵梁廷栋请斩袁崇焕原疏附跋》，《明清史论著集刊》，页 27，中华书局，1959）。钱穆《晚学盲言》四一《帝王与士人》："在中国历史上，开国之君与其同时之士最疏隔者，在前为汉高祖，在后为明太祖。而明太祖尤甚。"（台北东大图书股份有限公司版）

即有创伤感，比如由明遗臣或亲历过明末政治的士人参与撰稿的《明史》。有明二百余年间，对于廷杖、诏狱以及明代刑法的其他弊端，屡有批评。[①] 即如廷杖，批评者所强调的，几乎从来不是肉体的痛楚，而是其作为对于士的侮辱。明代人主似乎特别有侮辱臣下的兴致。太祖朝即有大臣"镣足治事"（《明史》卷一三九《茹太素传》）；成祖则在"巡幸"时，令"下诏狱者率舆以从，谓之随驾重囚"（同书卷一六二《尹昌隆传》）；正德朝"杖毕"了公卿即"趣治事"（同书卷九五），也就不能不说合于祖宗的家法了。

王夫之在其《宋论》中，说宋代人主的宽仁（"不杀士大夫"，"以宽大养士人之正气"，"文臣无欧刀之辟"，"其于士大夫也……诛夷不加也，鞭笞愈不敢施也"）[②]，无疑有甚深的感慨在其间。但王氏不同于常人的思路，更在对士大夫反应方式的关注。堪称怪论的是，他以为正是士的隐忍偷生，鼓励了暴政。士处廷杖、诏狱之辱的对应方式，应是如高攀龙似的以自杀保全尊严（《读通鉴论》卷二，页107）[③]。这里姑且

---

① 洪武朝刘基、叶伯巨，嘉靖朝霍韬，万历朝李沂，南明弘光朝祁彪佳对廷杖、诏狱的批评，均载在《明史》（分别见《明史》卷一三六、卷一三九、卷九五、卷二三四、卷二七五）。赵翼《廿二史劄记》卷三四"擅挞品官"条，也记有明代"违例肆威""擅挞品官"的事例。《廿二史劄记》，中国书店，1990。

② 分别见《船山全书》第11册《宋论》卷一，页23—24；卷一〇，页227，岳麓书社，1992。

③ 王夫之说："臣之于君，可贵、可贱、可生、可杀，而不可辱。""至于辱，则君自处于非礼，君不可以为君；臣不知愧而顺承之，臣不可以为臣也。""使诏狱廷杖而有自裁者，人君之辱士大夫，尚可惩也。高忠宪曰：'辱大臣，是辱国也。'大哉言乎！故沈水而逮问之祸息……"（同书卷二，页107）

不论责人以死是否正当，不妨认为，王氏在此所论"臣道"（即不辱身），更出于某种对朝廷政治深刻的失望。

由王夫之的著述看，似乎"竞""争"等字样，更能概括他所以为的明代的政治文化性格，与他所感受到的时代氛围。君臣"相摧相激""尊卑陵夷，相矫相讦"，主上刻核而臣下苛察，浮躁激切，少雍容，少坦易，少宏远规模恢宏气度，君臣相激，士民相激，鼓励对抗，鼓励轻生，鼓励奇节，鼓励激烈之言伉直之论，轻视常度恒性，以至"天地之和气销烁"，更由"习气之熏染"，"天下相杀于无已"（参看《读通鉴论》卷八、卷六、卷二四等）——可由明清之交种种酷虐景象证明。王夫之所谓"戾气"，首先即指此相争相激的时代风气。在他看来，人之有邪正，政之有善恶，均属"固然"；"尤恶其相激相反而交为已甚也"（同书卷二一，页818）。明亡于此种"争"。对此，那些一味与小人"竞气"的君子，"使气而矜名"的正人，是得辞其咎的。这意思他也不厌重复地说过，可见感慨之深。

上下交争，构成了明代政治文化特有的景观，有关的历史文本，令人看到的，是极度扰攘动荡的图画。正德、嘉靖朝诸臣群起而争，人主对群臣大批杖杀、逮系，足称古代中国政治史上的奇特一幕。"诸臣晨入暮出，累累若重囚，道途观者无不泣下。而廷臣自大学士杨廷和、户部尚书石玠疏救外，莫有言者。士民咸愤，争掷瓦砾诟詈之。"（《明史》卷一八九）这场面在正德朝；至若嘉靖朝，则"笞罚廷臣，动至数百，乃祖宗来所未有者"（同书卷一九〇）。两朝诸臣之争，都声势浩大。史称"抗言极论，窜谪接踵，而来者愈多；死相枕藉，而赴蹈恐后"（同书卷一八九）。至于景帝时，且有廷臣群殴，当场捶杀政敌，"血渍廷陛"者。清议也参与了争持。"居官有所执争，则清议翕然归之"（同书卷二五四）；"朝所为缧辱摈弃不少爱之人，又野所为推重怅叹不可少之人。上与下异心，朝与野异议"（同书卷二五八）。至于"草民"，则以"罢市""诉冤""遮道号哭"或"诟詈"以至登屋飞瓦，来干预政治。这里还没有说到其他的形式多样的对抗，以及规模愈来愈大的民变、奴变。梁启超在其《中国近三百年学术史》中，说明代"士习甚嚣"，印象即应得自有关的历史文本。不妨认为，明末士人前仆后继地赴死，也应因这个蔑视生命的时代和无休止的对抗所激发的意气。

以布衣参与明史局的万斯同，所见也正是这样的戾气充溢的时代。他说嘉靖朝"……至大礼议定，天子视旧臣元老真如寇仇。于是诏书每下，必怀忿疾，戾气填胸，怨言溢口。而新进好事之徒，复以乖戾之性佐之。君臣上下，莫非乖戾之气……"（《书杨文忠传后》，《石园文集》卷五，《四明丛书》）"人主略假以恩宠，遂人人咆哮跳踉，若猘犬之狂噬"（《书霍韬传后》）。黄宗羲《子刘子学言》录刘宗周语，谓"上积疑其臣而蓄以奴隶，下积畏其君而视同秦越，则君臣之情离矣，此'否'之象也；卿大夫不谋于士庶而独断独行，士庶不谋于卿大夫而人趄人诺，则寮采之情离矣，此'睽'之象也"

（《黄宗羲全集》第1册，页276—277）。黄宗羲描述明末政治，也引陆贽"上下交战于影响鬼魅之途"为言（《光禄大夫太子太保吏部尚书谥忠襄徐公神道碑铭》，《黄宗羲全集》第10册，页239，浙江古籍出版社，1993）。儒家之徒从来不乏此种政治敏感。

乖戾、睽、否，已属共识。王夫之持论的特殊处，在于他所说"戾气"，不只由人主的暴虐，也由"争"之不已的士民所造成。这里的"士"的"民"的批评角度，才更是他独具的。

王夫之不斤斤于辨正义与否，他更注重"争"这一行为的破坏性，近期与长期效应，尤其于士本身的精神损害，自与俗见时论不同。他一再批评明代士人的"气矜""气激""任气""躁竞"，"激昂好为已甚"，好大言"天下"，好干"民誉"，"褊躁操切"，"矫为奇行而不经"；批评他们所恃不过"一往之意气"，"一时之气矜"，"有闻则起，有言必诤"（参看《读通鉴论》卷五、卷八等）；说"争"中的君子小人，因其"术"近（即争之不以其道），相去不过"寻丈之间而已"（《宋论》卷三，页103），适足以贻害世道人心；真正的"社稷之臣"不如此，他们"夷然坦然""雅量冲怀""持志定"而不失"安土之仁"，是"不待引亢爽之气自激其必死之心"的（《读通鉴论》卷八，页332）。这意思，他也不厌其烦地一再说过。

明代士习之嚣，不只表现于朝堂之上。黄宗羲以及钱谦益、吴伟业等人都说到过士人好攻讦，后进晚生好妄评前辈诋毁先贤（黄宗羲比之为"里妇市儿之骂"）；钱谦益本人亦蒙好骂之讥。至于王夫之所说士大夫的"诋讦""歌谣讽刺",则仍属政治斗争的手段,是廷上之争的继续。

然而王夫之所开的药方也未必恰对症候。"正人"不与争锋,使小人"自敝",代价若何?王氏的"非对抗"(不相激,不启衅,守义候命)的原则,其实践意义是大可怀疑的。可以确信的是,到天启、崇祯朝,"交争"之势已无可改变,虽然争亦亡不争亦亡,其间得失仍有事后不可轻论者。且"不争"说亦嫌笼统。"争"也有种种。陈垣论明清之交法门纷争,说:"纷争在法门为不幸,而在考史者视之,则可见法门之盛。嘉、隆以前,法门阒寂,求纷争而不得。"(《明季滇黔佛教考》卷二,页 48,中华书局,1962)至于王氏本人的史论,其锋锐犀利,也正是明人作风,在王氏,不消说出诸"不容已"——不也可据此理解明代士人之争?

施虐与自虐

我到现在为止,还只谈到了明代士人对暴政的反应之一种——对抗姿态,还未及于这种反应之于他们本身的作用,以至他们与暴政更深刻的联系。我将逐步涉笔这一层面。

不妨认为,明代的政治暴虐,非但培养了士人的坚忍,而且培养了他们对残酷的欣赏态度,助成了他们极端的道德主义,鼓励了他们以"酷"(包括自虐)为道德的自我完成——畸形政治下的病态激情。即如明代士人对于"薄俸"的反应。

"薄俸"较之廷杖、诏狱，是动机更为隐蔽的虐待。《明史》中所描述的士人（且是其"仕"者）之贫多出乎常情，"贫不能葬""殁不能具棺殓""贫不能归""贫不能给朝夕""贫不能举火""炊烟屡绝""所居不蔽风雨"等等。曾秉正"以忤旨罢"，"贫不能归，鬻其四岁女。帝闻大怒，置腐刑，不知所终"（《明史》卷一三九），是洪武朝的事。宣德皇帝也不禁叹曰："朝臣贫如此。"（卷一五八）

薄俸鼓励"贪墨"，也鼓励极端化的"砥砺节操"。士以"苦节"作为对虐待的回应，"士论""民誉"则有效地参与了这一塑造"士"的工程。轩輗"寒暑一青布袍，补缀殆遍，居常蔬食，妻子亲操井臼"（《明史》卷一八五）；秦纮"廉介绝俗，妻孥菜羹麦饭常不饱"（《明史》卷一七八），均号称廉吏。陈有年"两世膴仕，无宅居其妻孥，至以油幙障漏。其归自江西，故庐火，乃僦一楼居妻孥，而身栖僧舍"，时人许为"风节高天下"（《明史》卷二二四）。陈道亨"穷冬无帏，妻御葛裳，与子拾遗薪爇以御寒"，与邓以赞、衷贞吉，号"江右三清"（《明史》卷二四一）。然而终明之世，对薄俸的批评，较之对廷杖、诏狱的批评，声音要微弱得多。因而王夫之对薄俸的人性后果的分析就尤为难得，对此，我将在下文中谈到。

平居贫，临难死，且是可不贫之贫，非必死之死——似与生命有仇，非自戕其生即不足以成贤成圣。这里有传统儒家的"造人"神话；但在如明代这样严酷的历史时代，儒家道德仍不可避免地被极端化了。一种显然的政治虐待，被当作士人被造就的必要条件；被强加的政治处境，倒像是成全了苦修者。这种准宗教精神，开脱了暴政，将施虐转化为受虐者的自虐（且以"甘之若饴"为高境界）。明儒相信"紧随身不可须臾离者，贫贱也"（朱得之《语录》，《明儒学案》卷二五，页589，中华书局，1985）；相信"苟不能甘至贫至贱，不可以为圣人"（王阳明语，同书卷一九，页443）。至于王艮的说尊生，以为"人有困于贫而冻馁其身者，则亦失其本而非学也"（《心斋语录》，同书卷三二，页715），在道学中人，真乃空谷足音。

"砥砺"至于极端，即是自虐；有关的清议、士论，欣赏、赞美苦行，则属帮同肆虐。明人的自虐并非只在宗教修行的场合。你读徐渭、李贽的传记材料，会震惊于其人自戕所用方式的残酷——施之于自身的暴力。宋、明儒者好说"气象"，如说"王道如春风和气，披拂万物，墨者之憔劳瘠疲，纯是一团阴气"（《孟子师说》卷三，《黄宗羲全集》第1册，页82）。而明代士人提倡坚忍，颂扬苦行，其气象正有近墨处。从朝堂上的争持，到明亡之际的"赴义"，凡知其不可而为的，有不少即出于自虐以致自杀（死是最甚的虐待）的冲动，其"从容"与"慷慨"（王夫之对这二者，又有精细的辨析），常常正源于绝望的惨烈激情。

《小腆纪传》卷五六记姜埰事："……与熊开元同下诏狱，逮至午门，杖一百，几死，复系刑部狱。甲申，正月，谪戍宣州卫。"明亡，姜氏自称"宣州老兵"，"病革，语其子曰：'敬亭，吾戍所也，未闻后命，吾犹罪人也，敢以异代背吾死君哉！'卒葬宣城"。（《小腆纪传》卷五六，页615，中华书局，1958）吴伟业"脾肉犹为旧君痛"句（《东莱行》）即记此事。姜埰事，黄宗羲也曾记及，作为明臣不记旧怨尽忠于明的例子。归庄《敬亭山房记》记姜、熊之狱，说崇祯"始不知辅臣之奸，故罪言者，然刑亦已滥矣"；到"劾者之言既验"，"而犹久锢之狱，烈皇帝毋乃成见未化而吝于改过欤"。同案的熊开元"每言及先朝，不能无恨"，姜氏的"绝无怨怼君父之心"，"可谓厚矣"（《归庄集》卷六，页361，上海古籍出版社，1984）。在有关姜埰的记述中，确也是将其作为对待政治不公正的范例表彰的。

明儒好谈处患难，也因"患难"是他们的经常处境。[1]《明儒学案》中屡见明代士人以廷杖、诏狱为修炼的记述。"周子被罪下狱，手有梏，足有镣，坐卧有匣，日有数人监之，喟然曰：'余今而始知检也……'"（周怡《囚对》，《明儒学案》卷二五，页593）聂豹系诏狱，慨然曰："嗟乎！不履斯境，疑安得尽释乎！"（罗洪先《杂著》，《明儒学案》卷一八，页419）杨爵久处狱中，以为"今日患难，安知非皇天玉我进修之地乎"

---

[1] 但也必须说明，苦行仍然只是一部分士人的生存方式。明人（尤其江南文人）的豪奢，也屡见于记述，且被作为"江左风流"而为人所乐道。如黄宗羲所记陈继儒、吴伟业所记冒襄。吴氏《冒辟疆五十寿序》中有"青溪、白石之盛，名姬骏马之游，百万缠头，十千置酒"等句（《吴梅村全集》卷三六，页774）。即遗民中亦有另一种生活：不但不废吟咏，且依然置酒高会，声伎满前，虽诗中例有愁苦之句，日常生活却颇不寂寞。如清初吴中诗人的社集、文酒之会，豪兴即不减明亡之前。

(杨爵《漫录》，《明儒学案》卷九，页170)！而狱中讲学论道，更被传为佳话。吴伟业撰谢泰宗墓志铭，其中所记黄道周事，有令人不忍卒读者。"……予杖下诏狱，万死南还，余与冯司马遇之唐栖舟中，出所注《易》读之，十指困拷掠，血渗漉楮墨间，余两人愕眙叹服，不敢复出一语相劳苦，以彼其所学，死生患难岂足以动其中哉！"(《吴梅村全集》卷四五，页941)但你毕竟不是吴伟业。你由此类记述中，读出的就不只是明儒的坚忍，还有他们心性的"残"与"畸"，他们以受虐(亦自虐)为政治摧残下痛苦的宣泄；你甚至疑心这种嗜酷，掩蔽着弱者式的复仇：以血肉淋漓、以死为对施虐的报复。当然黄道周、刘宗周之类的大儒自应除外。明代学术或无足以夸炫，令明人骄傲的，也许即此一种"刀锯鼎镬学问"吧。

患难之大，莫过于死，关于处生死的谈论自是士人的常课——并非到明亡之际才如此。据说王守仁居龙场时，"历试诸艰，惟死生心未了，遂置石棺，卧以自炼"(《明儒学案》卷二二，页527)。可知士人于明亡之际处生死，亦渐也，非一朝一夕使然。明代士论不仅鼓励难进易退，且鼓励难生易死。"平日袖手谈心性，临难一死报君王。"谈心性固可议，而不惜一死，确可认为是一种"士风"。

自虐式的苦行以及自我戕害，更是明遗民的生存方式。受虐与自虐，在许多时候难以再行区分。至于遗民的"苦节"，甚至在形式上都与节妇、烈女如出一辙，其自虐且竟为"不情"极其相像：有关"节操"表达式的匮乏。顾炎武的"饲沙苑蕨藜",尚可言"恢复"的准备,而其他著名遗民(如徐枋,如李确)的苦节,则更像蓄意的自惩。全祖望记周元初明亡后与友人唱和,其诗"务期僻思涩句,不类世间人所作",其人行为之奇僻亦类此:"黄虀脱粟,麻衣草履,极人间未有之困,方陶然自得也"(《周监军传》,《鲒埼亭集》卷二七,四部丛刊初编集部)。方以智以贵公子、朝臣(崇祯朝)一旦披缁,即如苦行头陀,"披坏色衣,作除馑男",亦像刻意为之。厉风节而趋极端,一向为明代士风所鼓励。辞受取与不苟,必至绝粒如沈昀,"风节"才堪称"殊绝"(同书卷一三《沈华甸先生墓碣铭》)①——时人及后人,乐道的即此"殊绝";在这一点上,"雅""俗"文化正有同好。遗民中更有自戕以祈死者。周元懋狂饮成疾,全祖望说:"其四年中巧戕酷贼以自盘,其宋皇甫东生之流与?"(《周思南传》,同书卷二七)这里尚未说到遗民群体的自我监督,其较之平世尤为苛酷的道德标准(竟少有人能"确然免于疑论"),遗民在此士风时论之下用心之苦、守节之难。在我看来,明遗民的自我惩创也正因于创伤感;这也是明清之交时代病之一种。不妨认为,明遗民行为的极端性,是有明二百余年间士风的延展;但因有此极致,其不合理,其为对生命的戕害,也更清楚地呈露出来,启发了士之有识者的批判意识。

---

① 李确(蜃园先生)的穷饿而死更是显例。关于其事,魏禧记之甚详,参看《魏叔子文集》卷六《与周青士》(《宁都三魏文集·魏叔子文集》,道光二十五年谢庭绶重刊)。全祖望《蜃园先生神道表》(《鲒埼亭集》卷一三)亦有记述。

自虐而为人所激赏的自然还有节妇烈女，她们亦乱世不可或缺的角色。本来，苦节而不死的贞妇也是一种"遗民"，其夫所"遗"，倒不为乱世、末世所特有，也证明了女性生存的特殊艰难①。失节者则另有其自虐。读吴伟业文集，你不难感知那自审的严酷与自我救赎的艰难。这一种罪与罚，也令人想到宗教情境。

处"酷"固属不得不然，但将处酷的经验普遍化(也即合理化)，不可避免地会导致道德主义；更大的危险，还在于模糊了"仁""暴"之辨，使"酷虐"这一种政治文化内化，造成对士人精神品质的损伤。这种更隐蔽也更深远的后果，是要待如王夫之这样的大儒才能发现的。

仁暴之辨

道德化是儒家文化的一部分，自虐式的"砥砺"仍可认为是反应过当。更令有识之士为士风民俗忧的，是远为凶险且不易救治的精神疾患：普遍的残忍(包括士的嗜杀)与刻核。这类时代病的发现与救治要求，才出诸更深入的人性体察，也更能见出儒家之徒的本色。张履祥说"乱世残酷之迹"，曰："后代史书有最不忍读者，如'屠城''坑卒''尽杀之'之类，

① 明清之际的文献，记烈妇、贞女，其死亦有至惨者，时论之嗜"奇"嗜"酷"，更甚于对男子。论男子之死，尚顾及所谓的"经"，对妇人、女子，则更称许其"过"(过情之举)。那些出诸男性手笔的节烈事状，正透露着男性的自私与偏见。

又如'夷其族''族其家''下狱论死，天下惜之''皆弃世，天下冤之'之类，不能不使人唏嘘流涕也。……春秋而后，不仁之势，若火之燎于原，若水之滔于天，……"[《备忘(二)》，《杨园先生全集》卷四〇，道光庚子刊本]至于如王夫之的将上述精神病象归因于明王朝的政治性格对于士人的塑造，出自独见，亦其史论及政论的深度所在。他的政治文化批判，同时指向朝廷政治的苛酷与士人的刻核，同时指向施之于自身的与施之于他人的暴力——尤其其间的逻辑联系，于此而论病态政治下士人人性的斫丧，于此而论"仁""暴"之辨，尤令人惊心动魄。

郑晓《今言》记刘瑾"坐谋反凌迟"，"诸被害者争拾其肉而嚼之，须臾而尽"（卷二第167条，页96，中华书局，1984）。袁崇焕之死在崇祯三年。据《明季北略》，袁崇焕被磔时，京都百姓"将银一钱，买肉一块，如手指大，啖之。食时必骂一声，须臾，崇焕肉悉卖尽"（卷五，页119，中华书局，1984）。前于此，另一名将熊廷弼亦死于君主的苛察与朝臣的党争。其人被逮后，每遇朝审，行道之人必以瓦砾掷熊流血满面(此亦草民干政的情景)——如此"人主"，如此百姓！这才可称末世景象。食人在明代已有先例，但明末杀袁崇焕与杀郑鄤，仍然是杀戮士人(且均残酷到令人发指)的突出例子。在这方面，明王朝也有始有终，完成了其政治性格。

鲁迅在《忽然想到》中说："试将记五代，南宋，明末的事情的，和现今的状况一比较，就当惊心动魄于何其相似之甚，仿佛时间的流驶，独与我们中国无关。现在的中华民国还是五代，是宋末，是明季。"(《鲁迅全集》第三卷，页17，人民文学出版社，1981)此时乃1925年。鲁迅以为可比的，首先即"凶酷残虐"。他另在《偶成》中提到剥人皮的永乐皇帝与流贼张献忠(同书第四卷)。在《晨凉漫记》里，又说到张献忠的"为杀人而杀人"(同书第五卷，页235)。写《病后杂谈》时，他再次谈到记述张献忠暴行的那本《蜀碧》以及《蜀龟鉴》，仔细录出其中记剥皮的文字，由张献忠之剥皮说到孙可望之剥皮，更上溯到永乐的剥皮，说"大明一朝，以剥皮始，以剥皮终，可谓始终不变"(同书第六卷，页167)。关于永乐的残忍，还在《病后杂谈之余》中说起过。但鲁迅以为"酷的教育，使人们见酷而不再觉其酷"，"所以又会踏着残酷前进"(《偶成》，同书第四卷，页584—585)①，仍是那个革命年代的趣味，与下面将要谈及的王夫之，思路容或不同。

为鲁迅所痛疾的剥皮，确也更是明代君主的嗜好：由太祖朝的剥皮囊草，到武宗(正德)的剥流贼皮制鞍镫，"每骑乘之"(《明史》卷九四《刑法志二》)，到熹宗朝厂卫的剥皮、刲舌。至若张献忠、孙可望的剥皮(参见同书卷三〇九及卷二七九有关张献忠、孙可望剥人皮的记述)，师承有自，所谓上有

---

① 鲁迅此说，倒可用明清之际士人的言论注释。魏禧即说过："民习榜掠，视斧锧若末耜，不护其生"[《平论(四)》，《魏叔子文集》卷一]。同卷《地狱论(上)》说"门诛"、"赤族"的效果，曰："今夫刚狠之人，憨不畏死；残忍之人，则立视其父母子姓之死，不以动其心。"

所好，下必甚焉。

对于当时的士人，尤其儒家之徒，更可怕的，是士论、人心普遍的嗜酷。顾炎武为人所陷，令他震撼的，是倾陷者"不但陷黄坦，陷顾宁人，而并欲陷此刻本有名之三百余人"。"其与不识面之顾宁人，刻本有名之三百余人何仇何隙？而必欲与黄氏之十二君者一网而尽杀之"（《与人书》，《顾亭林诗文集》页223，中华书局，1959）！明清之际杀机四伏，其时的告讦，多属借刀（清人之刀）杀人（仇人）之类；顾炎武更发现了上述莫名其所自的仇恨。

半个世纪之后，你更由当时的文字读出了对残酷的陶醉——不只由野史所记围观自虐的场面，而且由野史的文字本身。那种对暴行的刻意渲染，正令人想到鲁迅一再描述过的"看客"神情。这里有压抑着的肆虐、施暴愿望。在这方面，士文化与俗文化亦常合致。你由此类文字间，察觉了看客与受虐者的相互激发，那种涕泣号呼中的快感。这里有作为大众文化品性的对"暴力""暴行"的嗜好——弱者的隐蔽着的暴力倾向。嗜杀也即嗜血。对于这类书的作者，似乎唯血色方可作为那一时代的标记，也唯血色才足以作为士人激情的符号。二十四史固是"相斫书"，但有关明史的记述，仍有其特殊的残忍性。

在为风尚所鼓励的普遍的复仇中，士人的复仇之举，仍然更为触目惊心。如《清史稿》所载王余恪、余严的复仇。顺治初，其父"为仇家所陷，执赴京。余恪挥两弟出，为复仇计，独身赴难，父子死燕市。余严夜率壮士入仇家，歼其老弱三十口"。如此血腥的复仇，仍有上官"知其枉"而"力解"使"免"，亦可见时论对于"复仇"行为的态度（见该书卷四八〇《王余佑传》）。至于黄宗羲的袖锥刺仇，顾炎武的处死叛奴，则更非承平之世的学人、儒家之徒所能想见（王夫之则有自创行为）[1]，对这类行为，时人不但不以为异，反而不吝称许。三大儒中，王夫之对于那个暴力充斥的时代，持更清醒而严峻的批判态度，其议论也更能代表那个时代及士人的反省深度。

洞见了"嗜杀"对于人心的戕害的，不只王夫之。钱谦益在《冯亮工六十序》中说："杀者非他也，杀吾之心而已矣，杀天地之心而已矣。杀一生，即自杀一心，杀两生，即自杀两心，杀百千万亿生，即自杀百千万亿心……"（《牧斋有学集》卷二二，页907）另在《募刻大藏方册圆满疏》里说："但谓此人杀彼人，不知自心杀自心。"（同书卷四一，页1399）被明代士人奉为宗师的方正学（孝孺）说过："仁者阳之属，天之道也，生之类也；暴者阴之属，地之道也，杀之类也。"（《侯城杂诫》，《明儒学案》卷四三，页1049）到明亡之时，此义已不为士人所愿知了。但儒家之徒中的敏感者，仍未失去他们的

---

[1]　黄宗羲《思旧录·周延祚》自述"会审对簿"，"因以长锥锥彼仇人，血流被体"及"锤死"狱卒颜咨等（《黄宗羲全集》第1册，页346）。王夫之自记其"劖面刺腕"（《石崖先生传略》，《船山全书》第15册卷二，页103）、"残毁支体"（《家世节录》，同书卷一〇，页222）。

警戒。据《清史稿》："山阳祁彪佳以御史按江东，一日，杖杀大憝数人，适国模至，欣然述之。国模瞠目字祁曰：'世培，尔亦曾闻曾子曰"如得其情，则哀矜而勿喜"乎？'后彪佳尝语人曰：'吾每虑囚，必念求如言。恐仓促喜怒过差，负此良友也'。"（卷四八〇《沈国模传》。求如，沈国模字）但到了杀声四起之时，士人的"不杀"说，也的确像是迂论。如唐枢所说须有"一片不忍生民之意"，"只有不杀倭子之心，便可万全"云云，迂则迂矣，但其所谓"若唯以杀为事，乃是倚靠宇宙间戾气"（唐枢《语录》，《明儒学案》卷四〇，页966—967），与王夫之所说"嗜杀者非嗜杀敌，而实嗜杀其人"（《读通鉴论》卷一三，页498），都确属洞见了世情人心的清醒之论。顾炎武《日知录》卷一三"正始"条那段著名的话——"有亡国有亡天下"，"易姓改号，谓之亡国；仁义充塞，而至于率兽食人，人将相食，谓之亡天下"（《日知录集释》，中州古籍出版社，1990），也必须置诸明清易代之际的历史情境中，才便于解释。

王夫之论"仁""暴"之辨，最精彩处，我以为在其对张巡、许远这一历史公案的诠释。张、许的守睢阳而至于人食人，也如"窃负而逃""证父攘羊"之类，是对儒家之徒伦理论辩能力的考验。这里的难点似更在"忠"与"仁"孰轻孰重上。王夫之在《读通鉴论》中说："若巡者，知不可守，自刎以徇城可也。"最不可谅的是食人。"至不仁而何义之足云？孟子曰：'仁义充塞，人将相食'。"（卷九，页353）同书还说："无论城之存亡也，无论身之生死也，所必不可者，人相食也。"张巡"捐生殉国"，功固不可没，但"其食人也，不谓之不仁也不可"（卷二三，页870）。人相食，"必不可"，这是一条绝对界限，守此，是无条件的。正是在此一"必"上，才足以见出儒者面目。

王氏之论，当然绝非出自纯粹的史学兴趣。王夫之的批判激情正由于明清之交，一再重演着张巡、许远的故事。李枟守贵阳，围城中人"食糠核草木败革皆尽，食死人肉，后乃生食人，至亲属相啖。彦芳、运清部卒公屠人市肆，斤易银一两"。"城中户十万，围困三百日，仅存者千余人。"（《明史》卷二四九）南明金声桓等守南昌，"城中饥甚"，杀人为食，"呼人为'鸡'"，"有孤行者，辄攫去烹食，弃骸于道，颅骨皆无完者，食脑故也"[1]。但你也会感到，这里的"重演"，更少道义支撑。王夫之曾说攻城之为"嗜杀其人"，这样的守城何

---

[1] 《行朝录》卷一二附载《江右纪变》（太仓陆世仪道威述），《黄宗羲全集》第2册，页206，浙江古籍出版社，1986。《张苍水集》附录全祖望《年谱》："顺治九年壬辰，公三十三岁。"原注："是年郑成功围彰，属邑俱下，独郡城以援至，不克。成功防镇门山以水之，堤坏不浸，城中食尽，人相食，枕藉死亡者七十余万。时又遭派垛索饷之惨，夜敲瘦骨如龙瓦声。千户万户，莫不洞开，落落如游墟墓，馋鼠饥鸟，白昼充斥。围解，百姓存者，数而指沟中白骨，非其父兄，即其子弟；历数告人，然气息仅相属，言虽悲，不能下一泪也。时有一人素慷慨，率妻子闭户，一妫而绝。邻舍儿窃煮啖之，见腹中累累皆故纸，字画隐然，邻舍儿亦废箸死。延平陆梁海上以来，沿海居民，受荼毒亦至矣，然莫暴于漳州之师……"（页216，中华书局，1959）

尝不为"嗜杀"？只不过人们惑于狭隘的节义论，于此不觉罢了①。

或许自明太祖（一度）罢祀孟子，刘三吾奉旨为《孟子节文》，明代士人就多少冷落了孟子的有关思路。心性之学也像是对现实政治尖锐性的回避。明清之交刘宗周、王夫之说孟子，说仁暴，均提示了某些重要的原则。仁暴之辨，也即人兽之辨。对于如王夫之这样的儒者，明清之交最严重的危机，即此施暴嗜杀以致受虐自戕中"人道"的沦丧。"人道不存"是较之亡国更为绝望的情境。有识者于此看到了比经济残破更可怕的人心的荒芜。在此，王夫之一类大儒，以存人道（也即所以存天下）为己任，就是顺理成章的了②。

王夫之的犀利，尤在他对于隐蔽的暴力倾向的察知，如已成风尚的刻核。"苛"几可视为明代士人（包括明儒）的性格。这本是一个苛刻的时代，人主用重典，士人为苛论，儒者苛于责己，清议苛于论人。虽有"名士风流"点缀其间，有文人

---

① 王夫之在其史论中，一再谈到"民之生"之为原则，即对所谓"篡""弑"亦区以别之，若"止于上"，"下之生"不惊"，则"天下"犹存（《读通鉴论》卷一七，页668）；还说，"圣人之所甚贵者，民之生也"（同书卷一九，页723）；以为当"君非君而社稷亦非社稷"之时，能"贵重其民""顺民物之欲者"，"许之以为民主可也"（卷二七，页1049）。

② 此种忧惧亦不唯儒者才有。钱谦益在《太原王氏始祖祠堂记》（《牧斋有学集》卷二七）中表达的忧虑与此相通，如对于"宗法之亡"，人之为禽兽，文化荒芜等的忧虑。吴伟业《太仓州学记》则描绘了礼坏乐崩的景象："天下靡然，皆以阴谋秘策、长枪大刀，足以适于世达于用，而鄙先儒之言为迂阔。……其牧守师傅亦因循苟且，无守先崇圣之心，无讲道论德之事，即使过阙里，登其堂，摩挲植柏，观俎豆与礼器，恐无足以感发其志思者……"（《吴梅村全集》卷六〇，页1220）

以至狂徒式的通脱、放荡不羁，不过"似"魏晋而已，细细看去，总能由士人的夸张姿态，看出压抑下的紧张，生存的缺少余裕，进而感到戾气的弥漫，政治文化以至整个社会生活的畸与病。"苛"，即常为人从道德意义上肯定的不觉其为"病"的病。

黄宗羲说刘宗周"门墙高峻，不特小人避其辞色，君子亦未尝不望崖而返"（《子刘子行状》，《黄宗羲全集》第1册，页259）。此亦时人乐道的"儒者气象"。文人亦然。有人批评陈子龙"标榜太高，门墙过峻，遂使汝南之月旦，几同释之之爱书"（徐世祯《丙戌遗草序》，《陈子龙诗集》页772，上海古籍出版社，1983）。非但不苟且，不假借，且有严格的道德自律，近于宗教苦行，如此才足称士仪世范。至于东林复社中人的严于疾恶，务求是非了了分明，更酿成风尚。你不难注意到那个时代随处必辨的善恶邪正（以及君子小人、善类非善类、正人非正人等等）。"苛察"从来更施之于士类自身。全祖望论庄昶，以陈献章、黄宗羲对庄氏的批评为非"中庸"："二先生之言高矣。然则定山之仕竟为晚节之玷乎？全子曰：殆非也。……必谓当以不仕为高，圣贤中庸之道不然也。"（《鲒埼亭集》卷二九《庄定山论》）

士风的苛酷刻核，正与"朝廷政治性格"互为因果。王夫之的"吏治论"批评有关的政治性格，也与其对明代士风的批判相表里。在《读通鉴论》中，他说："有宋诸大儒疾败类之贪残，念民生之困瘁，率尚威严，纠虔吏治，其持论既然，而临官驭吏，亦以扶贫弱、锄豪猾为己任，甚则醉饱之愆，帘帏之失，书箧之馈，无所不用其举劾，用快舆论之心。……听惰民无已之怨讟，信士大夫不平之指摘，辱荐绅以难全之名节，责中材以下以不可忍之清贫，矜纤芥之聪明，立难缨之威武……当世之有全人者，其能几也？……后世之为君子者，十九而为申、韩，鉴于此，而其失不可掩已。"（卷二二，页827—828）这番议论，痛快之至。王氏屡次说到"申韩之惨核"，他以为虐风淫刑不但自小人始，更须推究"君子"因"狷疾"（亦一种心理疾患）而用申韩的政治责任。于此，他已经指出了道学君子的残忍性（亦"贼仁"）。由士论"民誉"所称许的清官廉吏看出"申韩"，看出残忍，看出人性的畸与病，是要有锋锐的洞察力的吧。

海瑞或可置诸明代清官之首，王夫之以其与包拯为"弗足道"，以为"褊躁以循流俗之好恶，效在一时，而害中于人心"（《读通鉴论》卷四，页168）。其所谓"害"，即应指使得草民习暴与嗜酷。《明史》海瑞传记海瑞"下令飙发凌厉，所司惴惴奉行，……而奸民多乘机告讦，故家大姓时有被诬负屈者"。还记其曾"举太祖法剥皮囊草""论绞"等"劝帝虐刑"以"惩贪"；"有御史偶陈戏乐"，他即"欲遵太祖法予之杖"，他本人的清贫，则"有寒士所不堪者"（卷二二六）——正合为王氏之论作注。海瑞之为"现象"当然不是孤立的。吴伟业记张采，说其"敢为激发之行，数以古法治乡党闾左，铢两之奸，辄诵言诛之，若惟恐其人弗闻知者"（《复社纪事》，《吴梅村全集》

卷二四，页602）。本文已谈到廷杖、诏狱，这里则让人看到了其"社会基础"，虽然这基础也应由廷杖、诏狱所造成。至于海瑞式的"刚"与人主及时代空气的"戾"的一致性，更是赖王夫之这样的大儒才能洞见。

正如暴力到明亡之际发展到了极致，士论之苛当此际也达到了极致。如对于迟死者的苛评，如遗民施之于同类的苛论。全祖望传状明遗民，常慨叹于明人的"过于责备贤者"，以为"必谓"遗民"当穷饿而死，不交一人，则持论太过，天下无完节矣"（《春酒堂文集序》，《鲒埼亭集》外编卷二五）。全氏一再为明末忠义辩诬："呜呼！忠义之名之难居也。"（同书卷一○《王评事状》）"长逝者之屈，其有穷乎！"（同书同卷《屠董二君子合状》）士人留给同类的生存空间何其狭窄！[1]

王夫之看出了明代士风的偏执、溪刻——不但殊乏宽裕，且舆论常含杀气，少的正是儒家所珍视的中和气象。他更由政治暴虐，追索造成上述人性缺损之深因。王氏关于忧患之于人性、"坎坷""疢疾"之戕贼性情的论说，或更足以作为其人性洞察力的证明。其间尤深刻者，我以为是关于忧患影响于"正人"的分析。王夫之将有关后果归结为"德孤"：摧残之

---

① 刘宗周亦明末大儒，其在南明朝弹劾路振飞，以及主张"凡系逃臣皆可斩"，均可作为"苛"的例子。（参看黄宗羲《行朝录》卷三、《海外恸哭记》，均见《黄宗羲全集》第2册）黄宗羲批评钱谦益好骂，他本人论及时人，苛刻绝不逊于钱氏，笔下常不免愤愤。如说"余见今之亡国大夫，大略三等，或醒醯治生，或丐贷诸侯，或法乳济，洞，要皆胸中扰扰，不胜富贵利达之想，分床同梦，此曹岂复有性情……"即大有骂倒一切的气概。（《宪副郑平子先生七十寿序》，《黄宗羲全集》第10册，页671）

余的正人，不复有"先正光昭俊伟之遗风"，"含弘广大之道"，其性情心性的残缺，其"隘"其"苛"，注定了其器使之途不能广，体道不能弘，"正"则正矣，终不能成"天下士""社稷臣"。我从中读出了明代士大夫最深刻的"命运"表达。屡为摧折的明代士人中，确不乏"正人"，他们"婞婞"而"硁硁"，强毅而未能弘通，节亢却"过于绝物"，多属苦节之士、诤谏之臣，却终不能称王夫之所谓"君子之器""天下之才"。这又可读作对贫贱忧戚"玉成"非常之人的政治神话的有力质疑。所谓"劫运"，被王夫之视为对人性的劫夺。这使他的流品论虽有强烈的等级偏见，却仍含有洞察人事的特殊智慧，其言未必"当"，却自有警策(参看《读通鉴论》卷一一、卷二二)。至于黄宗羲归结政治压抑的精神文化后果，为"一世之人心学术为奴婢之归"(《明夷待访录·奄宦上》，《黄宗羲全集》第1册，页45)，则属另一思路，也另有其深刻性。

不妨认为，明代政治的暴虐，其间特殊的政治文化现象，引发了富于深度的怀疑与批判；而"易代"提供了契机，使对于一个历史时代的反顾、审视成为可能。活在当代的人们，仍不免惊叹于明清之交的思想家关于"政治—人性"批评的深度，甚至可以从中读出有关人被造就的条件、涵养健全人性的社会政治环境的思考。这里也有明清之交的士人所提供的重要的思想史的材料。

论余

同样显示着儒者本色的是，无可比拟的残酷，反而鼓励了明清之际的士人对于理想政治、理想人格的向往，甚至可能正是这种残酷，使有关的向往及其表达明晰化了。王夫之所向往的理想人格、理想政治性格，自然是"戾气""躁竞""气激"等的对立物，如"守正""坦夷""雅量冲怀""熙熙和易"等。他一再说"中和"之境（如"先王中和之极"），说"太和之气"，说"中和涵养之化"，说君主以其仁养天地间和气。他称许宋初守令之"日事游宴"，"率吏民以嬉"，以为可静民气，平民志，消"嚣凌之戾气"①，故对申韩远较对老氏严厉。他的"中和"，自然不止于政治关系，而是对社会生活的全局，大至朝政，细微至于个体人生的境界。他几乎是醉心于有关的意境、气象。宽仁，规模宏远，雍容和戢，涵泳从容，是政治情境，又是风俗，是朝臣（"社稷臣"）风度，也是士风——气象说本来就通常是整体论。为此，非但不可为矫激，也不可为苛察曲廉小谨。但以王夫之的政治经历，他又警戒无条件的退守。明代道学中有人说："端居无事时，且不要留心世事，遇不平

---

① 《宋论》："禾黍既登，风日和美，率其士民游泳天物之休畅，则民气以静，民志以平。里巷佻达之子弟，消其嚣凌之戾气于恬愉之下，而不皇皇然逐锥刀以无厌，怀利以事其父兄，斯亦平情之善术也。"（卷三，页95）他还据此论到诗赋取士的优长（同书卷四）。

有动于中，则失自家中和气象。"（徐问《读书札记》，《明儒学案》卷五二，页1242）王氏不可能持此论。他倒是批评佛老"皆托损以鸣修，而岂知所谓损者……并其清明之嗜欲，强固之气质，概衰替之，以游惰为否塞之归也哉"，以为一味用"惩"用"窒"，适足以斫伤元气，而"损者，衰世之变也"（《周易外传》，《船山全书》第1册，页924—925，岳麓书社，1988）。

本文开头提到文人（如钱谦益）对时代病的察知和救世愿望。其人或许可议，其议论却仍能证明处同一时空的士人在历史文化批评中的契合，尽管文人另有其表达方式。即如钱氏，对于他意识到的畸与病，即希望救之以温柔敦厚，救之以"鸿朗庄严""富有日新"①。在大劫难之后，在士夫穷乏蹇困之时鄙弃"寒乞之气"，以光华富丽的贵族气象为追求，也仍然需要大气魄的吧。文化有其史，诗亦有其史，不因明亡而文化亡、诗亡；非但不亡，而且正当此际，呼唤文化复兴（包括"诗道中兴"）：其中不但有信念，而且有反抗命运的意志。活在那个严酷的时代，有识之士力求超越历史限囿，超脱时代氛围，走出死境，再造文化盛期——我将以另文论述

---

① 钱谦益在《施愚山诗集序》中说："诗人之志在救世，归本于温柔敦厚，一也。"同文还说："《诗》有之：'神之听之，终和且平。'和平而神听，天地神人之和气所由接也。"（《牧斋有学集》卷一七，页760—761）在《答杜苍略论文书》中说："故吾于当世之文，欲其进而为元和，不欲其退而为天复。"（同书卷三八，页1308）吴伟业也说过："尝语同志，欲取惠泉百斛，洗天下伧楚心肠，归诸大雅。"（《扶轮集序》，《吴梅村全集》卷六〇，页1205）

这里所显示的不同于某些遗民的生命理解，并不因其人的"可议"即失去了价值。

（本篇发表于《中国文化》1994 年 8 月第十期；修改后作为《明清之际士大夫研究》上编第一章第一节。《明清之际士大夫研究》1999 年由北京大学出版社出版）

那一个历史瞬间

甲申年三月十九日

　　甲申年三月十九日，即西历 1644 年 4 月 25 日，明朝京城陷落。有关这一事件的诸种记述（包括近人的叙事史学著作），几乎都提到了那个关键时刻的天气。你不难注意到，叙述者最希望传达的，是其时的气氛；而当日的天气，似乎有意地参与了气氛的营造，只是为了使那一时刻更加深入人心。无名氏《燕都日记》记十八日的京城，说"先是连旬天气阴惨，日色无光。是日大风骤雨，冰雹雷电交至"；"十九日，平明，寂然无声。微雨后，**雾障迷目**"（冯梦龙辑《甲申纪事》卷六，页 105，《冯梦龙全集》第 17 册，江苏古籍出版社，1993）。时陈济生在城中，其《再生纪略》记十八日晨，"黄沙障天，忽而凄风苦雨，愁惨异常"（冯梦龙辑同书卷四，页 69）。当日也身在城中的赵士锦，事后记城破时分，"阴雨蔽天，飞雪满城，惨杀之气，透人心脾"（冯氏辑《甲申纪事》附《北归记》，页21，中华书局，1959）。"凄""苦""愁惨""惨杀"，多少也是记忆中的个人心情为天气涂染的颜色①。近人樊树志《晚明史（1573—1644 年）》半据文献半由想象，对那个夜晚做了如下描述："三月十八日夜，内城各门全部打开，炮声顿时停息，李自成军队已经控制了京城。京城上空烟火弥漫，微雨不绝，细雨中夹杂着雪花，在烟雾迷蒙中洒向全城。"（页 1129，复旦大学出版社，2003）天气作为一个角色，其功能像是只为了传递不祥的消息：一个王朝终结在凄风苦雨中。这种黯淡的情境刻画，显然包含了如下判断，即明亡是一场悲剧。本来，那一时刻既是结局又是开端，方死方生，却被由特定的方向做了描述。其实描述者未必都以为明之亡值得如此哀婉；或可能只是沿用文献现成的说法，甚至有可能更着眼于修辞——使文字更具有情绪的感染力。但至少由字面看，诸书作者当写下上引文字时，关注的更是一个王朝的终结，而非另一个王朝的兴起。

---

① 《明季北略》卷二〇《十八日申刻外城陷》："时黄沙障天，忽而凄风苦雨。良久，冰雹雷电交至。"（页 452，中华书局，1984），所记乃十八日晨。十九日，"昧爽，阴云四合，城外烟焰障天，微雨不绝，雾迷。俄微雪，城陷"（同卷《李自成入北京内城》，页 455）。同书卷二三《李自成入京城》写三月十八，"黄沙障天，旋风刮地，雷雨交作"，"天气阴霾，日光凄惨"（页 670）。冯梦龙《甲申纪闻》得之于传闻，说十八日上午，大雨（冯氏辑《甲申纪事》卷一，页 6）。谈迁《国榷》记这一时刻："昧爽，天忽雨，俄微雪，须臾城陷。"（卷一〇〇，页 6047，中华书局，1958）无不强调天气对此一事件的参与。

下文将要谈到的郭沫若的《甲申三百年祭》，开篇就说："甲申轮到它的第五个周期，今年是明朝灭亡的第三百周年纪念了。"尽管由该篇看，所祭不只"明亡"，甚至更在李自成的失败①，但"甲申"毕竟是大明王朝的"忌日"。前此任何一个朝代的覆亡，似乎都不曾引起过如此沉痛的"纪念"。

关于当日京城接下来的一幕，诸书的描述有详略之别，务期"惊心动魄"则是一致的。《甲申传信录》写道："十九日黎明，时人马喧嘶，城中鼎沸。德胜门，齐化门，阜城门，宣武门，正阳门，同时俱启，守城者争下，裂弃戎衣征袍战靴而走……"（卷一，页17，上海书店，1982）该书的作者其时并不在现场；据他说自己是四月十六日回到京城的。冯梦龙《甲申纪闻》说攻城之际，李自成军"衣黄罩甲，四面如黄云蔽野"（冯氏辑《甲申纪事》卷一，页6）；且说十九日"城中火起，顺成、齐化、东直三门，一时俱开"（同书，页7）。《明季北略》卷二〇《李自成入北京内城》并存异说，一云曹化淳、张缙彦开彰义门迎"贼"；一云张缙彦坐正阳门、朱纯臣守齐化门，一时俱开，"闻城中火起，顺成、齐化、东直三门，一时俱开"；一云"得胜、平则、顺成、齐化、正阳五门，一时俱开"（页455）。无论三门、五门，也无论系何门，"一时俱开"，

<hr>

① 《甲申三百年祭》，人民出版社，2004。谢国桢《增订晚明史籍考》关于《甲申三百年祭》，就说："是书著于一九四四年……恰为大顺农民军进入北京之三百年，故著为是编，以资纪念。又鉴于当胜利到来之时，不致因胜利而骄矜，以提高警惕。"（卷六《农民起义》上，页288，中华书局，1964）

想必有特殊的震撼性。

门开之后的场面，更传闻异辞。即如李自成军入城之际的动作行为，我所见的几种记述，就言人人殊。赵士锦事后追记见闻，说三月十九日李自成军进城，"俱白帽青衣，御甲负箭，衔枚贯走。百姓门俱闭，有行走者，避于道旁，亦不相诘。寂然无声，惟闻甲马之音"；当日午后，"百姓粘'顺民'二字于帽上，往来奔走如故"（冯氏辑《甲申纪事》，页9）。樊树志《晚明史（1573—1644年）》据此篇的记述，以为农军"确实有点秋毫无犯的样子"（下卷第一三章，页1134）[1]。《明季北略》卷二○《李自成入北京内城》："贼将刘宗敏整军入，军容甚肃。"（页455）。《国榷》记李自成军进城的当日，"榜示开业，罢市者斩。兵政府榜曰：'大师临城，秋毫无犯，敢掠民财者，即磔之。'有二贼掠绢肆，磔于市。市民闻，大喜传告，安堵如故。"（卷一○○，页6048）《燕都日记》却说是日"贼众填塞街衢，搜索骡马、儿童、妇女，哭声震天"[2]。尽管

---

[1] 但赵士锦该书还记有"日间百姓尚不知苦，至夜则以防奸细为名，将马兵拦截街坊出路，兵丁斩门而入，掠金银，淫妇女，民始苦之。每至夜皆然"（页9）。顾诚《南明史》没有关于李自成进城的具体描写，只说"包括北京在内的整个黄河流域"的百姓"欣喜若狂，欢迎恐后"（页3，中国青年出版社，1997）。

[2] 《再生纪略》极写是日"贼"杀掠之惨。如曰"各胡同步骑如织，以献驴马为名，恣行杀掠。男女杂踏呼号，倏聚倏散。趋者、踬者、刀砍者、箭伤者、惊死扑地者、悬梁者、投井者、走奔堕胎者、委襁褓而去者、为众挤什者、墙压者、马蹂垂命者、断手折胫者、剖腹者、截耳者、割须发者街巷狼藉，哭声如雷"（冯氏辑《甲申纪事》卷四，页71）。程源由他人口中听到的，亦"贼入城，纵兵大掠杀。城南一带，皆齑粉。妇女奸污死者，井洿梁屋皆满，城中哭声震天"（《孤臣纪哭》，冯氏辑《甲申纪事》卷三，页56）。

孟森说过，"多一异同之本即多一推考之资"（《书樵史通俗演义》，《明清史论著集刊》上册，页170，中华书局，2006），在有了关于"农民革命与农民战争"的经典论述之后，农军的形象非同小可，李自成军进城这一关键时刻，却被诸多或凭了传闻、或声称"亲历"者叙述得如此参差错落，想必使史学家遭遇了取舍之难。

记述者当日是否身在京城，其实并不那么重要。在京城非即在"现场"。由诸种记述看，其时未及出逃的士人，藏匿唯恐不深，所知也得诸传闻；所见固可能囿于一隅，所闻也不免会是一面之词。也因此亲历者的记述，在历史文献的选择中并不就理应具有优先性。记述者所处的具体位置之外，另有其人的判断力以至书写能力，乃至事后（即使极贴近"现场"的事后）追记中无可避免的整理——依惯例、流行样式、通行文类、共用修辞手段，等等。最不可信的，是"传信"之类的标榜。钱澄之的《所知录》，黄宗羲以为与《传信录》《劫灰录》均"可考信不诬"（《桐城方烈妇墓志铭》，《黄宗羲全集》第10册，页460，浙江古籍出版社，1993），全祖望已不以为然（参看《鲒埼亭集》外编卷二九《题〈所知录〉》，四部丛刊初编集部）。①《甲申传信录》，谢国桢《增订晚明史籍考》录徐鼐《小腆纪传》，以为是书"颇不失实"（页349），黄裳则说该书"错误百出"（《不是抬杠——评姚雪垠〈评《甲申三百年祭》〉》，《〈甲申三百年祭〉风雨六十年》，页246，人民出版社，

---

① 傅以礼又有对全氏之说的不以为然（参看傅氏《华筵年室题跋》卷上《所知录》，1909年（宣统元年）俞人蔚排印本）。

2005）。在我看来，上述文献更宜于作为了解其时人们的感受的材料：他们由哪些方面领受了"易代"所带来的震动，承受了何种方向上的冲击，以及做何反应，等等。由上文所引文字看，士大夫在这个瞬间的紧张感，所感受的震撼，的确可用"天崩地坼"来形容。

至于当日京城百姓的反应，较为人们所熟悉的一种，是顺从。上文已引"百姓粘'顺民'二字于帽"。《燕都日记》则记该城居民"面帖'顺民'二字，继而又书'永昌元年'，或又书'顺天王万万岁'，庶几免祸"（页106）。① 三天后这些顺民经历的大洗劫，绝非他们此时所能料到（参看魏斐德《洪业——清朝开国史》中译本，页258—259，江苏人民出版社，1992）。据说劫掠之后，居民得到了吴三桂在山海关获胜、明太子即将复位的传闻，"不禁欣然泪下"（同书，页279）。无怪乎经历了那段历史的士大夫以为，最反复无常的，就是"民"。

这一天京城中上演着诸种故事，被史家以为最值得记述的，是崇祯之死，以及明臣的动向。

王朝更迭（即所谓"鼎革"）本是一个发生在时间中的具有连续性的过程，使这一事件以明确的日期为标记，通常因了那个日子都城陷落、君主被废黜或死亡（自杀抑或他杀）。都

---

① 《燕都志变》（聋道人述）记"城中家户，用黄纸书大顺永昌牌位、祀奉人。以黄纸书'顺民'二字插鬓边，然后出市行"（《豫变纪略》彭家屏刻本附录，《甲申史籍三种校本》，页330，中州古籍出版社，2002）。据谢国桢《增订晚明史籍考》，《燕都志变》原题聋道人徐应芬述；《荆驼逸史》中之《遇变纪略》，《昭代丛书》中之《燕都识余》，均为该书（页352）。

城陷落与君主之死，被作为一个王朝覆亡的确证——即使此后仍有连绵的战事，有抗拒与反扑。本篇选取甲申年三月十九日这个"历史瞬间"，不完全因了它在事实上的重要性，或者说更因了它被认为的重要性——由当时直至晚近。而它在事实上的重要性，主要也是被由两个相关的事件论证的：李自成攻陷北京与崇祯自缢煤山。发生了如此事件的日子，其被认为重要，是无须解释的，即使这个日子是否为明亡的确切日期仍有争议①。或许明亡本没有"确切日期"。明亡是一个

① 吕思勉的《中国简史》即以1662年永历为吴三桂所杀为"明亡"（参看该书第四编第一章，页293，中国工人出版社，2007）。郭沫若的《甲申三百年祭》开篇即说"今年是明朝灭亡的第三百周年纪念"。而发表于1944年4月15日《群众》周刊的柳亚子的《纪念三百年前的甲申》一文，却一再表明自己不认为甲申乃明亡之岁（《〈甲申三百年祭〉风雨六十年》，页51、52）。翦伯赞《中国史纲要》以三月十九日为明亡（页245，人民出版社，1963）；翦氏主编之《中外历史年表》于1661年（清顺治十八年、明永历十五年）却有"明自太祖开国至思宗共二百七十七年，至永历帝共二百九十四年而亡"云云（页695，中华书局，1961）。孟森更断明亡于康熙三年，说张煌言死，"明乃无人"；鲁王死，"明亡"（《明清史讲义》第二编第七章，页361，中华书局，1981）。通常所谓有明二百七十六年（或二百七十七年），是不将南明诸朝所历时间计算在内的。谢国桢《南明史略》谨慎地避开了有关判断。顾诚《南明史》以为崇祯自缢、李自成进入北京"标志着明朝的覆亡"（页1）。较晚出的樊树志《晚明史（1573—1644年）》，亦以崇祯的死"意味着明朝的覆亡"（页1132）。美国学者司徒琳在《南明史（1644—1662）》引言中说，1644年"并非明亡清兴的分界线"，因为皇太极1636年就做了清的皇帝，而永历直至1662年才被灭（中译本，页1，上海古籍出版社，1992）。关于明亡的日期，清人的说法即互有不同。《西疆逸史》有"是岁（按即永历十五年，公元1661年），缅人献永历帝，明亡"的字样（卷五四，页433，中华书局，1959）。张岱《石匮书后集》却断然道："崇祯甲申三月，便是明亡"（卷五，页49，中华书局，1959）。明亡时间的认定，关系南明诸朝的历史是明的"后史"，抑或明史的一部分。在王朝史的框架中，绝非无关紧要。至于赵翼《廿二史札记》所说"论者谓明之亡，不亡于崇祯而亡于万历"（卷三五《万历中矿税之害》，页502，中国书店，1990），则是明亡后的一种常谈。

过程。局部的"亡"，三月十九日前就在进行；而三月十九日之后，即永历之死也未必就终结了这一过程。我还将谈到，遗民的存在，将明亡这一事件在时间上大大地延展了。倘若考虑遗民、类遗民现象几乎终有清一代，确定明亡的日期更显得过于学究气。但这并不就降低了甲申年三月十九日作为时间节点的重要性。

甲申年三月十九日之非同寻常，仅由下面的事实也可以证明。

1944 年 3 月 19—22 日，郭沫若的《甲申三百年祭》于重庆《新华日报》连载。这里的 3 月 19 日是西历。毋宁认为，这一精心选择的刊出日期，以异乎寻常的方式提示了"甲申年三月十九日"这个日期的重要性。在 3 月 19 日刊出该文，而不考虑受众那里可能发生的混淆——误以为"三百年前"的崇祯之死是在西历的 3 月 19 日而非 4 月 25 日——倒是更加证明了那个日期入人之深。郭文所用，乃"甲申三月十九日"；稍后柳亚子的《纪念三百年前的甲申》，所用亦"崇祯十七年甲申旧历三月十九日"，无疑为了贴近"现场"，便于人们想象发生于其时的震撼。① 赋予某一日期以纪念性，通常是一种仪式行为；有意的重提则是仪式的一部分。有趣的是，郭沫若该文的发表是纪念，六十年后又有对纪念的纪念（纪念文字结集为《〈甲申三百年祭〉风雨六十年》，于 2005 年出版），其内容包含了对

---

① 与此不同，《想象与叙述》一再提到的国外学者的有关著作，如魏斐德《洪业——清朝开国史》、司徒琳《南明史（1644—1662）》，均用西历。

于纪念的辩护，对于纪念的必要性及其意义的阐发，也包含了关于处理"史学—政治""史学—革命"的原则的重申——与郭文共同完成了一个"跨世纪"的仪式行为。

在明清间人，情况或许是，"甲申年三月十九日"这个日期在心理上的重要性，更甚于其作为事件的重要性——尽管有南明朝这段尾声，永历覆灭的日期却没有获得同等的重要性；永历被害的那个日子甚至难得被人提起。正因甲申年三月十九日被认为的重要性，清末俞正燮才有理由指责明末大儒黄道周在这个日子后的行为不当，不像是为君主服丧者所宜有①。在俞氏看来，有了三月十九日，就有了诸种禁忌，诸不可、不宜，甚至断断不可为。这个日子之后，地无分南北，士大夫均应时刻在国丧的哀痛中，才合于对故国旧君的正常感情。而曾经活在那段历史中的人们，反倒会像今人似的，认为"生活仍然在继续"，因而黄道周甲申年九月因邺山书舍落成而举行仪式，从容揖让，俎豆歌诗，并不认为不正常以至不道德。

对于叙述者以及研究者，选定一个时间的点，有可能更出自策略上的考量：可供开发的线索凭借这一个"点"而绾合，也缘此而发散——如果那确实是个值得拈出的点（"时刻""瞬间"）。在这一点上，学术方式与文学方式没有明显的界限，

---

① 参看俞正燮《癸巳存稿》补遗《黄石斋年谱当毁论》，页485—486，商务印书馆，1957。

前者大可由后者汲取灵感①。至于本篇题目中的"瞬间"，意在凸显"短时段"的事件史的重要性。据说年鉴学派重视长时段，认为短时段的政治史不过是"转瞬即逝的尘埃"；这或许有助于校正成见，与我的经验却不那么一致②。在大历史的视野

---

① 类似的叙事策略早已有之。作为一个事件，1936 年，邹韬奋受高尔基在苏联发起并主编的《世界的一日》的启发，发起《中国的一日》征文活动，尝试截取、呈现时代生活的横切面。该活动意在纪念"马日事变"，以 1936 年 5 月 21 日（马日）为中心时点。来稿达 3000 多篇、600 多万字，以 490 篇、80 万字成书，茅盾任主编、蔡元培作总序。此后又有《上海一日》（1938）、《冀中一日》（1941）、《渡江一日》（1949）、《志愿军一日》（1953）等征文活动。其中《上海一日》征文在"八一三"淞沪抗战一周年之际。至于大陆学界采用类似的结构方式，多少受到了黄仁宇《万历十五年》的影响（近期坊间尚有《崇祯十七年》《乾隆一日》等）。黄氏该书在方法论方面的启示，在于一个选定的时间点可供开掘的可能性，对于一个年头的叙述，有可能达到的历史纵深。"万历十五年"的意义是被发现、在论述中生成的。当然这种叙事策略也另有其弊，即如因了过于浓缩而致的戏剧性。

② 关于"传统历史"即"事件史"，费尔南·布罗岱尔在他的《地中海世界》第一版序言中说，"这是表面的骚动，是潮汐在其强有力的运动中激起的波涛，是一种短促而动荡的历史"。对这种历史"我们应持怀疑的态度"（《菲利普二世时代的地中海和地中海世界》中译本，页 8—10，商务印书馆，1996）。还说："历史通常只关心危机，只关心缓慢运动过程中出现的剧变。然而，危机事前都经过长期的酝酿，事后又产生无穷的后果。这些运动有时在缓慢的演变中，逐渐改变了特征。"（同书第一卷，页109）在该书第二版的序言中，他又说："这是所有历史研究者都会遇到的问题：人们是否采用这种或者那种方式，同时抓住一种迅速变化着的又因其变化本身及其场面而引人注目的历史，和一种隐蔽的（或者更确切地说，悄悄的，当然是不惹人注目的）、几乎不被见证人和主演者觉察的、终究抵抗住时间顽强的磨蚀并且始终保持原状的历史？这个有待阐明的决定性矛盾，是认识和研究的一个重要手段。"（同书，页 15）据说布罗岱尔已经过时。他的关于三种历史（或曰考察历史的三个层次）的论述，对于我仍然具有启发性。情况的确是，我们的视野往往止于"传统历史"，而无视那"几乎静止的历史"，对"深海暗流"与它激起的"表面的骚动"，只能程序性地提供粗糙的因果分析（即公式化的背景陈述）。但如果止于"几乎静止的历史""深海暗流"，不力图使激变的瞬间因前两个层面而得到更丰富更有力的解释，则是另一种偏至，且往往使我们的研究不能有效地面对现实的课题。

中，甲申年三月十九日固然是瞬间，万历十五年也是瞬间，甚至"明清之际"也是瞬间。但在本篇中，我不取这种强调相对性的看法。不同瞬间的意义含量是不同的。司徒琳《南明史（1644—1662）》中译本朱维铮序，说作为四个或五个抗清政权的统称的"南明"，总计不到二十年，"只可称作历史的瞬间"；还说："历史也真古怪。有时上百年过去了，留下的记录平淡无奇。但有那么若干瞬间反而在后世会激起回响，并且引发历史学家们不倦的探索兴味。""南明史便显然属于这样的瞬间。"

由此看来，时间点不应当如占卜似的随意拈出，尽管由理论上说，任一个点都有展开的可能。截取时间节点从来难以避免"意图"的引领。你只能尽可能设法脱出"意图"对想象与叙述的过度干预。我相信中国史五千年中，大有值得、经得住"细读"的瞬间，问题在于有没有细读的能力。"细读"的确是一种能力。对于"历史"，我们的阅读往往太粗糙，"上下五千年"似乎可任由驰骋。此外应当随时想到，抽取尽可能小的时间单位，只是为了便于在严格限定了的范围内搜索共时空间中铺展开的"历史"，事件的诸种空间形象，逐层推展，开发出历史生活的丰富性与广阔性——"历史"的确曾经广阔地展开，且丰富到了不可穷尽。

崇祯自缢、李自成军进城之外，甲申年三月十九日的京城各处，还演出着各种故事。不同于我们的古人，当代人因了历史观的导引，已有可能关注大事件中的个人事件，即如

"一个人的"三月十九日。这个人不妨是崇祯末年任翰林院检讨的方以智。

明亡之际方以智的故事颇有几分荒诞。据那本被认为不足以"传信"的《甲申传信录》，这年的三月初七日，方氏曾"具疏请出淮上，招募豪杰"，未得到答复(卷一，页11。年谱告诉我们，方氏是年一月二十四日上《请缨疏》；三月十二日，请至淮上招集豪杰，未报)。原因有点微妙。据说前此曾有人提醒朝廷，京城的官员一旦出城，就会逃掉；那些谋求出京的官员，不过寻找借口避祸罢了。① 有这样的猜度，方以智势不能不陷在了围城中。

至于在那关键的一天里方氏的经历，个别情节巧合得令人生疑。据年谱，那天方氏曾与魏学濂等集于金水桥图谋联络孙奇逢武装，后因李自成破宣武门，驰入内宫，方氏等人也就作鸟兽散(任道斌《方以智年谱》，页123，安徽教育出版社，1983)。《明季北略》卷二二《方以智》记方氏闻变，"潜走禄米仓后夹弄，见草房侧有大井，意欲下投，适担水者数人至，不果"。"次早，家人同四卒物色及之，则家人惧祸，已代为报名矣。四卒挟往见伪刑官，逼认献银若干，后乘间逃回"(页585)。其实在这种时候，并非谁人都能像倪元璐、施邦曜似的决绝，死得义无反顾。"图谋联络孙奇逢武装"，投

---

① 《甲申传信录》记其时京城的官员"知国已危，则争求衔令以远行避祸为贤"(卷三，页36)；彼时曾有北人上言，曰"各官不可使出，出即潜逃，无为朝廷用者"(同书卷一，页10)。

井而适逢担水人至，未必不是迁延的借口。

关于那一天的情状，方氏曾在南逃途中做过如下描述："奔城南，走城北，炮声轰轰天地黑。女墙擐甲皆中官，司马上城上不得……须臾中宫、大门、东直门，贼营四布如云屯。此时张牙禁出入，蓬首陋巷阴风泣。"(《方以智密之诗抄·瞻旻·哀哉行(四月二十三日济下作)》，《方以智年谱》，页126)诗中那个仓皇地"奔""走""蓬首陋巷"者，自然是方氏本人。四月二十三日距三月十九日尚近，写在诗中的，是较为新鲜的记忆。

冯梦龙所辑《中兴伟略》中，有关于京城陷落之际的《难民确报》，说李自成部曾传"假谕"："百官俱报职名，愿留仕者留仕，愿回籍者回籍。于是满朝除死节之臣外，皆出递报单。"(《冯梦龙全集》第17册，页2)。被"家人"首告的方以智，处境不能不狼狈而屈辱。其时的农军首领以酷刑索要财物，方氏的被拷掠是不可免的。《燕都日记》记诸官遭拷比"夹死复苏"者，就有方以智(冯氏辑《甲申纪事》卷六，页109)。《再生纪略》记"贼将中，或原系降官而昔有交情者，委曲求宽"，"大减前派之数"，所举的例亦有方以智(同书卷四，页77)。能逃出京城，对于方氏，无异于重生。《再生纪略》的作者自说曾与方以智相遇于南逃途中，将方氏归类为在京明朝官员中已向贼报名"而未授职者"(同书卷五，页87)。该篇自述南逃经过，详记道里及沿途见闻，应可资考方氏的逃亡所历。①

方氏的噩梦，到此并未结束。《明季北略》将方以智归入"刑戮诸臣"。在明末清初的语境中，受刑即受辱，即玷污；不死而遭刑戮，与失节无异。冯梦龙《甲申纪闻》说在京明臣"名单一入，而此身已隶贼籍"（冯氏辑《甲申纪事》卷一，页8）。南京政权判断忠、逆，即依名单定谳，而无论是否曾与"贼"合作。② 南京政府曾"禁北来逃官，不许入京"（顾炎武《圣安本纪》，《明季稗史初编》页190，商务印书馆，1936）。"逃官"当其时，已成一种身份。官不可逃，倘若陷敌，唯有一死。覆巢之下，必不可有完卵。临难不死，臣节已自有亏。全身而逃者，人人得而怀疑之。其时的《嵩江府阖郡士民讨逆贼杨汝成檄》，有"近者南归一辈，拷掠而逃，尚属偷生致讨。间关而至，谓其踪迹堪疑"（冯氏辑《甲申纪事》卷八，页156）云云。在军事对抗的情境中，认为南来逃人"踪迹堪疑"，也应当属于正常反应。对"刑辱诸臣"，冯梦龙事后试图区分情境，避免做一概之论，谓其中"不肯呈身而横遭束缚"者，与"偷生幸免，甘就桎梏"者，固有不同（《绅志略》，冯氏辑《甲

① 赵士锦《北归纪》亦记自己北归途中，曾与方以智同行（冯氏辑《甲申纪事》附，页23）。方氏本人在诗中对他的这段经历记述甚详。参看《方以智年谱》，页124—126。
② 那年六月，方以智的友人、复社干将吴应箕拟《公讨从贼逆臣檄》，要求胪列从贼诸臣姓名，"以声其罪于天下"；该檄篇末有"谨布从逆姓名于后，与天下共诛之"等语（《楼山堂集》卷一九，《贵池二妙集》，贵池先哲遗书，1920年刊本），但文集刊刻时略去了姓名。

申纪事》卷二，页21）。但当时风雨飘摇中的南京政府，却出台了"从逆六等事例"，所涉情节，几乎包括甲申之际在京在外省的官员除抵抗而死之外的所有可能的处境及选择，足证小朝廷的官员思维之缜密、设想之周严。其中"徒凡二条"，包括"遇贼变偶不逃，为贼胁留，未受伪官者"；"杖凡一条"，惩罚的即"初为贼所拘，未受伪官，乘间先归者"，都适用于方以智（参看顾炎武《圣安本纪》，《明季稗史初编》，页195—196）。黄宗羲《弘光实录钞》卷三记南京政府"定北都从贼诸臣罪"，"五等应徒议赎九人"中，确有方以智、傅鼎铨、张家玉（《黄宗羲全集》第2册，页79，浙江古籍出版社，1986）。①方氏南归后处境之尴尬、狼狈可想而知。

由此看来，方以智作为其时的"污点人物"，非"徒"即"杖"，应无可幸免，但仍然给他逃脱了。方氏日后的"流"更像是自动执行的，即自我放逐——由南京先赴闽、浙、粤，

---

① 《明史》解学龙传记甲申年南京"治从贼之狱"，解氏为刑部尚书，"仿唐制六等定罪"，由解氏议定，以十二月上之。得旨，有"侯恂、宋学显、吴刚思、方以智、潘同春等拟罪未合"云云（卷二七五）。李清《南渡录》记同一事，得旨："……方以智系定王讲官，今定王安在，何止一徒？"（卷四，页185、186，浙江古籍出版社，1988）该书还记有甲申年七月，南京政府礼部尚书顾锡畴"疏纠从逆诸词臣"，所纠词臣中有方以智（卷二，页65）。《南疆逸史》记阮大铖"使人奏以智降贼，欲杀之，乃变姓名避之岭南"（卷四〇，页304），将其人归入"隐遁"类。《国榷》更记有甲申年八月，"陕西道御史王孙蕃劾简讨方以智、刘世芳北京逃归，复撰伪书，颠倒是非。命逮下法司"（卷一〇二，页6142）。全祖望引林时对批评彭孙贻《流寇志》"但凭邸报流传，全无实据……叙陷贼诸人，讹以承讹，更多诞妄"，所举的例子就有方以智"陷贼不屈，南归，阮大铖诬以伪命，入之六等，举朝大哗乃止，而彭氏以为降贼，授庶常"（《跋彭仲谋流寇志》，《鲒埼亭集》外编卷二九）。"举朝大哗"疑出于想象。关于彭孙贻《流寇志》，参看谢国桢《增订晚明史籍考》卷六，页271—272。

游荡在南粤山水间；又随永历至梧州、桂林；后又到沅州，辗转于黔、湘、鄂、桂，漂泊、苦行，披缁逃禅，最终死于押解途中（据余英时《方以智晚节考》）。到了近代，仍然有人说，倘周锺不死，"则与方以智、陈子壮同图晚盖，亦未可知"（朱倓《明季社党研究》，页202，商务印书馆，1945。关于陈子壮，参看拙著《想象与叙述》第三篇）。由此看来，那个瞬间发生的事，对一些身在京城的士大夫，实在是致命的——不只城陷之际抵抗、陷落之后自杀者，还有那些幸存者。①

"日"自然不是不可切割的最小时间单元；它在理论上可以无限切割，更逼近真实的而非隐喻意义上的"瞬间"。研究者不妨关心发生于这一天而不为史家选中的琐细情事，尤其里巷草民的故事。皇城根下的居民、通衢大道边的居民、深巷中的居民、近郊农民是日所经历的，他们看到、听到的，想必人各不同。可惜的是，这类故事通常不能见之于记述。

文献记述最详的，是忠臣殉难的故事。当"板荡"之波传递到了眼前，士人中固然有人猝不及防，却也有敏感者，早已准备了这一时刻的到来，甚至未必不因漫长等待后的到来而如释重负——他们终于可以履行承诺，赴死，或漂泊异乡。一种拟想中可怕的经历一旦开始，人也会泰然、坦然地接受

---

① 当其时即有不同的声音。黄道周对南京政府所议"六等定罪"不谓然，说"今以陷贼之徒，投畀遐方，不齿乡党，已为过矣"（《六等定罪议》，《黄漳浦集》卷一一，道光戊子刻本）。史可法也有异论，对此，以下篇章还将谈到。祁彪佳巡按苏、松，曾揭榜于路，有"毋借锄逆报私怨"云云（毛奇龄所撰祁氏传，《祁彪佳集》卷一〇，页246，中华书局，1960）。可见"报私怨"作为现象的普遍。

自己的命运。由文集中你知道，吴麟徵自裁前对儿辈说，"富不如贫，贵不如贱，生不如死，今方悟之"（《示儿辈》，《吴忠节公遗集》卷二，乾坤正气集）。据年谱，这天听到城陷的消息，倪元璐"束带向阙，北谢天子，南谢太夫人"，以帛自缢（倪会鼎撰《倪文正公年谱》，《倪元璐年谱》页72，中华书局，1994）。知名之士殉明的，尚有范景文、王家彦、凌义渠等，或在三月十九日，或在次日，死得都算及时。其中施邦耀（也作施邦曜）之死在士大夫的记述中最为沉痛。"邦耀守城，贼入，道梗不得还寓，入民舍自缢。居民恐累之，解其悬；入他舍又缢，他居民又解之。……当邦耀求死不得时，叹曰：'忠臣固不易做！'"（《弘光实录钞》，《黄宗羲全集》第2册，页39）[1]沉痛自然在"民"对于忠臣的拒绝——拒绝的固然是牵累，在叙述者看来，未必不也一并拒绝了忠臣的道德诉求。

你不难依据此类材料，整理出"吴麟徵在三月十九日""施邦耀在三月十九日""范景文在三月十九日"，等等。这是其时士人最要知道也最希望他人知道的。上文提到的那篇吴应箕《公讨从贼逆臣檄》就说，在南方听到了北京陷落、崇祯蒙难的消息，"愤泣之余，即共以所知诸臣私相较量，如某某者必死，今果死矣；某某者必不死，果不死矣……"（《楼山堂集》

---

① 黄氏《左副都御史赠太子少保谥忠介四明施公神道碑铭》的叙述则是："……在东长安门，闻烈皇帝既殉社稷，恸哭而书曰：'惭无半策匡时难，唯有一死报君恩。'遂投环死，仆解之……是时贼满街巷，不可返寓，公望门求缢，居人皆庵之出，乃以砒霜投烧酒饮，九窍血裂而逝。"（《黄宗羲全集》第10册，页232）

卷一九)可以知道其时士人的关注所在。但你毕竟活在当代。你想问的是，有什么事情，在这一历史瞬间发生了？这个瞬间开启了又结束了什么，生活中有哪些方面因这个瞬间而发生了变化，此前与此后被此一瞬间划开了？

上文已经提到，本篇所谓的"瞬间"，是修辞学意义上的。甲申年三月十九日之后，还有一些重要瞬间，即如弘光覆灭之年、隆武覆灭之年、永历覆灭之年。另有一些士大夫历史中的标志式时刻，如刘宗周、黄道周殉难、就义之年；以至于陆世仪何时走出"桴亭"，方以智何时披缁，黄宗羲、王夫之何时进入"学者"角色；诸多士人何时、以何种方式"入清"，等等。凡此，均不失为值得追踪、呈现的"瞬间"。至于"易代"这种特殊时刻，其意义是无可怀疑的，因为这一时刻的确发生了"日常""平世"所不可能发生的破坏、改造，有种种事情因这一时刻而改变，包括"日常生活"的面貌。永远有所谓的"重大事件""特殊时刻"。无论史学理论如何流变，仅据经验你也可以相信，那些个"重大""特殊"的确不便与寻常日子的生活流程等量齐观。

是日前后

应当说，不将探问的目标锁定在某一瞬间，是呈现那一瞬间的条件。就本篇而言，为了回访甲申年的三月十九日，有必要看出去，看是日所在的"明清之际"，以至更长的时段。

在较大的视野中，甲申年三月十九日这个时间节点的重要性更是对于明代的，至于已然兴起的清朝，决定性时刻有可能在彼不在此。上文已经提到，如同其他在文献中被做了标记的瞬间，甲申年三月十九日这一瞬间之重要不全是自然生成的，它的深入人心更缘于叙述。对这个特定日子的强调，通常为了唤醒关于一个朝代的记忆，乃至唤醒一个朝代的亡灵。

任一"瞬间"都有弹性。即使爆发的一瞬也有其长度。讨论甲申年的三月十九日，不能不涉及这个日子之前与之后，先兆与余震。如若确定北京为震中，则有震幅，有震感的传递。与这一瞬间相连的，本来就不是一个能以"一日"为长度度量的事件。一旦引入稍长的时段，故事的情节不免会变得不确定，因线索纷纭而难以梳理。

不妨先来想象震动之波自北而南的传递。历史想象的空间伸展，固然赖有"史料"的支持，也要凭借对时、空的敏感与想象力。由理论上说，在将三月十九日作为坐标上的定点之后，有可能将处于不同空间位置的个人对事件的反应搜集、排列，据此绘出震波。你的确可以想象消息是如水波般一圈圈向外传递的；倘若有足够的文字材料，应当能大致测出递送的速度，将消息抵达的时刻标在明代地图上。那或许是以京城为中心的一组曲线。

据滕一飞《淮城纪事》，三月二十九日，京城失守的消息传到淮上，"众疑信相半"（冯氏辑《甲申纪事》卷六，页118）。

《鹿樵纪闻》开篇即道："顺治元年四月戊午，明留都闻京师之变"（卷上，《扬州十日记》，页79，上海书店，1982。按四月戊午即四月初一日，西历5月16日）。据陈廉《豫变纪略》，那年的夏四月，河南的绅民尚没有得到准确的消息，"三月十九日之事，言人人殊"（卷七，页271，《甲申史籍三种校本》）。近人的有关著述注意到了上述时间差[1]。可以确信的是，处在不同地理位置的士人，在不同的时间经历了这一巨大震撼的瞬间。

士大夫既然不能不先后经历"国变"，三月十九日身在京城的方以智，与远在浙、闽的刘宗周、黄道周，经验自然有了不同。身在商业繁荣的浙东的刘宗周，与僻处福建漳州的黄道周，均迟至五月才得到了京城陷落的消息。据年谱，刘宗周五月初二日"闻北变"，时在会稽；次日，"如会城，大会抚按、藩臬诸司，申讨贼之义"（刘汋所撰年谱，《刘宗周全

---

[1] 孟森《明清史讲义》说当年的四月十二日己巳，"凶问至南京"（第二编第七章，页338）。顾诚《南明史》则说："三月二十九日，即在北京失守十天之后，消息就传到了江苏淮安"（页41）；四月初八日，崇祯自尽的消息传到南京；直至十七日，这消息才被证实（页43）。樊树志《晚明史（1573—1644年）》的说法是，大约三月二十九日，北京事变的消息传到淮安；四月九日，消息得到证实；消息传到南京，大约在四月十二日至十四日之间；到四月二十五日"北报确信"（以上用旧历）。魏斐德《洪业——清朝开国史》依据所用材料，说皇上驾崩的消息传到南京，为当年的西历5月18日（农历四月十八日）；传到福州，则为西历6月25日（中译本，页287及同页注1），即事变发生两个月之后。司徒琳《南明史（1644—1662）》说，直至西历5月5日（农历三月二十九日），淮安巡抚才得知北京陷落的消息，而淮安城内众人疑信相半（中译本，页2），即应据滕一飞的《淮城纪事》。

集》第5册，台湾"中研院"中国文哲研究所筹备处，1996)。①

黄道周则曾致书钱谦益，说"蛰处天末，无殊聋聩。五月廿七日，乃闻神州陆沉……"(《黄漳浦集》卷一五)刘宗周的门人吴蕃昌有自叙诗十章，其一曰："三月国始破，五月浙始闻。六月详邸信，七月归家伻。家伻与幕客，四月离燕京。八月儿出门，哭走江淮营……"(《祗欠庵集》附录《吴东发续澉浦诗话二则》。《祗欠庵集》，适园丛书。诗中"儿"系自指)。《祁忠敏公日记·甲申日历》记是年四月二十五日，祁彪佳尚闻"神京无恙"；二十七日在句容，有人自南都来，才确知三月十九日之变，"为之彷徨彻夜"；二十八日在淳化，得知倪元璐、李邦华等人中"有殉难者"，知南都于二十一、二日已知北都之变。五月十六日前后，则得知清兵已入关。② 据陈子龙自撰年谱，他这年三月初到四月中"治兵于蛟关"，其间曾回华亭的家。这段时间里，"寇势日急，席卷三晋，度恒山，破云中、上谷，声问尽绝"(《陈子龙年谱》卷上，《陈子龙诗集》附录二，页688，上海古籍出版社，1983)；直至五月二日，才得知京城陷落(同书，页689)。时陈氏或在松江(云间)。余同元《崇祯十七年——社会震荡与文化变奏》说，"当时虽无电报电话，但事变的消息仍然于旬日间传遍全国各地"(页17，东方出版社，2006)，未免失考。

---

① 黄炳垕撰《黄梨洲先生年谱》却说，那年四月，黄氏得知京师失守，即从其师刘宗周赴杭州(《黄宗羲年谱》，页23)。

② 《祁忠敏公日记》，民国二十六年八月绍兴县修志委员会校刊，远山堂原本。

与上述人物同时的士大夫"闻变"的时间，他们于第一时刻的反应，大多已不可考，当此关头的个人故事不免因此而残缺不全。为卓尔堪辑入的"遗民诗"中，自述"闻变"当时的反应的，似乎唯有卷一方孔炤的《苍天》一首，说自己当时在济南，"号绝"。那首诗确也令人想见其呼天抢地，号恸欲绝（《明遗民诗》页49，中华书局，1961）。《祇欠庵集》附录《吴东发续澉浦诗话二则》后附记解释吴蕃昌《哀大树诗》及自叙诗十章该书未载，"殆编录时值禁网密，以涉忌讳，去之"。陆世仪有《五月四日，得先帝、后惨报确信，四海同仇，若丧考妣，诘朝乡绅有楼船广筵纵观竞渡者，愤而刺之》一诗（参看冯氏辑《甲申纪事》卷一三，页257），传世的《桴亭先生遗集》《陆桴亭先生文集》均未载。

战乱随处造成阻滞与隔绝。你大可相信，因了京城陷落的消息姗姗来迟，那个史书上的重大日子，淮河上下、大江南北的许多士人可能是平淡甚至轻松地度过的。黄淳耀的《甲申日记》，为"学道"的记录；三月十九日所记，亦此种内容，全不及于时局（《黄忠节公甲申日记》）①。祁彪佳日记三月十九日那天记有如下数事：会晤绍兴知府于颖，为筑寓山别业而"为石工会计"，此外另有几档应酬，复了几封信。那天日记中的祁彪佳很闲逸，非但不能遥测，且没有大难将至的预感。十九日前后他的日记所记京中消息，多属旧闻，即如四

<hr />

① 黄淳耀《黄忠节公甲申日记》，留余草堂丛书，《历代日记丛钞》影印，第九册，学苑出版社，2006。

月十四日方知京城于三月十八日被困；二十一日听到的，是三月十七日出都者所说外城有可能不保；二十五日尚听人说"神京无恙"。由年谱可知，这年春三月庚子（即三月十二日），黄道周应弟子之请所构之明诚堂（讲堂）落成。是日"天气清和，春风四敷"，宾朋云集，黄氏从容讲论，观者如堵。京畿地区的剧烈动荡，甚至无妨于江南士人的声色征逐。至于深山与海陬，永远是最闭塞迟钝的区域。只有当着抵抗（或假借抵抗之名的军事行动）依山靠海而进行，才将那些化外之区拖进了这一"历史时刻"。

落后的交通条件与迟滞的邮传，使三月十九日的事变没有可能引发大范围的共振。樊树志的《晚明史（1573—1644年）》说北京陷落后，南京政府反应缓慢迟钝，"原因之一是消息传递的困难。南北阻隔千里，原先的情报传递系统在战争动乱中已运转不灵，北京事变——李自成攻陷北京与思宗殉国的消息沿着运河交通线以最为原始的方式向南传递，颇费时日"（《晚明史（1573—1644年）》，页1152）。该书引用了日本学者岸本美绪由新闻传播学视角所做的研究。司徒琳也谈到南京政权的行动迟缓，与局势不明朗有关（《南明史（1644—1662）》中译本，页24）。亲历其境的陈贞慧的《书甲申南中事》，记甲申变后南京士绅的反应极生动。据该文，得到确信，距崇祯自缢"已几一月矣"，而前此的消息"多得之道路"。即政府要员史可法、姜曰广，对局势也懵然无知，陈氏不禁感叹"以金陵重地，不异僻壤；司马、宗伯重任，所传不异道路"(《陈定生先生遗书三种》,光绪乙未武进盛氏刊本。按:司马,史可法;宗伯,姜曰广)。同时,也正是落后的交通与邮传条件,使情感的表达受到了压抑,才激出了某些更强烈的反应。比如刘宗周的不计成败,力促杭州地方当局组织义师,在今人看来更像是在表达悲愤,是沉痛至极后的宣泄,出于深刻的无力感,而非基于冷静的军事估量。在江南,由士夫发动的抵抗,往往带有此种色彩。

当这种关头,"速度"才有可能被体会到其极端的重要性。黄道周《答王忠端公书》叹息音耗难通,说"天末间关,遣使经年,每发一缄,头鬓尽白"(《黄漳浦集》卷一七),是时黄氏在漳南。由心情而言,"头鬓尽白"云云,并不夸张。黄淳耀《陶庵全集·诗集》卷四《野人叹》五首,有"燕齐杳杳无信来,但闻官吏多逃窜"云云(其一,《陶庵全集》,乾隆辛巳刻本)。钱谦益也叹息着"原野萧条邮骑少,庙堂镇静羽书稀"(《冬至后京江舟中感怀八首·其六》,《牧斋初学集》卷二〇,页678,上海古籍出版社,1985)。对于信使,真真是望眼欲穿![1]

复原三月十九日事变的传递过程,需要的就有关于其时邮传方面的知识。南北邮传的阻滞,甲申变前已然。战乱中,

---

[1] 《菲利普二世时代的地中海和地中海世界》的作者费尔南·布罗岱尔告诉我们,在地中海地区,16世纪即有企业化的邮政设施(参看该书中译本页301)。该书第二部,在"经济:16世纪的尺度"这一章下,第一个小标题,即"距离,头号敌人";此下的标题是:"对写信者来说,信件往来费时甚多"(同书,页530、531)。这里,"距离"之为"头号敌人",是因了经济发展的要求而被体会到的。该书所说"速度",关涉"运输,转移,传递"诸项(参看同书页552)。

不惟驿站，递铺想必也不可能正常运作。《祁忠敏公日记·壬午日历》记崇祯十五年闰十一月祁氏北上到临朐一带，说"邸报至此不通，已十二日矣"。同书《癸未日历》则说"大河以南，皆文移不通"，是时为崇祯十六年二月。你或许会想到，崇祯二年前后出于财政方面的考虑而裁撤驿站，是否成为影响其时信息传输的一个因素。你当然已经知道，失业的驿卒中的一个，米脂地面的李自成，后来参与并领导了席卷南北的一大"叛乱"[①]。战局的不明，无疑增加了形势的不确定性，不但造成了士大夫间经验的巨大差异，也加剧了他们当此关头选择的艰难。曾在松江一带组织抵抗的侯峒曾抱怨道，"吾等不知敌军所在。神灵保佑，只有待敌而动，所谓骑虎难下矣"（参看魏斐德《洪业——清朝开国史》中译本，页622注3）。却又不妨相信，那些事后看来无望的抵抗、反叛，发生在当时，或许正赖有信息流通的不畅，消息来源的不可靠，"天下大

[①] 魏斐德《洪业——清朝开国史》谈到明朝末年"公用事业"的崩溃："1629年，朝廷为缩减开支，将驿递系统砍去了30%，结果导致了通信的中断，各官府不得不自己出钱雇人传递文书。由于驿站大量空缺，王朝的'血脉'严重阻塞，1630年以后，地方官府甚至不能肯定他们的奏章能否送达京师。"（中译本，页17）该书又据星斌夫《明代的运输》等，说，"至晚明，驿递制度实际上被私商所控制了（至1629年，只有20%的交通是官办的）"（中译本，页444注3）。裁减驿递，乃为增加军饷。据樊树志《晚明史（1573—1644年）》，杨嗣昌曾提出加征剿饷的四个途径，其一即"在裁减驿递后节省的开支中每年拨出二十万两充作军饷"（该书页974）。康熙《米脂县志》卷五《邮传》则说："明末李自成，银川驿之一马夫耳。因裁驿站，饥荒无所得食，奋臂一呼，卒至土崩，不可救。"（转引自樊树志《晚明史（1573—1644年）》，页899）将甲申之变径直归结为驿站的裁撤，不免夸张。但三分之一的驿卒被遣散，被证明了确系为渊驱鱼。对于裁撤驿站，余煌当时曾持异议，理由即"多一夫，少一贼"（查继佐《国寿录》卷三，页86，中华书局，1959）。

势"以至具体的战场形势不明。如此一来，信息的阻隔，倒有可能使得两个朝代间的纠缠大大地延宕，将那个"瞬间"抻长了。

信息阻隔造成的空隙，通常由谣传、讹言填补。乱世从来多荒诞不经的传闻。陈廉《豫变纪略》写崇祯十三年河南地面曾一时相传"空中有人马声，屋上雪中有人马迹"（卷三，页102，《甲申史籍三种校本》）。《鹿樵纪闻》述弘光朝事，说顺治元年五月，"地一日三震，长庚见东方，光芒闪烁中有刀剑旌旆之影"（卷上，《扬州十日记》，页82）——与空中人马声正可配对，均奇幻诡异，出自非常的想象力。[①] 那个时期，人们的想象力似乎异常活跃而生动，留在文字中的，多神怪不经之谈，种种"物怪人妖"，像是一时并出。不经之谈、讹传，也参与造成了这一时期历史的面貌——固然往往加剧混乱，有时却也支撑信念，以心理的抚慰以至自欺，帮助生当其时的人们度过艰难的岁月。这一点，我在《想象与叙述》的其他篇章还将谈到。

那一瞬间之后，参与抵抗的士大夫，所得往往是"土崩瓦解"的印象。抵抗像是只为了见证崩解似的。黄宗羲《思旧录·孙嘉绩》："大兵将渡，东浙郡县皆已献户口册籍，牛酒

---

① 元末有类似传闻，且同样诡异。陶宗仪《南村辍耕录》卷七《志怪》："至正乙未正月廿三日，日入时，平江在城，忽闻东南方，军声且渐近，惊走觇视，它无所有，但见黑云一簇中，仿佛皆类人马，而前后火光若灯烛者，莫知其算，迤逦由西北方而没。……"（页92，中华书局，1959）

犒师，各官亦委署易置，人情缩踏不敢动。"(《黄宗羲全集》第
1 册，页 386，浙江古籍出版社，1985) 陈确则说，自长江不
守，"胡马横驱，所至人心崩溃，浙东、西郡县之民劫守令降
附"(《祭山阴刘先生文》，《陈确集》文集卷一三，页 307)。比
较之下，士大夫会说宋亡没有如是之速。王夫之就说过这意
思(参看《宋论》卷一〇，《船山全书》第 11 册，页 227—228，
岳麓书社，1992)。在他看来，明末事事与宋末不同，"最后
一幕"的剧情自然也不同。

事后看去，三月十九日的事变只是如期而至；此前所发
生的，似乎都被导向这个瞬间，准备着极度紧张中的爆
发——这自然多少也出自"后见之明"，以及事后的叙事策
略。① 你不难注意到，无论当时抑或事后的叙述中，"铁函心
史"于明亡前夕的崇祯十一年由苏州承天寺出井，既像是一个
凶险的寓言，又成为对于士大夫的意义严重的提醒，提醒他
们面临的抉择。那部神秘的书稿经林古度重加校正，再刊于
金陵，似乎只为了见证另一个危急时刻。② 同年，黄宗羲注谢
翱的《西台恸哭记》《冬青引》(《黄宗羲年谱》页 18，中华书局，

---

① 《明季北略》卷一九《北都崩解情景》："崇祯末年，在京者有'只图今日，不过明朝'
之意，贫富贵贱，各自为心，每云：'鞑子、流贼到门，我即开城请进。'"(页 350)
据此，则三月十九日前京城已不属明。

② 所谓"铁函心史"不仅成了启发与激励，也提供了可资模仿的形式。黄宗炎晚年曾作
一石函，"锢其所著述于中，悬之梁上"，嘱其子必要时埋之于某处(《鹧鸪先生神道
表》，《鲒埼亭集》卷一三)。邵廷采说张岱名其所作曰"石匮藏书"，乃"拟郑思肖之
《铁函心史》"(《明遗民所知传》，《思复堂文集》卷三，页 223，浙江古籍出版社，
1987)。

1993），则属于事变前黄氏个人的准备。事实是，士大夫中的敏感者，从来不缺乏某种预测能力，何况黄宗羲这样烂熟于历史的人物！明人往往以论宋而论明；明亡前夕，由郑思肖所处朝代，他们预先看到了自己的命运。

明亡前危机的加深，可以划归"前近代"社会历史渐变的漫长过程。有远缘，有近因；有种种远缘、种种近因。士人原有这种远距离搜索的习惯：为当世、为自己的当下生存寻求解释。古代中国人好说盛衰。衰变本来就是一个积累的过程。即如明代之由盛到衰，种种因由甚至可以追到"国初"。事实上，"士论"中从来不乏此种暗示，如在追究燕王"靖难"的后果的场合。论者似乎赋有某种神秘的感知能力，由盛世捕捉"衰"的将至、已至的消息。在一种由经验启示了的视野中，一个朝代的命运，尤其最终的劫运，似乎当王朝历史的大幕揭开的一刻就开始了。

唐顺之以"盛世人物"，嘉靖间就慨叹着"天下事鱼烂极矣"（《与胡柏泉参政》，《唐荆川文集》补遗卷二，江南书局据明嘉靖本重刊），语气中充满了不祥之感。① 万历朝吕坤的《忧

---

① 嘉靖二十年御史杨爵奏疏中说："今天下大势，如人衰病已极，腹心百骸莫不受患，即欲拯之，无措手地。"（《明会要》卷三三，页570，中华书局，1998）陈时明说当时情势，已是"徐乐所谓土崩之势"，"乐之言曰：天下之患，在于土崩，不在瓦解。何谓'土崩'？秦之末世是也"（《严武备以壮国威疏》，《明经世文编》卷二二九，中华书局，1962）。魏时亮说其时"边邑之势，有如厝火积薪；都城之势，有如处堂燕雀"（《题为圣明加意庙防恭陈大计一十八议疏》，同书卷三七一）。

危疏》，更直截了当地说当时"乱征"已见，"乱象已形"。① 万历四十二年的刘宗周，甚至洞穿时空，看到了30年后的"铜驼荆棘"②。王夫之的说法更出诸富于深度的体察。他解释"陵夷"，说"陵"与"原"本无畛域，"方乱之终，治之几动而响随之，为暄风之试于霜午，忧乱已亟者，莫之觌焉耳；方治之盛，乱之几动而响随之，为凉飔之扬于暑昼，怙治而骄者，莫之觉焉耳。"(《诗广传》卷四，《船山全书》第3册，页479，岳麓书社，1992) 由此看来，凶兆、乱萌，就在不但天下向治、且治之已盛之时。洞见幽微，察知此"几"与"响"，被士大夫作为对于当世的责任。

古代中国人的感知盛衰，缘于"历史经验"，所谓鉴往知来，久之而成思维惯性——出于危机感、忧患意识。但又不便仅据留在文字间的上述预感、预言，轻易地为事件的"必然性"做证。事实是，任一朝代，即使公认的"盛世"，也一定有"危言"，即鲁迅所说的"枭鸣"。这也是士大夫的一种传统。那种鸣声正是"盛世"的一部分，与其他声音合成了那个时代

---

① 吕氏说："当今天下之势，乱象已形，而乱机未动；天下之人，乱心已辨，而乱人未倡。今日之政，皆拨乱机而使之动，助乱人而使之倡者也。"(《明经世文编》卷四一五)

② 其《与周生书》说："时事日非，斯道阻丧。亟争之而败，缓调之而亦败，虽有子房，无从借今日之箸，直眼见铜驼荆棘而已。"(《刘宗周全集》第3册，页463)顾炎武说"今日之事，兴一利便是添一害"(《与人书》八，《顾亭林诗文集》页93，中华书局，1983)，可为刘氏的说法作注。顾氏曾引宋代罗泌《路史·封建后论》"天下之枉未足以害理，而矫枉之枉常深；天下之弊未足以害事，而救弊之弊常大"(《日知录集释》卷九《藩镇》，页221，中州古籍出版社，1990。《封建后论》，见《路史》卷三一)。

之声。没有"危言"的时代反倒是不正常的，只能想象为超常高压下的"无声的中国"。但万历中期以降的有关言说，却不能再读作常谈，往往联系于具体事项、世相，是由政治、社会生活中切实感受到的衰变。翻阅六大本中华书局版的《明经世文编》，社会的日趋动荡，"社会空气"的渐趋炽热，士人危机感的加剧，由文字（多属朝臣奏疏）中清晰可感，不由人不心惊。你不难想象清醒地面对此一过程的士人内心的苦痛，他们的焦灼与无奈。也因此，士人以其对时势演变的感受与言说，使"明亡"之为事件，在较之那一瞬间远为漫长的时间中伸展开来。

对危机的反应，仍不免有因人之异。上文提到的方以智，像是预先准备了日后的流亡。"老人持箴纩，为余缝大布。布衣染为缁，尘多岂愁污。"（《方子流寓草》卷二《卜寓》，明末刻本，《四库禁毁书丛刊》集部。年谱系此诗于崇祯七年）缁衣固然因了经脏，便于"俭德避难"，由方氏的终于为僧看，却又不免成谶。大致同一时期，江南一带的生员、秀才，却衣着举止艳丽浮夸，[1] 上文所引吴麟徵的书札中说，"人情物态，日趋变怪"。吴应箕则将他对上述"怪现状"的观察，写在了《留都见闻录》里（见该书卷之下《服色》，贵池先哲遗书）。

---

[1] 据魏斐德《洪业——清朝开国史》，李东对于此种"被当时人们视为性异常或社会异常现象"深为反感，写道："熟闻二十年来，东南郡邑，凡生员读书人家有力者，尽为妇人红紫之服，外披内衣……"（中译本，页81—82。所引李东语见李氏《见闻杂记》卷一〇）

"国之将亡，必有妖孽。"其时士人目击身历的"易代"，也由复杂的感官印象构成。

据文献记载，气候不只介入而且直接参与了明亡的过程，在这一事件中扮演了一个特殊的角色。王思任等人所编祁彪佳年谱，说崇祯十三年海内大饥，十四年，"数百里饥民群起为盗，劫掠郡邑"（《祁忠敏公年谱》）①。凌锡祺编陆世仪年谱，记崇祯十一年大旱，"赤氛竟天"；崇祯十三、十四年，又洊旱，"野如赭"；崇祯十五年春，大饥，"家饱糠核，屑榆为粥，人相食"（《尊道先生年谱》，《桴亭先生遗书》，光绪乙亥刻本）。陈廉《豫变纪略》记有崇祯十一、十二年春夏，河南大旱且蝗，赤地千里；十三年，大饥，人相食；十四年，大饥疫；甚至有父食子、妻食夫者，"其颠顿死于沟壑者，群聚而剐割之，顷刻而骨骸相撑矣"（卷一，页24、26、27；卷三，页103）。在士大夫的记忆中，灾难是绵延、接踵而至的，尽管这并不削弱了三月十九日那一瞬间的震撼性。连续性，持续之感，也对感觉中时间的长度发生了影响。

灾荒—流民—动乱，是被一再验证的因果链。就甲申年三月十九日的事变而言，诡异的是，灾荒不但像是适时地

---

① 据祁彪佳崇祯十四年日记，其时浙东因饥荒而人情汹汹，抢攘四起，缙绅企图以救荒而"弭变"，祁氏的有关文字间充满了紧张感（《祁忠敏公日记·小捄录》）。士夫每当这种关口，鉴于"历史经验"，也出于"民胞物与"的情怀，往往不待动员即自发地起而应对——凭借乡村社会历久而成的应对粮食危机的机制，以及诸种惯例。这里有缙绅早已认领的公共义务。即使严格自律不介入地方事务的卸任或罢黜的官员，当此关头也会挺身而出；发生在甲申年的三月十九日之前，也是阻止事件发生的一种努力。

爆发，也像是适时地结束。《豫变纪略》记乙酉(顺治二年)五月清军渡江，"豫州始脱兵燹之祸"；接下来说："是岁豫州大有麦禾。"更有奇者，"兵火之余，人不暇耕，但卤莽播种而已。夏秋间，中原千里，禾稼如云。既刈复秀，一本凡数茎，其颗粒与初熟者无异。直获至十月间乃已"(卷八，页300、301)。天意从来高难问。远在赣南的魏禧，直白地表达了他的困惑。梦中他对亡父说："今年天变良已极，时平物贱岁屡登。"(《纪梦》，《魏叔子诗集》卷五，《宁都三魏文集》，道光二十五年刊本)，言罢竟痛哭失声。

我们已经谈到了，这是一个有一定长度的"历史瞬间"；接下来要说的是，它还是凭借某种空间形式展开的瞬间。

南—北

明的溃败也即清的挺进，是自北而南的。由于战事推进中的无序，人们的空间经验在这一时期较之平世有了不同。陈济生《再生纪略》记自己南逃至长江，官兵"一路盘诘，以乡谭(按：即口音、方言)验南北"，见"一江之隔，而南北风景大异"(冯氏辑《甲申纪事》卷五，页99)。文秉《甲乙事案》却注意到了其时局面之混乱，南北间界限的模糊，说"兵备凌骃已受清巡抚山东之命"，"于南京亦发疏不绝"(卷上，《南明史料》，页450，江苏古籍出版社，1999)，令人想到了所谓的

"两面政权"①。福建的余飏描画了更其怪异的图景，即明人与清人同地征饷，"满笠纱巾，分庭对坐；包布毛帽，并路前驱"，很有点"胡越一家"的味道（《莆变纪事·掠饷》，页3—4，江苏古籍出版社，2000）。② 但南—北仍然是关于那个瞬间的空间想象的坐标。

我们熟悉一种文学叙述方式：古代说部的"话分两头"，近人所谓的"在同一时刻里"。《明季北略》记三月十九日的京城情景，而后不无突兀地瞥向数千里外，说"是日，淮安西门外有马兵突至，劫掠妇女"，后知为马士英军（卷二〇《李自成入北京内城》，页457）。《国榷》记甲申年事，亦力图兼顾南北。考察共时空间中的人生百态，年谱，尤其日谱（也叫日记、日历），大可作为凭借，尤其近人撰写的材料组织得较为

_____

① 对此查继佐的说法是，京城陷落，凌氏因所部仅五百人，不足以勤王，"乃驻临清遏南下者"（《国寿录》卷二《御史凌公传》，页50）。《南疆逸史》则说，京城陷落后，凌氏募兵赴临清，"间道使人上书，请收拾山东"，未得回应；"亦时时与新朝（按指清朝）通书，盖孤军难以自立也"（卷一一，页79，中华书局，1959）。据李清《南渡录》，甲申年八月，南京政府"改兵部主事凌駉为山东巡按御史"（卷二，页93，浙江古籍出版社，1988）；九月，凌駉奏疏中有"方今贼势犹张，东师渐进，然使彼独任其劳，而我安享其逸，恐亦无以服彼心而伸我论。为今日计，或暂假臣便宜，权通北好，合力讨贼，名为西伐，实作东防"云云（卷三，页107），将他的思路表述得很清楚。据同书，"初，駉不肯附闯，倡义临清，复东昌一府。北兵破闯，授兵科"，后伺间南归，授御史（卷五，页248）。据谈迁《国榷》，"清房命李建泰招谕凌駉，授巡抚。駉阳受之，以闻"（卷一〇二，页6126，中华书局，1958）；"駉在临清，阳事建房，驰奏亟乘机恢复"（同条，页6141）；后凌"驰赴河南，上清房所授符印，实授御史"（同书卷一〇三，页6167）。

② 据余氏该书，时当癸巳（1653年）之秋，清当局与"海上"（应指郑氏）有"和辑"之议，准其沿海索饷，于是有了余氏所写的一幕。

069

密实的年谱。① 见诸年谱的时空分割，更细致而清晰，可据以知晓其时人物因所处经纬度的不同，其生存呈现出的不同样貌。比如你由年谱得知，当刘宗周、黄道周分别在浙东、漳浦得到了京城陷落的消息，一些北方人士已适应了"新朝"，选择了在其中扮演的角色。乙酉(顺治二年)，王士禛的兄长王士禄出就有司试；尽管前一年，其伯父自尽殉明。济南诸州邑的动乱已初定，而江南的劫难才刚刚开始。这一年清兵屠扬州，南京不战而降。同一年，方以智在流离中，"伏病南海"(《方以智年谱》)。吴应箕等人起兵抗清死。刘宗周绝食死。黄宗羲与两弟纠合数百人迎监国鲁王，驻军江上。顺治三年施闰章中举；是年孙临抗清死于浦城，黄宗羲率余众入四明山，山民焚其寨。顺治四年宋荦以大臣之子的身份入(清)朝侍卫，宋琬等人中进士。是年陈子龙就义。方以智追随永历至梧州、桂林，后又跋山涉水至沅州，与苗民杂处，卜卦糊口；被清兵追捕，奔窜逃亡，一年三易姓名。次年王士禛出应童子试……"时间差"影响于南北士人，王士禄、王士禛兄弟与吴越的知名之士，经历、经验有了如此大的不同。② 我们于此看到了发生在同一时刻的战争与和平、对抗与顺适。这岂不有助于扩张你关于明清易代之际的想象的幅度？

---

① 比如冯其庸、叶君远的《吴梅村年谱》、蒋寅的《王渔洋事迹征略》、卞僧慧《吕留良年谱长编》、陆勇强《陈维崧年谱》、任道斌《方以智年谱》等。

② 我在这里强调了时间作为视点的重要性。也应当说，差异的造成，有仅以时、地所不能解释者。

清军南下过程中造成的差异，足以使旧有的南北观念获得新的依据。明亡清兴的过程作为时空连续体，随处留下印迹，复杂化了这一时期的历史图景，使那图景呈现出丰富的层次。

明清易代因相对短促，尚不足以造成北宋、南宋那样的地域问题，却仍然勾起了历史记忆，强化了关于南北的差异感。将这种差异感表达得尤为激烈、极端的，是王夫之。王氏在其史论中，几于将"夷狄"治下的北人视同异类。比如他说："石敬瑭割土于契丹，宋人弃地于女真，冀州尧、舜之余民，化为禽俗。"（《读通鉴论》卷三，《船山全书》第10册，页139）还说，"三代以上，华、夷之分在燕山，三代以后在大河"（同书卷一二，页454），所依据的，未必不是最切近的经验。将"入清"视为道德蜕变，依此考察易代中的南北，自然在夷夏论的视野中。王夫之所表达的，正是这种偏激之见。将先被征服的北方视为清的版图，而将较晚纳入清廷治下的南方与北方做了区分——被大清一统的迟早，暗中被作为区分彼我的根据。土既非我土，民也即非我民。读宋元之际、明清之际的文献，你会发现"北"这一关于方位的用语，通常直接用来指称元、清；北人即作为敌方的元人、清人，而无论其人是否蒙、满。① 陈洪绶说"越中无赖事椎埋者数十百人，

---

① 周密《癸辛杂识》所谓"北人元遗山"（别集下《褚承亮不就试》，页275，中华书局，1988），"北人"不只指籍贯，更据元好问在南北不同政权间的归属。陶宗仪《南村辍耕录》卷五《汪水云》记当杭州被元军攻下后汪元量的诗作，中有"南人堕泪北人笑"（页56），所谓"北人"，也无论蒙、汉。

戎服佩刀，习北人语言，号从军健儿，星布四处，白昼夺货物于市郡，县官不敢问"（《为刘侯寿序》，《宝纶堂集》，康熙乙酉序刊本）。板荡之际"北人语言"曾被如此运用。却也另有全然不同的有关"北方"的想象。陈确就记述了一群传闻中不知来自何地的好汉，膂力惊人，"皆北音"（《陈确集》文集卷九《东溟寺异人记》)，以此渲染北方的雄奇沉郁，以及北方式的英雄气概。

《剑桥中国明代史》对人物的籍贯，似乎有特殊的关注。地域(籍贯等)被国外学者作为理解中国历史现象的一种线索。他们显然认为人物关系与人物的命运，可以由此得到一定的解释。魏斐德的《洪业——清朝开国史》即以此为标题："北人与南人"（中译本，页398)。国外学者对地域——南北，以及省籍——的重视，由魏氏该书征引的文献亦可知。该书在注释中引用了一种说法，以解释明清易代中江南士绅抵抗的顽强，认为江南地主"没有直接面对北方那种急风暴雨般的农民大起义"，以及他们惑于"文人义士"的宏论，"低估了清军的力量"（中译本，页559注1)。这种解释并不有力。较之北方，江南的士大夫有更强大而易于激发的政治能量；而不少参与抵抗的士人，尤其其中的领袖人物，系"知不可而为"，出于极冷静的抉择(参看拙著《制度·言论·心态——〈明清之际士大夫研究〉续编》上编第一章《经世·任事》)。"不识时务"，或曰拒绝"识时务"，是士文化高度发展所培养、鼓励的一种精神品格。那种绝望的抗争，正出自"理性态度"①。

　　清军对北方的军事征服相对顺利，似乎支持了王夫之的上述偏见。但相对顺利中仍然有差异。鲁、豫就有不同——与省情，该省在战乱中遭受破坏的程度，尤其该省缙绅对于易代的反应，均应有关。据魏斐德《洪业——清朝开国史》，"1644 年投降的'贰臣'中，有四分之一来自山东。如果说东北地区为满族征服中国提供了大部分军事将领的话，那么，正是山东一地在为北京清政权提供文官上，遥遥领先。山东人在清初的这种骤然显贵，在一定程度上是由于该省平定较早，部分地由于在各处起义时这里的乡绅名流遵守了王朝的法令"（中译本，页 385）。② 这或许多少可以解释王士禛在清初的经历。③

---

① 魏斐德该书中的一些统计表很有意思；关于进入清初政治体制的人物，于省籍之外，尚统计于考中进士的年份，以及在明朝的原任职部门、原任职务——被作为影响其时士大夫的政治选择的条件。以省籍、考中进士的年份、原任职六部中的何部，解释其人对明、大顺、清的态度，无疑是别致的思路。近人更有将南北差异归结于学术者。陈寅恪就说："明亡后，为抗清之举，前仆后继，不顾成败利钝，亦惟大江南北王学盛行之流域为最烈。盖其勇动之气，激昂淋漓之致，学说有以植其基也。"（《明史抉微》，包遵彭主编《明史考证抉微》页 12—13，台湾学生书局，1968）

② 该书写道："在多尔衮进入北京的三个月内，吏部的汉人尚书、侍郎都由山东人担任了。山东人递相引荐，以求得朝廷注意。这个省份的名流在京城的影响更加明显了。而且，山东人在科举中成绩优异，就像早些年间的北人那样。"（页 403）

③ 有差异的不只是南北，还可能有男女。高彦颐写到了明亡过程中的祁彪佳夫妇，说"女性世界的安宁和王朝迫在眉睫的垮台形成了鲜明对照"（《闺塾师——明末清初江南的才女文化》中译本，页 241，江苏人民出版社，2005）。共一时空甚至亲密如夫妇，所度过的同一"历史性时刻"，质地也会有许之不同，更不必说处于不同阶层、社会地位的人们。

差异毋宁说更在士、民之间。谢国桢《南明史略》就说"农民起义的烽火燃遍了山东全省，前后相继不下二三十年"（页101，上海人民出版社，1957）。在"山东的投降"这一标题下，魏斐德也告诉我们，山东的民间武装力量的抵抗持久而强劲（参看《洪业——清朝开国史》第九章《北方中国的地方控制·山东的清剿》）。在清占领北京后不久，1944年夏、秋间，山东就已经是反清军事活动活跃的地区。至于"北方"，更不可一概而论！杨凤苞写《南疆逸史跋四》，说："甲乙之际，大河以北，建义旗者云集响臻。长山则刘孔和，掖县则赵哲文，文登则满之章，鸡泽则殷渊，上谷则周永宪，海州则谢陛，沛县则阎尔梅，是皆临江节士、扶风豪士一流人，事未可以成败论也。"（《秋室集》卷二，湖州丛书本）[①]由此看来，其时关于"两河忠义"的联想，未见得毫无根据——绝非南方多义士，北方皆顺民。其时关于"北方"的印象，多少也因资讯不足，史述有阙。这或许又因发生在北方的抵抗较少士大夫的

[①] 易代之际的北方，不但有保定的坚守（《崇祯甲申保定城守纪略》，《戴名世集》卷一三），更有周遇吉在宁武的顽强抵抗（《弘光实录钞》卷二，《黄宗羲全集》第2册，页45）。见诸文献，陕西的抵抗似乎尤为顽强。戴名世所记发生在榆林的惨烈战事（《崇祯癸未榆林城守纪略》，《戴名世集》卷一三，中华书局，1986），足证西北的坚韧。直到1647年夏天，陕西的中心地区才大致为清军所控制。此时据甲申之变已三年有余。

主导，而更有民间自发的性质。① 但无论如何，"省籍"视角毕竟使一些易于被忽略的"事实"得以浮现，使某种"不平衡"得到了描述的机会。较之笼统的南北，这无疑是更细致的考察，有可能以地方史的细节丰富关于那一时段的想象。

戏剧性的是，随着战场向南方推进，"北兵"的构成中有了越来越多的汉人。万历朝侯先春就已经注意到，其时夷狄"入犯之时，为之四散掳掠者，亦多中国人"（《安边二十四议疏》，《明经世文编》卷四二八）。② 美国学者梅尔清注意到，《扬州十日记》的作者王秀楚"根据兵卒所穿的是满族服装还是汉族服装或是讲满语还是说汉语来区分兵卒。相对于用来描

---

① 谢国桢《南明史略》说孙奇逢、恽日初、王余佑曾"起兵雄县，连克容县、新城（河北容城县）"（页96）。孙奇逢年谱记有崇祯九年七月孙氏参与容城城守事，起兵事未见之于记述。谢氏该书也说"清朝在北方的统治比较稳定，士大夫大部分投降了清朝，在北方各地继续不断爆发的抗清斗争中，再也没有像殷渊、孙奇逢这一类人物参加了"（同上）。南方则不然，士大夫的反清往往与当地的抵抗运动相始终，而且正作为抵抗运动的中坚。商鸿逵《清初内地人民抗清斗争的性质问题》一文说叶廷秀、阎尔梅"参加过山东榆园军"，接下来也说，"知识分子参加抗清队伍"，仍然以南方为多，"江南战场几乎无役无有知识分子参加"（《明清史论著合集》页73—74，北京大学出版社，1988）。

② 郑天挺《清代的八旗兵和绿营兵》一文说："一六四四年满清入关，军队作战以八旗满洲蒙古兵为主，汉军和投降的汉兵只在次要地位，一六四六年以后汉兵与满洲兵并重，一六五〇年以后就以新旧汉军为主了，八旗满洲蒙古兵已成次要。……到了一六七三年，三藩事起，八旗兵（包括汉军）差不多已不能作战，清朝统治者只好利用汉人的绿营兵，前后动员了四十万人（《清史稿·兵志》二），每次作战，全是绿营步兵在前，八旗兵尾随于后。"（《探微集》页176，中华书局，1980）魏斐德《洪业——清朝开国史》称多铎的部队为"满汉部队"（中译本，页524）。在关于明清对抗的叙述中，该书对辽东籍军人的动向尤为关注，甚至包括降清的左良玉旧部中曾在辽东担任军职的军人（参看该书页497），尽管将后者与最初参与满汉对抗的"辽东籍"军人联系在一起，不无牵强。

述满族军官的措辞，用来描述普通兵卒的词汇要激烈得多"（《清初扬州文化》中译本，页 19 注 4，复旦大学出版社，2004）。这无疑也是易于被忽略的细节。军事对抗进行到后来，不但满、汉，甚至明、清的界限已然模糊不清。至于到了大局已定，南北之间的——主要应当是南人对于北人的——异己、敌对感，未必不也由有清当道蓄意造成。

山、湖与海

拟上述题目，不消说受到了布罗岱尔的提示。只是在这一题目下所要讨论的，并非缓慢流逝、演变，在漫长的时间里发生影响的"几乎静止的历史"，人同他周围环境的关系史，而是山、湖与海这样特殊的物质形态怎样参与了明清易代这一事件，并在事件中扮演了角色。山、河、湖、海当其时，乃繁华世界的边缘，至是其作用凸显。余飏《莆变纪事·人稀》说："国变以后，丁亥、戊子之乱，山海纠合，乡树一帜，家兴一旅，乡与城仇，南与北敌，山与海哄，杀戮如草，白骨盈郊"（页26）。对山、海、城、乡、南、北的拟人化表述，很有可能贴近当时人的感受。后人读其时的文献时也不免相信，正是上述空间形式以不同于平世、常态的姿势出现在了这个历史瞬间，使得明清两个朝代间的交接越发见出了"犬牙交错"。

明清对抗在河网纵横的江南平原基本结束之后，又在东南的岛屿、西南的蛮荒之地以至中部的山地延续了一段时间。与易于征服的平原对峙，山、湖与海一度成为抵抗力量的前沿阵地与抵抗分子的逋逃薮。参与抵抗的，就有所谓的"山贼""湖寇"，近人概名之曰"农民群众"。吴易、陈子龙等人参与组织了太湖上的抵抗。川、楚交界处的一带山林，则掩护了李自成残部所谓的"夔东十三家"。近人将李过的养子李来亨1664年在茅麓山的最后抵抗，渲染了浓重的悲剧色彩，据说经此一役，清人当遭遇艰难困厄，会说："又上茅麓山耶？"山扮演的角色尚不止于此。孙奇逢曾避入五峰山，黄宗羲则曾奉母避入化安山，更为人所知的船山，是王夫之的栖居之地。清定鼎后的一段时间，山继续提供着庇护。湖上之师、海上之师溃败后，浙江、福建一带沿海岛屿，也继续收留、庇护着抗清义士，见证了吴锺峦的最后岁月，与张煌言的末路。

朱书《皖寨纪事》说安庆"西北皆大山，绵亘不绝，毗连河南、湖广之界。其峻者或插天汉；其出入之径则逼隘，仅可错趾，左右悬岩如谷无底；其巅乃衍平……而蕲、黄间名寨四十八，由此上接德安、汝宁，名寨四百八十九……"（《朱书集》卷一〇，页186—187，黄山书社，1994）直至"海氛渐灭"，山寨"此蹶彼兴"，余波久久未能平息。《皖寨纪事》说，安庆已"北属大清"，山寨仍"遥奉明制"（页188），"六七年而后平"（页187）；亦有坚守至十余年者（页190）。据朱书所记，上述抵抗，颇有士人（由生员到进士）参与其间，设官授职，隐然山中之国。[①] 坚持了最后的抵抗的夔东十三家军，亦有士人参与主持，如洪育鳌(一作洧鳌)。洪氏永历朝为御史，总督粤、滇、黔、晋、楚、豫军务。孟森认为其人"俨然一川东之张煌言"(《后明韩主》，《明清史论著集刊》上册，页84)。海上的抵抗，则持续的时间更久。郑氏三代"奉永历正朔三十七年"，直至康熙二十二年(1683)，郑成功之孙克塽"以明宗室诸王降"，"明朔始亡"(《小腆纪年附考》卷二〇，页794、789，中华书局，1957)。顾诚《南明史》据大顺、大西军残部拥明抗清与郑成功的抗清，说"腐败透顶"的明王朝所以能同"气焰方张"的清周旋二十年，"主要是靠曾被视作'大逆不道'的'流寇'和'海贼'"(页1115)。这岂不也是明亡中的戏剧性一幕？

山、湖与海，在本篇所写的时期，继续被目为化外之地。深林密菁，从来是绿林响马的啸聚之所，湖、海也往往利于强徒枭雄的出没。当明清间对抗的主战场转移到了此种所在，已是临近尾声的时候。凭借了这些舞台演出的，不能不是更细碎片断凌乱的故事；其中认真的抵抗，也像是染有某种绝望的色彩。但山、湖与海，毕竟造成了明清之交归属未定、暧昧不明的地带，使"易代"的剧情更缠绕虬结，也使两个朝

---

① 谢国桢《增订晚明史籍考》中说，"当明季，东南率多保境自守，始则乡绅与农民军为敌，继则合力抗清，数十年不绝。而尤以皖中英、霍诸砦，及鄂中蕲、黄诸砦为最著。"(卷一四，页678)魏斐德《洪业——清朝开国史》则说"山地'带发'人"的抵抗，直至1649年还在进行(参见该书中译本页647)。

代的边缘更见参差。这种地带甚至零星地深入江南的腹地，向不肯归顺的"士"与"民"，传递着复明有望的消息。我在一本小册子中，说到明王朝"千回百转的悠长余音"（《易堂寻踪——关于明清之际一个士人群体的叙述》页135，江西教育出版社，2001）——那尾声的长度是由遗民的卒年标记的。如若将山间湖上海上规模不等的冲突都收入视野，这尾声确也说得上"千回百转"。一个王朝迤逦远行之时，竟拖曳了如此长的后影！

当然，其时的山、湖、海也如平原一样色彩驳杂。文秉《甲乙事案》说乙酉年间的陈湖："时城中富室大家皆避兵水乡，为人朵颐久矣。于是，集义者四起，咸以劫掠财物为事。"（卷下，《南明史料》页562）即使吴志葵、黄蜚的太湖义兵，也"无远图，惟搜捕剃发人，及沿村打粮而已"，以至"民甚苦之"（卷下，同书页566）。余飏《莆变纪事·海氛》开头就说道："海上煽祸十有余年"，极写"贼"对于沿海的劫掠。大约也因听多了此种故事，陈确将"吾道而异端"，比之于"山海之穷寇自号为义师，以殃民毒众，而倖万不可必之功者"（《异端论》，《陈确集》文集卷五，页166）。古老的盗匪故事也正借诸"易代"而翻新出奇。如黄宗羲关于四明山寨的记述所示人的那样，山中有惯匪宿盗，有"义军"，也有为了自保而袭杀"义军"的山民。① 黄宗羲与其弟就曾为"山贼"所缚，经过营救才得以脱身(顺治十三年，《黄宗羲年谱》，页29)。当志在"恢复"的士大夫与盗匪在山中相遇，"文明人"遭遇化外之民，暴露的难免是士大夫自身的脆弱，在山的雄强与蛮荒面前的无力。黄氏于此有痛苦的经验。他从亡海上的经验同样痛苦。我所读到的其时文献中，再没有黄氏如下的一段文字，更足以传达追随鲁王于海上者内心的凄怆了："落日狂涛，君臣相对，乱礁穷岛，衣冠聚谈……"(《行朝录》卷四《鲁王监国》，《黄宗羲全集》第2册，页141)黄氏想必不是偶然地选取了黄昏这颓败的一景。这应当是他记忆中最凄凉、心绪最纷乱的时分。这海以怎样的神情见证了也参与了残明最后的挣扎？

也应当说，即使板荡之际，也仍然有不同的山、湖与海，发生于其间的不同故事。即如那时的山，仍然印着文人的游踪，山志则收录了他们的吟咏。山中有隐士的肥遁，为了避乱，或只为了避世——无论所避为明为清。山中的佛徒，继续着他们的宗教生活，却也有僧人正是在这关头，较之平世更深地"卷入"了世俗历史，接纳、庇护亡命，乃至直接介入反清秘密活动。随着小股抵抗被剿灭，

---

① 参看黄氏《行朝录》卷九《四明山寨》；《黄宗羲年谱》顺治三年，页25。黄宗会《亡弟司舆黄君权厝志》一篇记其地"寨兵"情状，亦可资考浙东反清民间武装，及士民当明亡之际的动向。所记清兵对诸寨清剿手段之残忍，尤可补黄宗羲有关记述之阙略(《缩斋文集》，上海古籍出版社，1983)。

山、湖与海也就纳入了清政权的控驭范围——尽管仍然会有化外之民。

兵、贼、盗、虏、义军

尽管不及《扬州十日记》广为人知，我所读过的那一时期的文献中，《研堂见闻杂记》(一作《研堂见闻杂录》)将太仓一带诸种政治势力间的起伏消长，情势的倏忽变化，人们的盲目奔窜，士人裹胁于乱局的身不由己，叙述得令人印象深刻。由该书看，当时的这一带到处都在流血，而导致流血的冲突却似乎可以发生在任意两方(或多方)之间。演出在此处的"历史"，成分混杂，冲突各方色彩闪烁不定，并不如正史叙事得井然有序、阵线分明。"有序""分明"想必以牺牲上述"混乱"为代价——将参差的边沿裁剪整齐，以便装入现成的框架。

明清交接处局面的混乱，确有事后看去匪夷所思者。上文已提到了凌𬴂的"两面政权"。李宏志《述往》一书中有更怪异的例子，该书说崇祯十五年，中原大乱，"流氛所过州县，命吏、伪员同城共治，而命吏且听命于伪员"(页3，《甲申史籍三种校本》)。按"命吏"即明朝官员，"伪员"指大顺朝官员），谁说不是易代中的奇景！①

发生在这一时期的混乱，部分地也由角色的繁杂与角色面目的难以分辨所造成。

当时以及事后的叙述文字，指称其时的军事力量，有"兵""贼""盗""虏""义军""北兵""清军"诸名。其中"贼""虏"界定清晰，贼（亦作"流寇"）专指李自成、张献忠军，虏则特指清军，惟"盗"语义含混，指乘势而起的诸种武装力量。"贼"的取向明确，标识清楚，"盗"则不然，往往目标不明、成分复杂、品类混淆，如易堂诸子所记述，"市井游手"与佃、奴混在一起，而以"义师"自命。王士禛在《池北偶谈》中校正稗史关于山东"义兵"的误记，说某仆系"群盗"，而非"义师"（卷一〇《纪载失实》，页 235，中华书局，1982）。其实"义师""群盗"无从分别，无论宋末、明末，无不如此。难以区分的，即有上文刚刚说到过的"山贼""海寇"与"义军"，甚至官兵与强盗。"跋扈将军"所部的乱兵（明军），行径就往往无异于寇、盗。② 至于横行大江南北的左兵（左良玉部），虐焰张

_____

① 在司徒琳看来，"明清之间的长期争斗，与其说是两国间直接交争，还不如说是双方的一场竞赛，看谁先制服第三方，或是先为第三方所击败。这第三方就是 17 世纪中叶逐一吞噬各地的社会政治的无政府状态"；而"在这场竞赛中，明朝的失败比清朝的得胜来得更快"（《南明史（1644—1662）》中译本，页 58—59）。该书认为，导致明朝失败的，是它失去了对于地方政府与社会的控制。梅尔清甚至认为，明末的那种社会动荡有时只有表面的政治性，多数情况下，不过是"在政治大混乱中趁火打劫"而已（《清初扬州文化》中译本，页 15）。这自然是她得之于文献的印象。

② 黄淳耀《陶庵全集·诗集》卷四《野人叹》，写官军与"贼""盗"串通一气，以劫掠杀人为事，曰："昨闻死贼劫财赋，分与官军作贿赂。乱斫民头挂高树，黎明视贼贼已去。"（其二）写江南"游手奸民勇虓虎，跳向湖心作群盗，公然持兵劫官府"。

天，残民或更甚于"贼""虏"。三百年后梁启超注孔尚任的《桃花扇》，还批评该剧"于左良玉袒护过甚"（第九出《抚兵》，文学古籍刊行社，1954）。①

由此看来，处现代之世，的确不能将明清之际的战场想象成两军对垒、阵线分明。当其时更有诸种性质不同的反复。明朝忠臣陈子壮被后来"反正"的李成栋处剐，另一忠臣杨廷麟则因后来"反正"的金声桓攻陷赣州而赴水死。在旷日持久的战事中，"义军"固然成分驳杂，正规军（无论明朝官军还是清兵）何独不然！战场上的敌方，可能正是旧日同僚。杨廷麟就说过"群盗纵横半旧臣"（见《梅村诗话》，《吴梅村全集》卷五八，页1142，上海古籍出版社，1990）。尤有戏剧性的，是李自成残部的加盟南明抗清武装。江右的曾灿不胜感慨，说"当日赤眉犹助汉，降臣朱晃竟倾唐"（《秋兴二十首次舒鲁斋韵》，《六松堂集》诗集卷六，豫章丛书本）。② 天启"奄祸"中被难的顾大章之子顾杲，据说被"误杀"于"乱民"（参看魏禧《跋顾子方手札》，《魏叔子文集》卷一二）。一说其人死于"乱兵"（《思旧录·顾杲》，《黄宗羲全集》第1册，页365）。死于

---

① 文学古籍刊行社（北京）1954年版孔尚任撰、梁启超注《桃花扇》，页141。该书第三十四出注4批评该剧的以左良玉、史可法、黄得功为"三忠"，说孔尚任对左"非惟无贬词"，且"极力为之摹写忠义。盖东林诸人素来袒护良玉，清初文士皆中于其说"，孔尚任亦为所误（页195—196）。

② 彭士望大不以为然，批评道："兵非自响马营不重，人非自绿林不雄。又甚则本未为盗，或假托以求招抚，速化美官，一倡百和，竟成风尚。"（《与傅度山兵科书》，《树庐文钞》卷四，道光甲申刊本）

乱兵抑乱民，其实并没有什么不同。① 此一时，彼一时，你中有我，我中有你，倒戈反水，瞬息万变，不能不使得身份、角色界限模糊不清。商鸿逵曾问及反清运动的性质。倘若追究至具体战役，性质实在难以断定。商氏对于这一问题的回答尽管未脱出那一时期的"史观"，但有关的讨论无疑是有意义的。②

江西是明清之际遭受破坏最严重的地区之一。对于该地士民，那是一个创巨痛深的血腥瞬间。魏禧说甲乙之际，他所在的赣南，"邑大猾群起为雄，四鄙之野人揭竿称名字者，不可胜数"（《诸子世杰三十初度叙》，《魏叔子文集》卷九）。未知那些揭竿者称何"名字"。无疑，"义军"的"义"，当此之时，是最易于被假借的名义。近人黄志繁说，赣南自南宋到清初的动乱者，"并非全是耕佃为主的农民，而是包含盐商、雇工、兵卒、无赖或是塾师等各种复杂的人群"（《"贼""民"之间——12—18世纪赣南地域社会》，页259，生活·读书·新知三联书店，2006）。该书更推而广之，认为"在中国传统时代地方动乱的'动乱者'，往往在动乱前都能够在地域社会

---

① 关于顾杲之死，《明季南略》引《无锡实录》，说法有不同（参看该书卷四，页232，中华书局，1984）。魏斐德《洪业——清朝开国史》的有关叙述依据了温睿临《南疆绎史》（页388—389）、查继佐《国寿录》（页70）。在该书的叙述中，顾杲系为乡绅所谋害，不过借了农民的刀而已。

② 商鸿逵《清初内地人民抗清斗争的性质问题》一文，收入商氏《明清史论著合集》。是"阶级斗争"还是"民族斗争"，是当时提问的方式。这种讨论也基于其时武装力量成分、"阶级背景"的复杂、多样性。

中具有一定的支配力量，甚至很多时候他们就是地方社会最有势力的人群。这一事实表明，地方动乱的'动乱者'，并非传统阶级斗争视野中的被压迫者，相反，他们往往是地方社会中的主宰性力量"（同书，页260）。[①] 上述问题仍然有讨论的余地。可以相信的是，发生在同一时期的"动乱"，缘起、诉求本互有不同，宜于做个案研究。

此外我还想到，我们的想象是否过分受限于既有的"名"？历史生活中从来有模糊地带。黄氏讨论了"'贼''民'之间"。有诸种"之间"，图像就不再清晰。色彩繁复，斑驳陆离，想象的空间于是乎扩张。热衷于"命名"不一定是好习惯，但不命名，又不便言说。知乎此，对于"名"就不必太拘泥，关心应当在不可能为诸"名"所涵盖的丰富的事实，由"模糊地带"，由诸"之间"开发自己的想象力。

史学家由历史人类学的角度研究"动乱"，回答"动乱"与地方社会变迁的关系问题，我所关注的，仍然是士大夫的经验与反应。兵、贼、盗、虏、义军，均系士大夫经验中的"民"，他们在不同情境中面对的"民"，对此"民"依情境、关系的不同来指称。官方文件与士大夫的表述中的"民"，一向语义含混。这个远非透明的角色，在政治、社会大动荡中，

---

① 该书说，宋代"赣南作乱的首领大多不是贫困农民，而是地方土豪"（页49）。说在"抗元"这一特殊情势下，"贼"与"义军"、"贼"与"民"间的"边界"模糊不清（参看该书第二章第四节《边界的模糊：文天祥抗元与"畲贼"》）。该书认为，明清之际赣南的"租佃斗争"属于"经济斗争"（而非"政治斗争"），只不过为"易代"中的社会动荡所激化而已（参看该书页204—213）。

位置最难厘定。"民"在"贼""盗""虏""义军""官军"任何一方中，又有可能是其中任何一种力量的受害者。反清志士说"民心可用"；下文将谈到，他们所遭遇的当面、直接之敌，佃农、家奴、"田贼"、土寇，也正是民。在明清对抗中，乘乱而起之民，是最不确定也最不易控制的因素，乱局中的一大变数。曾参与过抵抗的曾灿，说因"积怨已深"，"民尽是贼"，一旦"寇"到了城下，"不外降则内溃"（《上万年伯书》，《六松堂集》文集卷一一）。在当时、事后的叙述中，此"民"只能由其与王朝的政治关系以及与士夫的关系而被界定，似乎在其时的对抗中仅具有功能意义。由出诸士大夫之手的"文献"，没有可能还原历史岁月中的民。即使在引入"唯物史观"之后，不能直接发声者仍保持着缄默；更何况到了晚近，自居为"代言者"的，对于自己的角色认知也发生了动摇呢。

当面之敌

20世纪三四十年代兴起的明末民变研究通常持农军立场，有意不将士大夫的感受纳入考察范围。我所面对的更是士大夫的明清之际，士大夫的"易代"经验，包括他们经验中的民变、奴变。所谓"当面之敌"，即取士大夫的角度。其实，史学据以考察的，无不是士大夫的经验；农战史、奴变史的大量史料，本来就有可能在另一种旨趣下读解。对于我的意图尤有价值的，是其时较有影响（往往也更有见识、更有自觉意识）的士大夫的经验，较为个人化的、具有某种直接性（即非止得之于传闻）的、文字间保留有某种现场感的材料。这种材料通常保存在文集中。

同样经历了"易代"，最具震撼性的瞬间仍有可能因人而异。对于当时不曾身任军事的缙绅，那个瞬间或许更在遭遇身边的"民变""奴变"之时。文秉记乙酉年的江南，说"是时叛仆四起，大家咸救死不暇"（《甲乙事案》卷下，《南明史料》，页567）。易代中士大夫最当面之敌，不能不是那些识面或不识面的奴仆佃客；较之远敌，这当面的"反叛"无疑更有冲击力与破坏性。这也有可能是他们所经历的更切身的"易代"。欲知"士大夫在易代之际"，非将其放回到上述情境中，是不能得其实、得其情的。

黄淳耀记甲申后的嘉定民变，最令他刻骨铭心的，不消说是"仆坐堂上，饮啖自若，主跪堂下，搏颡呼号"（《送赵少府还郡诗序》，《陶庵文集》卷一，乾坤正气集）。平时以为"最相得，最受恩，此时各易面孔为虎狼，老拳恶声相加"（《研堂见闻杂录》，《烈皇小识》，页274，上海书店，1982）。[1] 杜濬说甲申、乙酉，他一家住在金陵期间，僮仆叛去，窜入兵籍，"不数日，立马主人门，举鞭指画，放言无忌，以明得意。甚者拔刀斫庭柱，叫呼索酒食，不得则恣意大骂，极快畅，然

---

[1] 方以智《桐变》小序，说其时"奴仆多叛其主入寨者"（《方子流寓草》卷五），自说其家"累世修德"，亦不能幸免（同卷《思望》小序）。

后驰去"（《瘗老仆骨志铭》，《变雅堂遗集》文集卷六，光绪二十年黄冈沈氏刊本）。我所读到的类似记述，生动无过于此的了——真真是"打翻在地，再踏上一只脚"！你还不难注意到，尽管饱受了惊吓，当写这种文字时，杜氏显然已恢复了优越感以至幽默感，语含揶揄——正是一个主子的态度。在主子眼中，那些造反的奴仆、佃客，无不可恨而又可笑。《明季南略》卷四《黟县仆变》："乙酉四月，清兵犹未至也，邑之奴仆结十二寨，索家主文书，稍拂其意，即焚杀之，皆云：'皇帝已换，家主亦应作仆事我辈矣。'主仆俱兄弟相称。时有嫁娶者，新人皆步行，竟无一人为僮仆。"（页270）"家主亦应作仆事我辈"，乃颠倒伦序；却又"主仆俱兄弟相称"，由今人看去，不免矛盾。事实是，纵然"仆坐堂上"，"主跪堂下"，颠倒了主奴，也绝对无意于颠覆主—奴这一种社会关系结构。而一旦遭遇了祁彪佳似的严厉镇压，却又见"膝行搏颡"，乞求主子的赦免。① 反奴为主，易主为奴，不出主奴之间；易卑为尊，也无非人上人下，过一把做主子的瘾。

本来"奴"就有种种。有豪奴悍仆（略如朝廷中的权珰），也有所谓的"忠奴""义仆"。上文所引杜濬的文字，意在对比，就讲了一个义仆的故事（《瘗老仆骨志铭》）。也因此并非瓦解，

① 祁彪佳处置"叛奴"，确也别出心裁。他将数万名造反的"奴客"（应指奴仆佃户）"悉掩狱"，宣称只赦免那些为主子保释者，"于是诸奴客家皆膝行搏颡，匀原主赦免"（毛奇龄所撰祁氏传，《祁彪佳集》卷一〇，页246）。不但为主子们复了仇，且为他们挽回了面子。

而是有瓦解，也有较平世更紧密的黏合。传统的平衡仍在。"天崩地坼"只是士大夫的想象，以至为传达某种感觉而有意过甚的形容。且主奴间的关系从来都不绝对，奴者主之，主者奴之，每见于记述。"其用事之人，则主人之起居食息，以至于出处语默，无一不受其节制"（《日知录集释》卷一三《奴仆》，页325）；狐假虎威横行乡里者即此辈。谢国桢《明季奴变考》所录材料，有一则说奴中之任事者，"即得因缘上下，累累起家为富翁"；另一则说，"奴或致富，主利其财，则俟少有过犯，杖而锢之，席卷而去，名曰抄估"（《明清之际党社运动考》附录一，页212、213，中华书局，1982）。

但明清易代这样的关头，通常确也是清算的时候。有冤报冤，有仇报仇。甲申城陷，陈演因先前曾"责治一仆，仆恨之，遂出首于贼"，遭追比，受刑甚惨（冯梦龙《绅志略》，冯氏辑《甲申纪事》卷二，页21）。[1] 顾炎武被"世仆"首告，想必也由于宿怨。隆武朝因"租斗"问题起而围城的福建莆田农民，近人以之为反清武装（参看傅衣凌《明清农村社会经济》，页178—179，三联书店，1961），陈鸿《国朝莆变小乘》却说该地农民不过"借明起义"（参看同书页179注3）。其时"义军"多有此"借"，无论所举为何种旗号，锋芒所向，无非当地的官

---

① 方以智致书张自烈，说自己"极难时遭奴仆之叛"（《寄张尔公书》，《浮山文集前编》卷八《岭外稿》中，《四库禁毁书丛刊》集部），指的则是甲申之变在京城被家人首告的那档子事。而据赵士锦《北归纪》，农军"令各官投职名，一时长班家人畏祸，迫之出。且有一家匿十家连坐之令，亦无处藏身"（冯氏辑《甲申纪事》附，页21）。

府豪绅。至于参与其中的佃客各"思入城快泄其平时之小怨","快报其睚眦"(康熙《宁化县志》卷七《寇变》，同上，注6)，也是这类"群众运动"中的常态。士大夫"举义""建义"，就有可能因了直接面对威胁——固然为了救亡，却也为了自保。据上引《黟县仆变》，在"仆变"的威胁下，休宁知县"邀邑绅饮，痛哭，遂起义"(《明季南略》卷四，页271)。黄道周弘光朝出山前的书札，一再抱怨"盗贼"的"焚掠"，使他不能安于松楸之下。江右的宋之盛也说："诸生起义甚难，……顾往往蹈难为之、视死如归者，痛父母之受困盗贼，无成败捐躯赴之，亦其所也。"(《郭义士传》，《髻山文抄》卷上，豫章丛书本)士大夫自告奋勇地主持、参与的守御，所"御"往往也是此辈当面之敌。

士大夫中有深远之虑者，并不局于家族利益。他们由诸种端倪，早已瞥见了秩序大破坏的凶险前兆。顾炎武搜集整理其时"奴告主"的材料，即应出于这种忧虑(见《日知录之馀》卷二)。① 发生在其时社会生活中的"下犯上"，自然不止于此。该书所录"奴告主"要与同卷关于下犯上、卑犯尊的其他各条——"卒告将""吏告本官""小校杀本官""妻子告家长""吏告前官"等——置于同一图景中看取，才有可能更贴近士大夫当时复杂的伦理经验和他们的焦虑。呈现在这里的，的

---

① 高王凌《租佃关系新论——地主、农民和地租》分析了清初江南佃户以"构讼"为手段，"告讦官长乡绅"以抗租的现象(参看该书第四章，页120—121、126，上海书店出版社，2005)。

确是一幅社会关系颠覆的图像。"天地翻覆""天崩地坼"，士大夫上述感觉之由来，不也缘于这种秩序的大破坏？对于其时士人，伦理秩序的颠倒，是最具根本意义的"颠覆"；对此种世相的敏感，为儒家之徒所特具，亦其人之为"儒家之徒"的证明。①

《明史·刑法一》："奴婢不得首主。凡告人者，告人祖父不得指其子孙为证，弟不证兄，妻不证夫，奴婢不证主。"关于主佃，朱熹主张凡系讼狱，首先"论其尊卑上下长幼亲疏之分"，然后"听其曲直之词"，如"以下犯上，以卑凌尊"，"虽直不佑"（转引自《李文治集》，页339，中国社会科学出版社，2000）。据说因系婢出，张溥不为宗党所重，未成名时曾为族人倾陷、强奴欺凌（参看陆世仪《复社纪略》卷二，《续修四库全书·史部杂史类》），死后遗属仍为奴所欺。吴梅村文集中有《清河家法述》一篇，记张溥的门人故交主持惩奴一事。所描述的场面，象征意义似乎更大于实际意义；不惜用了牛刀杀鸡，也是一种"申明"的动作，表明整顿纪纲的意志，决意使上下各复其位。顾炎武杀"叛仆"，也可看作他对于"颠覆"的一种反应——以此申明"主子"身份，甚至"主"之于"仆"生杀的权力。② 钱谦益《国初群雄事略》记有元明之际如下故事：

---

① 士大夫的有关经验，也应当作为明末清初的礼学复兴的一部分背景。经学自身的逻辑与历史情境，很难说什么是更根源性的。顾炎武发愿效法蓝田吕氏从事教化，无非教化此种无视礼法之民。

② 顾炎武杀世仆陆恩事，参看谢国桢《明季奴变考》，《明清之际党社运动考》附录一，页231。

元末，岭南王成等人作乱，何真围剿，募人能缚王成者给钞十千。"未几，成奴缚之以出"，何真如约付钞，却以汤锅烹了那奴，并极力扩大影响，以儆效尤（参看该书卷一四，页297—298，中华书局，1982）。何真所为，也无非在"表明整顿纪纲的意志"。

如若将零星的小股造反计算在内，或许可以说，民变、奴变几乎与有明一代相始终，只不过中叶以降，渐有大爆发的消息罢了。嘉靖间唐顺之的奏疏中说，吴淞、定海、苏州一带有民变、兵变的苗头（"民变之渐""兵变之渐"），素来怯弱的苏州人，竟也敢于"烧官寺，劫狱囚"（李开先《荆川唐都御史传》，《李开先集·闲居集》，页626，中华书局，1959）。震动一时的，有万历间董氏之变，[①] 天启朝苏州市民的反奄。由文献中不难感知上述场面的火爆，参与的民众不可遏制的激情。苏州市民颜佩韦等人固然不惜身命，乌程民众因田赋不均而群聚申诉时，竟一再有人投江以表达愤懑（朱国祯《涌幢小品》卷一四《均田》，中华书局，1959）。到了死不足畏，离揭竿而起也就不远了。

主奴之外，尚有主佃。文献对于奴、佃并不严格区分。上引文字中的"奴客"，"客"或即佃。事实上奴、佃也往往一致行动，尽管诉求仍互有不同。江右的魏礼说当变乱发生，"佃户占租税，立万总、千总之号，田主履亩，则露刃相向，

<hr />

① 关于董氏之变，以及张汉儒告钱谦益、瞿式耜的疏稿等，见谢国桢《明季奴变考》，《明清之际党社运动考》附录一，页219—222。

执缚索货贿"（《析产后序》，《魏季子文集》卷七，《宁都三魏文集》），于是魏氏家道中落。这种主、佃对抗，也可以看作局部的"农战"①。

民变、奴变之于甲申之变，既是原因，又是结果。下抗上加剧了社会冲突，遍及城乡的动荡正缘此发生，而普遍发生的对抗又赖有社会控制的废弛以至于"王纲解纽"作为条件。沟口雄三曾提到"社会人心的开明化导致奴变"（《中国前近代思想的演变》中译本，页460，中华书局，1997）。李文治则以为明代体现于律例的主佃关系，是"封建土地关系的松解趋势"（或曰"封建依附关系趋向松解"）的表征。②

---

① 至于发生在乡村的主佃之争的具体形式，近人的有关考察有助于校正"常识的见解"，对于想象本篇所涉时段农村的阶级关系也不无启发性。高王凌《租佃关系新论——地主、农民和地租》讨论了租佃关系中佃户对业主的种种反制行为。该书认为，抗租欠租的农民"往往持有一种'抗欠有理论'，他们又享有一定的'信息优势'，和对农产品的直接掌控权，这都使农民并非总是处于'弱者'的地位"（第四章，页130）。"为人们特别重视的武装斗争或暴力反抗，其实并不是农民经常使用的方法，尽管各地几乎都有这一类事件发生。……日常生活中可以引致不成文的'制度修订'的'静悄悄'的抗争，毋宁说具有更为重要的意义和地位。"（同书）"中国农民正是通过这种日常生活中的隐秘行为和软性的反抗，在表面规定无所更改的情况下，'无形之中'实现了制度的修改。"（第六章，页195）这里也涉及了"瞬间"与"日常"，非常时期的非常事件与"正常"状态。

② 李氏认为"这种变化是从明中叶开始的。或谓成化（1465—1487）弘治（1488—1505）年间，'民风转厚'，那时'少者习于事长'，'贱者亦习于事贱（按应为贵之误）'。嘉靖（1522—1566）、隆庆（1567—1572）两朝开始发生变化，万历朝更加显著，如管志道所说，少长尊卑及贵贱等级两者'盖至于今二义俱不讲矣'"（《论李自成的"均田"纲领口号的时代意义》，《李文治集》页341）。在另一处李氏说，到清代前期，"随着地主绅权衰落，农民地位上升，出现了主佃之间超经济强制关系的松弛化。这种变化，有的地区从明清之际就开始了，而且，随着农民反抗斗争的开展，波及地区愈广"（《论清代前期的土地占有关系》，同书，页217）。

李文治《晚明民变》定稿于1944年秋，正是郭沫若《甲申三百年祭》发表的那年(参看《李文治集》，页21注)。20世纪30年代以降对"农战""民变""奴变"的研究，与同一时期进行中的革命(中国共产党领导下的"农民战争")，与其时推广中的革命意识形态，自然有着呼应。学术与社会运动的互动，在20世纪上半期的中国，构成了一道特别的景观。谢国桢自说他考察明末奴变所带的三个问题，第三个问题即"奴变和索卖身契的事，是不是民族阶级的运动"(《明季奴变考》，《明清之际党社运动考》附录一，页210)。在当时，农战、民变、奴变，被不加分析地一概作为"进步"的运动，"推动历史发展的动力"。在"进步/反动"的思维框架中，缙绅无疑属于反动营垒。谢氏此篇所说的"农民军起来了，农民翻了身，可以当家做主人了"(同书，页224)。"翻身""当家做主人"，或许在当时还陌生而新鲜，却正是稍后流行的说法。同篇所使用的材料，又不能不由士大夫、缙绅提供，因而难以将上述认识贯彻始终；"刁奴"云云，袭用的不正是缙绅的口吻？由谢氏此篇的叙述，也不难察知选择叙述立场、态度之难。将"贫苦农民"与"刁奴"区分，是谢氏所难以做到的吧。

江右的魏禧有《与友人论省刑书》(《魏叔子文集》卷五)，其所谓"省刑"，指处置僮仆不可滥用刑罚。他那友人也实在暴虐，叔子说其人"走使僮仆妾婢，不均劳逸，不恤饥寒疾苦，意有小失，茶酒之过，笞棰便下，动以十百数不止；剥衣裸形，涕号宛转，唇鼻沾地尘，涕泪流沫不断如带，血射肉飞，裂皮笞骨"；打人打得如此辛苦，那友人却像是乐此不疲。或者一两天来一次，甚至一天里打两三次。以今人看去是不折不扣的施虐狂。如此"主子"，奴变正难以避免。魏禧在上述书札中，就说到了"积虐之报"，而以近事近例为警示。

社会关系发生巨大变动之时，士大夫中的有识者主动调整姿态，有改善主奴、主佃关系，善待佃仆的呼吁。我在其他处已经谈到过刘宗周门下张履祥、陈确的有关主张。盛行于明清之际的善书，也有类似的劝诫。仅仅将此视为农民"阶级斗争"的结果，未必不是出于偏见。谢国桢《明季奴变考》引用吴梅村《复社纪略》卷二，说张溥早年受强奴欺侮，与其友人张采发誓报仇。"及戊辰联捷，作书约同年缙绅禁收投靠家人，吴下薄俗为之一变"；张溥还为提拔一个家僮，不惜得罪其主人，以至引起陆文声的讦奏，"社事几为倾覆"。谢国桢说，张溥尽管未必有大规模解放奴仆的计划，"但是这种奖擢人材，一视同仁的态度，是不可及的"（《明清之际党社运动考》附录一，页219、224）。这或许也是"东林正义派"人士的一个值得注意的取向。①

---

① 沟口雄三认为，"至少在主观意识中，东林派人士认为基本的对立并不是与佃户、奴仆之间的对立，而是与国家权力之间的对立"（《中国前近代思想的演变》中译本，页485）。

裂变的家族

美国学者司徒琳感到"特异"的是，在晚明，"反叛精神在社会中是那样喧嚣，那样弥漫"，对抗着的不止于地主与佃户、家主与奴仆，"身份关系的崩溃，甚至出现在同一社会等级之内，例如某些家族或团体的长幼尊卑之间"（《南明史（1644—1662）·引言》中译本，页16）。这自然是得自文献的印象。而其时士大夫"天崩地坼"的感觉，确有可能直接来自身边、周边的伦理现实，他们本人的经验世界中最切身的事件：主奴(仆、佃)的对抗外，即宗族内部关系的崩解。宗族、里闾，构成了士大夫的日常生活空间。乱世的伦理情境多属平世的延伸，与"易代"未必有关。然而即平世也时有发生的事件，因在一个特殊时世，置于政权更迭的背景上，人们的感觉仍然会不同——家族伦理事件、个人事件因了那背景，俨然成为大事件的构成部分，必由大事件才能读解似的。国事、家事、天下事，在士大夫的知觉中，区隔并不分明，当此时刻更不免连成了一片。

宗法的破坏，仅由著名遗民的遭际也可见一斑。顾炎武的《答再从兄书》如一篇控诉，一连串的"孰使我……者乎"，排山倒海而来，痛切的质问指向家族内部的攘夺、鲸吞、离间、倾陷，真所谓创巨痛深。① 顾氏的北游不归，也因家族不容其归。另一遗民徐枋，说自己病到了危殆，想嘱托后事，而"城中骨肉手足，无一至者"（《居易堂集》卷八《再生记》，1919 年上虞罗氏刊本），只得托诸友人。清初凶险的政治环境中，往往祸起萧墙。魏禧致书方以智的三个儿子，传授的就是处此凶险环境的方略。② 另有些个人事件，只留了蛛丝马迹在文献中。黄道周曾移家"避族人之难"（洪思《黄子年谱》，侯真平、娄曾泉《黄道周年谱》，页 4，福建人民出版社，1999）；你不知是何种"难"。傅山致魏裔介（环溪）的书札，说到"两孙屡少，内外眷属无可缓急者，罗又外侮，寔繁有徒"，请求魏氏"护持"（《遗魏环溪》，《霜红龛集》卷二三，页 647，山西人民出版社，1985）；你也不知针对傅家的"外侮"来自何方。这类经验，表述者往往闪烁其词，令人难得其详，比如难以知晓那些冲突关涉经济利益的程度。当然，怨毒绝不会是"莫名"的。张履祥感叹着"教衰俗敝，远近同志莫不各有天伦之苦"（《杨园先生全集》卷二四《答吴仲木》，页 675，中华书局，2002）。在给友人的信中，他抱怨自己的"家边习气"，"一曰贪，至于父子兄弟不相顾；一曰很，惟以凌弱暴寡为事"，说

---

① 其中就有"孰使我遗资数千金，尽供猱攫，四壁并非己有，一簪不得随身，绝粒三春，寄飡他氏者乎？""孰使我诸父宗人，互寻雠隙，四载讼庭，必假手蓠屠而后快者乎？"（《顾亭林诗文集》，页 193）关于顾氏与财产纠纷有关的"家难"，参看赵俪生《顾炎武新传》（《赵俪生史学论著自选集》，页 331，山东大学出版社，1999）。

② 参看其《同林确斋与桐城三方书》，《魏叔子文集》卷五。魏禧劝方氏兄弟避地以图保全；由此书札看，对于方氏的威胁应当来自"其乡"的"亲戚朋友"。

自己"所以呕呕思去也"（《与邱季心》，同书卷四，页106）；另札则说自己兄弟"年暮儿痴，受侮不少，大都近在族姓"（《与何商隐》，同书卷五，页141）。他甚至经历了更为严酷的"人伦之变"——其女竟被其婿"鸩杀"（参看同书卷九诸札）。至于钱谦益死后的"家变"，更是哄传于其时士类间的一大事件。

"家变"即使与"国变"无关，在罹此"变"者，其创痛却不能不相关。士人确也暗中将个人事件与所处的特殊历史时刻联系起来。"山河破碎""风雨飘摇"的感觉，无疑被发生于个人生活中的碎裂，大大地加强了，那里有混茫一片的家国身世之感。事实却是，当其时固然有崩解的故事，也有凝聚的故事。如若使用"历史动荡中的家族"一类题目，即不免受限于自己设置的背景。顾炎武与其"叛奴"间的戏剧，固然赖"易代"作为舞台；而如钱氏家变，如张履祥女儿被谋害一案，则世不乱也会发生，尽管属于非常且恶性事件。无论与大事件关系如何，在将上述材料定向搜集并排列之后，确也让人看到了士大夫伦理处境、伦理经验的复杂性，"传统社会"生活中隐晦、阴暗的那一面。下文将谈到变与不变、破坏与修复。难以修复的，就应当有宗族、家庭内部关系的裂隙。因而在山河复归"一统"之后，破碎感仍有可能久久延续。

方死方生

"改朝换代"之际的灾难记忆，似乎以明清之际最为刻骨铭心——固然因了杀戮之惨，也因了士大夫高度自觉的存史的意志。但那一时期仍然有亡有不亡，有局部的死亡与更生，甚至有兴建。方生方死，是发生于"社会"巨大肌体的复杂过程。上文只是极其粗略、挂一漏万地搜索了这一历史瞬间，多少涉及了有什么在这一瞬间发生了改变，却没有谈到有什么仍然在继续，以及社会生活中遭遇了破坏的那些部分的重建再生。那一方面的材料尚待梳理。即如孙奇逢的《日谱》，[①]就给你看到了他的生活所依循的惯常的生活轨道，亲友往还，诗文酬酢，讲学授徒，以及可供想象的未被记入的种种琐屑的日常行为。对"易代"这一事件所引发震动的振幅的夸大估计，难免掩蔽了日常生活的惯性力量——无论俗众还是文人。这里可能有政治史、社会生活史的不同视野。由本篇所设角度，它们似乎分别关注破坏、中断与延续、连续性，历史生活的不同面相。

明清之际"残破"的，首先是故明的"江山"。谢和耐说元灭宋这一重大事件"对于日常生活亦有着直接的影响"；但可以相信的是，影响的程度，深刻地卷入政治，尤其处于权力中心的士大夫，与普通民众仍然不同。该书也说，"直至兵临城下之前，杭州城内的生活仍是一如既往的悠哉闲哉"（《蒙元入侵前夜的中国日常生活》中译本，页4，江苏人民出版社，

---

① 据年谱，孙奇逢顺治六年南行（传世的《日谱》即记自此时），次年五月到苏门，康熙十四年以九十二岁的高龄卒于辉县，葬于夏峰。苏门，山名。《日谱》，光绪甲午序刊本。

1998），而杭州失陷之后，生活也仍然在原有的轨道上继续。明清之际亦然。"瞬间"的时间分割不利于"社会生活史"的考察；但即使所能划分的最小的时间单位，生活的不同样态的并存也与长时段的视野所见无异。魏斐德在其《洪业——清朝开国史》中引了史可法的家书，其中谈到清军在济南的杀戮，魏氏说，"奇怪的是——虽然这不是无法解释——徐州画家万寿祺及其同人好友竟如此健忘，于当年夏天便聚集北京编撰诗集。清军撤出关外才三个月，他们就又在京城无忧无虑地聚会狂欢了"（中译本，页125）。解释有可能很简单：不能想象一个人在三个月里无时无刻不在沉痛中。金声生前对其时的社会心理有如下洞察："乱之始生，人心惶惧；及其既也，目不见而耳习闻，率以为常。甚至目亲见而虑不及其身。"（《复李□□年兄》，《金忠节公文集》卷四，道光丁亥嘉鱼官署刊本）——这也是常态，其中有常人的生存策略。人的适应、忍耐力似乎是无限的。如此看来，纵然战时的生活，即使危急关头、非常时刻，也经不住过于严重的想象。

明清之际也有日常，有不变，不待证明。但在我看来，这种角度固然可以丰富对于历史的想象，却不便以此贬低动荡、对抗、搏杀的严重性，其在历史生活中的巨大冲击力。蒋廷黻《中国近代史大纲》中说"17世纪是个大屠杀的世纪"（页25，江苏教育出版社，2006）。可见血色记忆的深入人心。但大破坏之后，甚至大破坏中就有修复与重建，且用于物质与心理修复的时间并不那么漫长。这一点给了遗民以刺激，令他们欣慰中夹杂了苦痛。实则他们中的一些人也以其文人积习，参与了生活的重建——尽管像是与遗民的心事相违。

梅尔清根据一些零散的材料，试图还原扬州城由毁灭而重生的过程，却发现"即便有过关于扬州物质重建方面的记载，这些材料也无一保留下来。通常有关破坏与恢复的材料都隐藏在《府志》不引人注意的位置。有的隐藏在人物传记中，有的包含在对特定建筑的记载中"（《清初扬州文化》中译本，页21）；当时的文学作品中，"几乎缺乏对扬州物质实体的描述"（页4）。传统的文学样式如诗，不免要依其传统剪裁"生活"，世俗生活内容通常被认为不便入诗而排摈在外。文人过熟的文体意识，诸种业已形成且僵硬的文体规范，都排斥一部分"生活"的进入，甚至包括被认为私密的书信、日记。物质细节往往找不到容纳它们的文体形式。

梅尔清同时发现，"虽然描述扬州'非官方'物质方面的重建材料十分匮乏，但看得出有关奢侈与娱乐的设施恢复得相当快"（《清初扬州文化》中译本，页63）。你大可相信，如万寿祺一流人物的需求，也正是城市"有关奢侈与娱乐的设施"恢复的动力。恢复与重建毕竟证明了一座城市由巨大劫难中振起的力量，社会生活由严重破坏中再生的能力，小民顽强的生存意志，强盛的生命力。至于易代中的蛮荒之地，更是破坏与开发齐头并进，由陈垣《明季滇黔佛教考》中关于僧人在云南、贵州踪迹的考察也可以知道。"易代"改写了这种地区的人文面貌，"文明进程"在政治对抗中深入穷乡僻壤——

至少点点滴滴留在了该地区的历史上，影响了那里的生产方式与物质生活，渗进了其地的文化土壤。

如果你将上述破坏与修复一并纳入视野，甲申年三月十九日那个历史瞬间，由那一瞬间所引发的，是何等的丰富，无可穷尽！

在关于一个历史瞬间琐碎唠叨地叙说了上面的内容之后，我知道自己在所涉及的点上都未及从容地停留。本篇不过由文献中抽取了若干线索，不成经纬。我相信一定有更富于解释力的框架，也一定有其重要性不下于上文所引的材料在某处，尚未经人翻查。大量的遗失与遗漏，等待着另一种眼光向尘封中搜寻。

（本文为《想象与叙述》一书第一篇）

时间中的遗民现象

遗民本是一种时间现象。"遗民时空"出诸假定，又被作为遗民赖以存在的条件。时间中的遗民命运，遗民为时间所剥蚀，或许是其作为现象的最悲怆的一面。正是时间，解释了遗民悲剧之为"宿命"。

遗民心事：时间焦虑

你由明末"忠义"及明遗民传状间，随处可以读出其人的时间焦虑，尤其在明将亡未亡及覆亡之初。此种焦虑自有其充分的理由。在参与抵抗者的经验中，恢复时机的转瞬即逝，不能不是一种可怕的事实。瞿式耜隆武二年（1646）九月二十日家书中说："家中光景，想今年反觉太平，此间亦有传来谓南方甚熟，米价甚贱，人民反相安，只未知三百年受太祖高皇帝之隆恩，何以甘心剃发？难道人心尽死？"（《瞿式耜集》卷三，页253，上海古籍出版社，1981）在其时的"与义"者，最令人心惊的，或者就是这种"平安"的消息吧。张煌言说时机之将逝，"远迩听闻，久不知天南确信，恐报韩之念倏衰，思汉之情转冷"（《上行在陈南北机宜书》，《张苍水集》页21，中华书局，1959）"若不及早经营，则报韩之士气渐衰，思汉之人情将辍"（《上鲁国主启》，同书，页27）。瞿式耜也有同样的紧张，他对永历说："窃稽往事，汉光以建武元年(25)定鼎洛阳，唐肃以至德二年(757)恢复陕右，中兴之业，未尝以三年淹也。我皇上即位，今三年矣。秣陵松柏，尚在望中；北平寝园，杳沦异域。"（《谨献刍言疏》，永历二年十二月十六日，《瞿式耜集》卷一，页100）而瞿氏前此曾有过极乐观的估计，"谓宜闻永历登极之信，各省便当奋起义师，迎銮迎驾……"（同书卷三，页261）①

"恢复期待"在一段时间里，确也是忠义、遗民的生命支撑。当吴应箕于乙酉五月撰写诸"中兴论"（《汉光武中兴论》《晋元帝中兴论》《唐肃宗中兴论》《宋高宗中兴论》）时，尚有"中兴"的期盼。鲁王监国，吴钟峦因"讹传恢复"而以诗志喜，写下过"从此儿孙寻旧业，可将诗酒弄斜晖"等句（《黄宗羲全

---

① 王夫之所忧虑的，则是人心风俗的"夷"化，这也应当是一个儒者最深刻的忧虑。他在《读通鉴论》中说契丹据幽燕之初，"唐之遗民犹有存者，思华风，厌膻俗，如吴峦、王权之不忍陷身污秽者，固吞声翘首以望王师，则取之也易。迟之又久，而契丹已恋为膏腴，据为世守，故老已亡，人习于夷，且不知身为谁氏之余民，画地以为契丹效死，是急攻则易而缓图则难也"（卷三〇，《船山全书》第10册，页1163，岳麓书社，1988）。

集》第 2 册，页 234，浙江古籍出版社，1986）。徐世溥《刘徵君传》记刘城"爪掌画几"，"私心筹度，以为东晋、南宋之事尚可复行，而庶几再见汉官威仪也，故金陵、临安图志至不释手"（《峄桐集》，《贵池二妙集》，贵池先哲遗书，1920 年刊本）。黄道周几乎至死不放弃恢复希望，他对时势的估量是："我明与周室同历，非唐季所望，衰轶而后，犹为战国。"（《与陈无涯无枝书》，《黄漳浦集》卷一七，道光戊子刻本）此意他一再说到。① 到王夫之晚年写《宋论》，借诸史事说"过此无收复之望"，已属旧话重提："当石晋割地之初，朔北之士民，必有耻左衽以悲思者。至岐沟败绩之岁，凡五十年，故老之存者，百不得一。仕者食其禄，耕者习其事，浮靡之夫，且狃其嗜好而与之俱流。""故有志之士，急争其时，犹恐其已暮，何忍更言姑俟哉！"（卷二，页 59，《船山全书》第 11 册，岳麓书社，1992）耿耿不忘者，仍是明亡之初的那一段心事。遗民惧见世道"清平"，也正如义士。刘献廷记其"寓汉上时，汉阳令张寿民招饮。竹箸瓦杯，寥寥五簋。庭中黄菊粲然，二白鹤饮啄于其侧。叔度清风，萧然可乐。世风一变至此，天意诚不可测也"（《广阳杂记》卷四，页 200，中华书局，1957）。即使经历了明末的极度腐败，此等景象也非遗民所乐

---

① 黄道周于隆武朝说："宋自建炎而后，尚有关陕荆楚；晋自隆兴而余，尚有青兖雍州。今茫茫海岸，一苇系匏，仰诸逆弁，为刘、何、韩、岳之事，虽武侯、张昭，自谓聋哑耳。"却仍以"前明""后明"为说，曰"前明二百七十五年……后明两际春秋，赖诸君子起而夹辅"（《答曾叔祁书》，同书卷一五），可知此老的倔强。

见的吧。

有讽刺意味的是，俨然以"正统"自居的南明王朝，也感受着时间的威胁。黄宗羲《弘光实录钞》、李清《南渡录》等所记"补封""补谥""赠恤""定罪"，以至"逆案"中人的翻案、报复，无不亟亟。《弘光实录钞》记阮大铖欲杀周镳，说的就是"钟鸣漏尽，吾及时报复，亦何计其为□为贼乎？"（《黄宗羲全集》第2册，页89）令人清楚可感其时南明朝君臣如恐不及的末日心态。

然而即使到了"海氛"已"靖"之后，明遗民中的顽梗者，仍迟迟不愿放弃"义军""恢复"之类渺茫的希望，坚持以此作为其生存意义所寄。《碑传集》卷一二四郑梁《沈先生遴奇墓志铭》记沈氏事颇生动："……往往耳语人曰：吾乩仙云云，某方兵且起，某年月日，天下当大乱。一夕宿吾绥如伯父家，夜参半，忽开数重门走出，大声叫呼曰：今日兵真至矣，炮响震天，旌旗舳舻蔽江下矣。如是呼者再三，邻右皆惊，以为有盗也，则皆起，而先生则已闭户就寝矣……嗟乎！此其志意之所存，何尝一日厌乱也哉！"（《清代碑传全集》，上海古籍出版社，1987）沈氏之"好乱如此""嗜乱如旨"，与当时人心普遍的"厌乱"适成对比，也由一个特殊的方面，透露着遗民的寂寞。①

"遗民"不只是一种身份，而且是一种状态、心态，如上述待变、待乱，为此甚至不惜自欺。郑梁上文记沈氏与"家大人"往还，"坐定必举闽粤滇黔间信息相慰藉，大人明知先生所言皆其意中语，非真实事，然未始不一为破颜也"。全祖望记王玉藻："庚寅，先大父尝访之，相与语岛上事。公曰：今日当犹在靖康、建炎之际耳，君以祥兴拟之，下矣。"（王氏事略，见《鲒埼亭集》外编卷一一，四部丛刊初编集部）

"待恢复"当此际，确也是使愤懑得以发抒的题目。以傅山文字的谨慎，亦说"每耽读刺客游侠传，便喜动颜色"，说"耿耿之中，有所不忘，欲得而甘心者"（《杂记（三）》，《霜红龛集》卷三八，页1049，陕西人民出版社，1985）。屈大均更不惜反复发挥"报仇雪耻"之意，表达不厌其刻露。其《卧蓼轩记》曰："苦其心以胆，辛其身以蓼，昔之人凡以为雪耻复仇计耳。""予本辛人，以蓼为药石，匪曰卧之，又饮食之。即使无耻可雪，无仇可复，犹必与斯蓼相朝夕，况乎有所甚不能忘者于中也哉！"（《翁山文外》卷一，宣统庚戌上海国学扶轮社

① 遗民之嗜乱者，一时也颇有其人。魏禧《费所中诗序》曰费氏"于权奇之书无不究，而其学得《阴符》、孙武、韩非为深"。其"读史，当秦汉之际，以至三国五代龙战虎斗风雨交驰雷电并击，则扬眉抵掌，掀髯而笑，其神采百倍平日。及夫天下既定，裂土而封，量才而官，修吏治，兴礼乐，则嗒然不能终篇，心烦虑散，若白日而欲寝者"（《魏叔子文集》卷九，《宁都三魏文集》，道光二十五年谢庭绶重刊）。钱谦益《薛更生墓志铭》记薛氏当日"观风、占象、占风角，访求山泽椎埋屠狗之夫，人咸目笑君八十老翁，两脚半陷黄土，不知波波劫劫何为也"（《牧斋有学集》卷三一，页1145，上海古籍出版社，1996）。

109

刊本)其所撰陈邦彦(岩野)哀辞则说:"愤师雠兮未复,与国耻兮孳孳。早佯狂兮不仕,矢漆身兮报之。"(同书卷一四)《自作衣冠冢志铭》径说"盖欲俟时而出,以行先圣人之道,不欲终其身于草野,为天下之所不幸也"(同书卷八)。顾炎武的说饵沙苑蒺藜,与屈氏的说卧薪,有语义的相近。而且无论顾氏还是屈氏,对其上述动作均不掩饰,有时竟像是务期其醒目似的。不止于发抒激情,且待机而动,因复明活动送掉了性命者,也大有其人,魏耕就是一个(参看全祖望《雪窦山人坟版文》,《鲒埼亭集》卷八)。至于遗民与"三藩之乱"的关系,参看拙著《明清之际士大夫研究·余论(之二)》。以吴三桂之三翻四复而犹寄予希望,遗民之为遗民,亦可悲也。[①]

归庄到写"万事从此一任天"(《元日三首》,《归庄集》卷一,页67,上海古籍出版社,1984),似乎才将此"待"放弃;其《新春梳得白发》一诗,"可怜老骥心犹壮,莫便盐车毕此生"句,将遗民的颓丧与无奈,刻画得何其沉痛(同上)!梁份也写到过"与天地争所不能争","一无所见于世而死"者的终天之恨(《怀葛堂集》卷八《熊见可先生哀辞》,民国胡思敬校刊本)。陈确的《东溟寺异人记》类小说家言,篇末所记北方义

<hr>

① "有待"者岂止遗民。金堡为钱谦益撰《列朝诗传序》,曰:"《列朝诗集传》虞山未竟之书,然而不欲竟。其不欲竟,盖有所待也……虞山未忍视一线滇南为厓门残局,以此书留未竟之案,待诸后起者,其志固足悲也"(《徧行堂集》八,转引自《柳如是别传》,页957,上海古籍出版社,1980)。

士"皆投碧浪湖而死"(《陈确集》,页214,中华书局,1979),毋宁读作绝望的符号。到这个时候,王夫之说国亡之际"留生以有待,非大臣之道",也应因他本人已深味"有待者终无可待,到末后无收煞处"的尴尬(《搔首问》,《船山全书》第12册,页627,岳麓书社,1992)。①

当这"待"终"无可待",黄宗羲等著名遗民,各以其方式,表达了面对无可更改的事实的反应。"宗羲虽杜门匿影,而与海上通消息,屡遭名捕,幸不死。其后海氛渐灭,无复有望,乃奉母返里门,自是始毕力著述"(《小腆纪传》卷五三,页572,中华书局,1958)。关于黄氏,全祖望也说"万西郭为予言:微君自壬寅前,鲁阳之望未绝,天南讣至,始有潮息烟沈之叹,饰巾待尽"(《鲒埼亭集》外编卷三一《书〈明夷待访录〉后》)。朱舜水曾在日本蓄财,"志谋义举,常有恢复中原之图",此财无所用,"临卒,尽内于水户库"——"是时当康熙二十五年,距甲申已四十二祀,距缅甸之难亦已二十五祀,郑祚复斩,三藩削平……"(《碑传集补》卷三五荀任《朱张二先生传》,《清代碑传全集》,上海古籍出版社,1987)正是"时间",剥夺着遗民的生存意义,不只使其"待"落空,

---

① 王夫之的思路似与时人有别。其史论中对"义军""士气"等的深刻怀疑,其"必亡"论、其"南明"论、其"君子小人"论、其"用独"之说,都出自深刻的世情洞察与冷峻的现实感;其"天下一公私"论,也提示了"存明"之外的别一境界。他在《读通鉴论》卷末的"正统论"(叙论一)中说:"若夫立乎百世以后,持百世以上大公者论,则五帝、三王之大德,天命可改,不能强系之以存。故杞不足以延夏,宋不足以延商……"(页1175)由此也可见"遗民"名目的笼统,遗民境界之不同,其自我定位的多样。

而且使其生存依据虚伪化。这不能不是一种残酷的道德处境。

顾炎武的由此"待"(待恢复)到彼"待"("待后王"),其间有正是"信念"以及自我期许的变化,尽管"一旦有事""光复旧物"的期待较具体,而"待后王""有王者起",则不免渺远而抽象。① 痛悔过"有待"的王夫之,也仍有其"待",其曰"天地之气,五百余年而必复……"(《宋论》卷一五,《船山全书》第11册,页337)遗民的自我价值、意义诠释,也正因此而由近及远、由浅入深。这也是遗民走出"时间焦虑",其历史人生视野扩张的过程。不妨认为,正是遗民对"遗民"作为时间现象的确认,表明了他们的成熟性,他们对"意义"边界的感知,他们对自己处在历史的特定时刻、历史过程中特定位置的意识——清醒的反思正赖此时空知觉而进行。这无疑有利于遗民走出褊窄的道德氛围。"大时间"使遗民中的杰出者脱出遗民眼界,为其"生"找到了更坚实的根据。这一话题有待于下文继续展开。

"失节"梦魇

时间焦虑的更深刻的根据,即"节操"在时间中的剥蚀、

① 有恢复期待,又有学术使命自觉,才成其为顾炎武。即使恢复无望,其使命承当,也与承平之世的学人不同。据此才便于理解全祖望《亭林先生神道表》及钱穆《中国近三百年学术史》中所谈到的清人对顾氏的误解、片面化。

消磨。顾炎武《广宋遗民录序》说当世"岂无一二少知自好之士，然且改行于中道，而失身于暮年"，说"余尝游览于山之东西，河之南北二十余年，而其人益以不似。及问之大江以南，昔时所称魁梧丈夫者，亦且改形换骨，学为不似之人"（《顾亭林诗文集》页33、34，中华书局，1959）；说"滔滔者天下皆是"，"三十年之间而世道弥衰，人品弥下"（《常熟陈君墓志铭》，同书，页161）。在《与苏易公》中，则说"比者人情浮竞，鲜能自坚，不但同志中人多赴金门之召，而敝门人亦遂不能守其初志"（同书，页206—207）。张履祥也说："方昔陆沈之初，人怀感愤，不必稍知义理者，呕呕避之，自非寡廉之尤，靡不有不屑就之之志。既五六年于兹，其气渐平，心亦渐改，虽以向之较然自异不安流辈之人，皆将攘臂下车，以奏技于火烈具举之日。"（《与唐灏儒》，《杨园先生全集》卷四，道光庚子刊本）黄宗羲的议论更苛刻："桑海之交，士多标致。击竹西台，沉函古寺。年书甲子，手持应器。物换星移，不堪憔悴。水落石出，风节委地"——他将此种种归结为"伪"（《汪魏美先生墓志铭》，《黄宗羲全集》第10册，页383）。又说"慨然记甲子蹈东海之人，未几已怀铅椠入贵人之幕矣；不然，则索游而伺阉人之颜色者也"（《陆汝和七十寿序》，同书，页659）。戴名世也说："明之亡也，诸生自引退，誓不出者多矣，久之，变其初志十七八。"（《温溁家传》，《戴名世集》卷七，页201，中华书局，1986）处鼎革之世而欲保全志节者，无不感受到时间的威胁。彭士望《书关盼盼诗后》以谢枋得、关盼盼之死为例，说"忠臣节妇之所为极难，惟其久耳"（《树庐文钞》卷九，道光甲申刊本）。

发生在时间中的较隐蔽也因此更可惧的变，在神情气象。如黄宗羲所说"年运而往，突兀不平之气，已为饥火所销铄"，"落落寰宇，守其异时之面目者，复有几人?"（《寿徐掞青六十序》，《黄宗羲全集》第11册，页64）张尔岐《与邓温伯书》，也说到侪辈"为人事衣食所累，神识趋向，渐异于旧"（《蒿庵集》卷一，页55，齐鲁书社，1991）。陈瑚则说"予犹忆予少时，当国家多故，意气轩举，凡弓刀击刺之事，无不一一究习，略皆通晓。顾荏苒二十余年，而发且种种矣，何百炼钢化为绕指柔。每诵越石之诗，未尝不废卷三叹"（《从游集》卷下《毛天回》，峭帆楼丛书）。作为后死者，上述诸人尽有机会，细细地观察与体验人的精神意志在时间中的损耗，而他们本人也未见得能免于遗论。风节在时间中的迁改，复杂化了遗民行为的意味，使避世、绝世的庄严转成滑稽。遗民行为的极端性（如自锢），其背景也应有这意识到了的威胁吧。因而顽强中正有脆弱，有"遗民"及其操守的脆弱性。"遗民"是如此难以保有而易于失去的一种品性。

"末路不可不慎"，是一时流行的话头，戒惧神情毕见。遗民的这种情态，也令人想到妇人女子。即使顾炎武这样的大儒也如临如履。他回答对"遗贤"推挽颇力的叶方蔼（讱庵），说"人人可出而炎武必不可出"（《与叶讱庵书》，《顾亭林诗文集》，页53）；在与其甥徐乾学的书札里，也说"世有孟子，或

114

以之劝齐梁，我则终于韫匮而已"（《与公肃甥书》，同书，页56）。其《答次耕书》，说"惟退惟拙，可以免患"（同书，页77）；其辞讲学，说的是"一身去就，系四方观瞻，不可不慎"（《与友人辞往教书》，同书，页136）。遗民亦如贞女，似乎稍一不慎，即会成清白之玷。岂不闻吕留良诗曰："谁教失脚下渔矶，心迹年年处处违？"在此情势下，同志者不能不以砥砺风节为己任。潘柽章规诫顾炎武"慎无以甥贵稍贬其节"，顾氏则视潘柽章、吴炎为"畏友"（《书吴潘二子事》，同书，页116）。顾氏批评李因笃，说："昔朱子谓陆放翁能太高，迹太近，恐为有力者所牵挽，不得全其志节，正老弟今日之谓矣。"（《答子德书》同书页74）显然在遗民，"节"否已不是个人事件，其被认为与遗民群体相关，是无疑的。你也不妨承认，对于"节"否的极端敏感，竟也有助于深化人性认识。即如陈确等人对诸种"托词""遁词"，诸种"借"的发露，固有苛察之嫌，不也见出士对于同类"情伪"久经训练的洞察力？

"出处"即在平世，也被认为与"士"群体相关，何况易代之际！有明大儒中，为此而蒙讥议的，就不乏其人。吴与弼招致过议论；庄昶也未能免予非议。《明儒学案》卷四五评论庄氏，即惋惜于其"业已二十年不出，乃为琼台利害所怵，不能自遂其志"，归结为其人未能"孤峰峭壁"其性情（页1081，中华书局，1985）。这一方面士论之严苛不贷，在明代也有始有终。

寿则多辱。道德律未必总能敌"时间"的力量。黄宗羲自拟圹前望柱铭文,最能见其晚年心态:"不事王侯,持子陵之风节;诏抄著述,同虞喜之传文。"(《梨洲末命》,《黄宗羲全集》第 1 册,页 191,浙江古籍出版社,1985)严光(子陵)是"逸民"而非"遗民",这一区别即非同小可。至于以清帝"诏抄著述"自得,更像是非遗民所宜有。① 明清之际三大儒中黄宗羲最后死,但其人的上述态度又不能仅由"后死"来解释,更须以他的历史观、伦理观(君臣论)为注脚。至于李颙,则晚年虽不赴清主召见,仍遣子"诣行在陈情,以所著《四书反身录》《二曲集》奏进"(《清史稿》卷四八○,中华书局)。"易代"也即由此而最终"完成"。陈垣感叹道:"噫!遗民易为,遗民而高寿则难为。"其例子就有"吴中蕃明亡后五十余年未卒,不能不与当事委蛇,几乎晚节不保,为天下笑"(《明季滇黔佛教考》卷五,页 254,中华书局,1962)。陈垣言此,态度正是"当时"的。可见"遗民话语"及其语境即到近代,也未全成过去,即使没有上述人物在时间中的渐变,也无以阻止生命在时间中的流失。遗民现象系于特殊人群,也与此人群相始终。冒襄是遗民中"享大年以终"者。《碑传集》卷一二六《潜孝先生冒徵君襄墓志铭》说:"盖自先生没,而东南故老之流风余韵于是乎歇绝矣。"王源《李孝悫先生传》也说李明性

---

① 朱彝尊称颂黄氏"不忤俗以为高,不妄交以干祸",以为其"明哲""有不可及者"(《曝书亭集》卷四一,页 502,国学整理社,1937)。这似乎也证明了即令自处有别,遗民仍有"基本标准",有使其人成其为"遗民"的最后界限。

"年六十九而卒，孙徵君门人王馀佑哭之曰'忠孝遗老尽矣'"（《居业堂文集》卷四，道光辛卯刊本。孙徵君，孙奇逢）。奈何！

时论及"遗民社会"内部的议论之苛，正应以上述情势为背景吧。舆论之为自我监察手段，一向被认为与"士"存亡攸关。"清议"之双刃，一在监督朝政，另一即在清洁（士类）内部。遗民因其所处特殊情境，更将后一种功能发挥到了极致。遗民在这一方面，也将"士"生存的一般条件强化了。苛论之下，也就难有免予疑论者。即以徐枋之苦节，朱用纯仍以其"微喜谐谑"为病，不惜谆谆告诫。① 呜呼！难乎其为"遗民"矣。难怪吴祖锡（佩远）《答俟斋书》中说："抱志之士，遭值坎壈，最难知者肺肠，最可议者形迹。不逢直谅多闻仁人长者，谁为恤其隐而鉴其外，横被讥评者多矣。"（语见罗振玉辑《徐俟斋先生年谱》）

当然，在上述问题上，舆论也仍非一律。陈确就一再表明他不欲仅以出处论是非，所谓"出未必尽非，而处未必尽是"（语见《陈确集》，页290）。他由"道—俗"二项对立，说处士居乡为"乡俗"淹没、丧失其文化存在的可能性，显示为不囿于通行的"节义论"，对士所面临问题的思考［参看同

---

① 朱用纯《答徐昭法书》（罗振玉辑《徐俟斋先生年谱·附录》，铅印本）曰："以吾兄二十年大节苦行，敬身之道，当今之世，孰逾吾兄……窃观吾兄酬应人伦，微喜谐谑。谐谑虽无损于大节，要非君子之所宜为。何者？德盛不狎侮也。"被公认的遗民形象的"严肃性"，自与宋明理学的理念有关。

书《道俗论（上）》]。时论的关心唯在士人"节"否，陈确却由"礼失"这一事实，忧虑士失其为士，其思考也因此而及于深广。

纵然遗民都能节操无玷，"遗民社会"也仍在无可避免的消失之中。我已一再谈到遗民的孤独以致孤绝，他们非借强烈出常的姿态不足以提示其存在，自明其心事。而最终正是"时间"，渲染了"遗民"作为现象的严酷性。

大限：遗民不世袭

遗民现象的"时间性"（亦一种有限性）还体现于"不世袭"。遗民于此看到了其"大限"。

宗法社会以"继志述事"作为为人子者的人生义务。王夫之就说过："夫志者，执持而不迁之心也，生于此，死于此，身没而子孙之精气相承以不间"（《读通鉴论》卷一三，页484）。"志"本有助于对时空限囿的超越，而指定了人选的"继"，又势所必至地将大历史、大时空缩小，从而预伏了悲剧之源。鼓励了"世袭"的，应有明代士人的党社习气吧。有关复社之欲接东林"余绪"，以及"复社子弟""几社子弟"活动的记述，就令人见到了十足明人的方式与趣味。① 那一时

---

① 参看杜登春《社事本末》等。黄宗羲《顾玉书墓志铭》记"阉祸"遇难者"孤子"，于"讼冤阙下"之时，曾"叙其爵里年齿，为《同难录》。甲乙相传为兄弟，所以通知两父之志，不比同年生之萍梗相值也"（《黄宗羲全集》第10册，页419）。亦当时风气。

序黄宗羲诗文的文字，几乎无不由"父子"立论；当时的黄宗羲，其身份首先是"其父（黄尊素）之子"。确信"志"之可"继"，是士的信念，用在这里，则不啻将政治品性认作了遗传属性。

"世袭"确也是明亡之际普遍的遗民期待，以至陈确这样对"节义"持通达见识、对时人之"出"有宽容态度者，对遗民子弟之出，也以为不可。他尤严于友人、"同志者"子弟之出，对于不能阻止其亡友祝渊仲子的出试，良用耿耿。① 顾炎武也说处此之时，"生子不能读书，宁为商贾百工技艺食力之流，而不可求仕。犹之生女不得嫁名门旧族，宁为卖菜佣妇，而不可为目挑心招，不择老少之伦"（《常熟陈君墓志铭》，《顾亭林诗文集》，页 161），甚至钱谦益也以陶渊明为话题，讨论"遗民子弟问题"，可见时人对此间动向的关注。钱氏释陶潜诗"虽有五男儿，不好纸与笔。天运苟如此，且进杯中物"，说"杜少陵之讥渊明，以谓'有子贤与愚，何其挂怀抱'，亦未知为渊明者。推渊明之志，惟恐其子之不得蓬发历齿，沉冥没世，故其诗以'责子'为词，盖喜之也，亦幸之也"（《吴封君七十序》，《牧斋有学集》卷二四，页 947—948）。可以作为诠

---

① 陈确主张内外有别，苟为遗民，非但自己必不可出，其子弟亦不可出试（理由是"子父一体"），对非遗民，却以为不必以遗民道德苛求。他说："盖士君子居今日，以我之心待世俗而谤其出试，必不可。以世俗之心待我子弟而趣其出试，亦不可。"陈确于此也表现出敏锐的人事洞察力，如说"父兄之倦于学也，而优游焉托于不试以明其高"，即属洞见情伪之言。参看其《使子弟出试议》，《陈确集》，页 172—173。张履祥文集中，多有致晚辈书札，对亡友的后人尤谆谆劝诫，于此也可感东南遗民间的同志之感。

释古人而有当代趣味之一例。

贯彻遗民社会的道德律令，凭借的就有父对于子的权威。祝渊临终遗命，曰："凡我子孙冠婚丧祭，悉遵大明所定庶人之礼行之。不得读应举书，渔陶耕稼，听其所业，违者即以逆论"（《临难归属》，《祝月隐先生遗集》卷四，适园丛书）。①朱之瑜即身在日本，也不忘嘱其孙"虏官不可为"，说："既为虏官，虽眉宇英发气度娴雅，我亦不以为孙"（《与诸孙男书》，《朱舜水集》卷四，页46，中华书局，1981）。徐枋《诫子书》"告诫谆复"，唯恐其子"不类""不肖"，戒其子绝非"可以隐可以无隐"，而"断不可以不终隐"（《居易堂集》卷四，1919年上虞罗氏刊本）。屈大均述其父所嘱："自今以后，汝其以田为书，日事耦耕，无所庸其弦诵也。吾为荷篑丈人，汝为丈人之二子……"（《先考澹足公阡表》，《翁山文外》卷七）而甲申那年，屈大均不过15岁，甚至以"死迟"而蒙讥评的魏学濂，临终"贻书付子"，也"谆谆以'子孙非甲申以后生者，虽令读书，但期精通理义，不得仕宦'为言"（《明季北略》卷二二，页611，中华书局，1984）。陈确更不由分说："吾惟吾正义之断，而奚听子弟？"（《使子弟出试议》，《陈确集》，页173）——遗民以其意志对于子弟的强加，也即一代人对另一代人命运的支配，不能不含有某种残忍意味。凡此种种，均

---

① 祝渊同文中的下述说法较为明达："余弟四人、余子四人贤否、成败，天实为之，非人之所能为也。昔先正临殁，子问以后事，但云'莫安排'，此三字最妙，置后事勿道。"

令人可感遗民社会内部关系的紧张性。

　　然而道德律令于此也仍然敌不过时间及现实政治的力量。祝渊的遗命终不能阻止其子弟的"出"。《读通鉴论》记东晋张骏疏请北伐，录其言曰："先老消落，后生不识，慕恋之心，日远日忘。"慨然道："……悲哉其言之矣！"(卷一三，页483)事实之可惧，甚至不止于"后生"之"忘"，即遗民本人，何尝能长保其"慕恋之心"！时间之移人有如此者。至于遗民子弟趋舍之不同，也往往有其不得不然的苦衷。收入《陈确集》的许令瑜书札，就说到"今日不幸处此世界，事业文章都无用处"，既弃经生举业，"全副精神，忽尔委顿"，子弟状态堪忧："恐其颓堕委靡，溃败不可收拾。"(《陈确集》，页71—72)正如遗民本身，其子弟也不免承受诸种压力与诱惑。陈确曾说到祝渊之子"从父命不试"，而其弟"则从母命出试"(《陈确集》，页75)。事实是，其子也有出仕者。至于李颙不仕而其子应考，另有一番说辞："仆之先世俱系庶人，仆安庶人之分，因无衣顶庇身，众侮群欺，生平受尽磨难。小儿鉴仆覆辙，勉冒衣顶，聊藉以庇身家，岁考之外，未尝应科考以图进取。"(《答友人》，《二曲集》卷一七，光绪三年信述堂刊本)至于冒襄与其父同为遗民，而其子应试，宁都三魏的伯子(魏际瑞)"出应世务"、周旋当道，叔、季(魏禧、魏礼)保有遗民身份，均被看作士人的生存策略。一时大儒中，做类似安排的，不只李颙。全祖望记黄宗羲事："徐公延公子百家参史局，又徵鄞万处士斯同、万明经言同修，皆公门人也。公以

121

书答徐公，戏之曰：'昔闻首阳山二老托孤于尚父，遂得三年食薇，颜色不坏。今吾遣子从公，可以置我矣。'"(《鲒埼亭集》卷一一《梨洲先生神道碑文》)朱彝尊、陈维崧都说过自愧其"出"的话①——如方氏的三代遗民(方孔炤、方以智及其三子)、如傅山的父子遗民且同志者，毕竟罕有。顾炎武也慨叹于"朋友之中，观其后嗣，象贤食旧，颇复难之"(《与杨雪臣》，《顾亭林诗文集》，页139)。

全祖望《题徐狷石传后》记徐介(狷石)、应撝谦(潜斋)事，颇有意味："狷石严事潜斋，其后潜斋亦畏狷石。尝一日过潜斋，问曰：'何匆匆也?'潜斋答曰：'主臣以儿子将就试耳。'狷石笑曰：'吾辈不能永锢其子弟以世袭遗民也，亦已明矣；然听之则可矣，又从而为之谋，则失矣。'于是潜斋谢过，甚窘。"(《鲒埼亭集》外编卷三〇)这应当是关于"不世袭"的语义明确的表达。徐介所说"界限"尤其值得注意——以"听之"为"可"；可见其时遗民后代之"出"，已为时论所容忍。有此种见识的不只徐氏。同书卷五《明监察御史退山钱公墓石盖文》记钱肃图临终嘱其子语："故国故君之感，此吾辈所当没身而已者也，若汝辈则不容妄有逆天之念存于其中。"陆世仪对他人的应试，也持论宽和："……继闻吾兄为学校所迫，已

---

① 朱彝尊《黄徵君寿序》中说："余之出，有愧于先生。"(《曝书亭集》卷四一，页502，按黄徵君即黄宗羲)陈维崧致书黄宗羲，也说："崧不肖，不能守父遗教，遂婴世网，其为先生所屏弃也固宜。"(见《黄宗羲全集》第11册，页407，浙江古籍出版社，1993)陈维崧为著名遗民陈贞慧之子，年逾五十始举鸿博，授检讨，与修《明史》。王源亦自说"不得已出而应世"(《与梅耦长书》，《居业堂文集》卷六)。

出就试。此亦非大关系所在。诸生于君恩尚轻，无必不应试之理。使时势可已则已之，不然，或父兄之命，身家之累，则亦不妨委蛇其间……近吴中人有为诗歌，以六年观望笑近日应试者。予谓六年后应试，与六年前应试者，毕竟不同。盖臣之事君，犹人子之事其亲而已。主辱臣死，固为臣之大义，至于分谊不必死者，则不过等于执亲之丧；丧以三年，而为士者能六年不就试，是亦子贡筑室于场之志矣，而必欲非笑之，刺讥之，使之更不如六年前应试之人，则甚矣。"(《答徐次桓论应试书》，《论学酬答》卷三，小石山房丛书)拟"分谊不必死者"不应试于执亲丧，可谓独出心裁。至于陈确，对不得已的出试也有区分。其《试讼说》曰："士生乎今之世，或不得已而出试于有司，吾无恶焉耳。惟试而求必售，斯有不忍言者矣。"(《陈确集》，页 251)又出于他略形迹而推究其心的一贯态度。

遗民不"世袭"，前人已然。《读通鉴论》就记了杨盛"于晋之亡不改义熙年号"，"临卒，谓其世子玄曰：'吾老矣，当终为晋臣，汝善事宋'"(卷一五，页 554)。同书还说"嵇叔夜不能取必于子，文信国不能喻志于弟"(卷一四，页 542)，遗民的无奈情见乎辞。[①] 倒是近人钱穆对上述徐介语

---

① 《读通鉴论》："君子之泽五世而斩，小人之泽五世而斩，或且不及五世而无余，君子深悲其后也。"又假设道，晋人倘能"俟之隋兴，而以清白子孙为禹甸之士民，岂遽不可？然而终不及待也"(卷一四，页 519)。论及遗民的"世袭"问题，也持论激烈，以"终吾身而已，子孙固当去事他人以希荣利"为"双收名利以为垄断"(卷一五，页 554)。

颇不谓然，以为"自今论之，则听之与为之谋，亦几于五十步与百步也"（《中国近三百年学术史》第二章，页72，中华书局，1986）。

对于遗民子弟之出仕者，时论尚不止于"容忍"，更有艳称之者。钱谦益撰柯元芳墓志铭，记其子仕清为枣阳令，"君喜曰：'自今可以舒眉坦腹，长为逸民矣。'"（《柯元芳墓志铭》，《牧斋有学集》卷三〇，页1108）戴名世说："自明之亡，东南旧臣多义不仕宦，而其家子弟仍习举业取科第，多不以为非。"（《朱铭德传》，《戴名世集》卷七，页209）一时世俗心理的好尚可知。①

面对此情此景，遗民中的敏感者，难免于尴尬与悲凉吧。没有"后代"即没有"将来"。遗民终是"孑遗"之民。钱穆由遗民的世袭问题论及遗民现象的时间性，对遗民的时间恐惧似感同身受："弃身草野，不登宦列，惟先朝遗老之及身而止。

---

① 黄宗羲《宪副郑平子先生七十寿序》记郑氏"闟其声光"，其子"三入长安"，亦应是当时常见情景（《黄宗羲全集》第10册）。吴伟业《封中宪大夫按察司副使秦公神道碑铭》《工部都水司主事兵科给事中天愚谢公墓志铭》等，所记"父处子出"者（《吴梅村全集》卷四二、四五，上海古籍出版社，1990），其父子往往为时人称羡，乡里以之为荣。父处子出，也系于门户、生计。其《宋辕生诗序》说宋氏得以优游的条件："辕生昆季皆仕于朝，子弟以诗文为四方所推重，故得以其身优游啸傲……"（同书卷二九，页686）魏禧《先伯兄墓志铭》记其兄魏际瑞："甲申国变，丙丁间，禧、礼并谢诸生。兄踌躇久之，拊心叹曰：'吾为长子，祖宗祠墓、父母尸饔，将谁责乎？'乃慨然贬服以出。……禧等奉父母居翠微山。"（《魏叔子文集》卷一七）由此文可知，魏际瑞曾"以贡士试北雍"，交"满汉诸贵人"，"以才名为当路所推重，督抚大帅皆礼下之"，"自是诸隐君子暨族戚倚伯为安危者三十余年"。"不仕"以"仕"为条件，不出者赖出者而得保全——也有某种讽刺意味。

124

其历世不屈者则殊少。既已国亡政夺，光复无机，潜移默运，虽以诸老之抵死支撑，而其亲党子姓，终不免折而屈膝奴颜于异族之前。此亦情势之至可悲而可畏者。"（《中国近三百年学术史》第二章，页71—72）

故国与新朝之间

上文已经说到，遗民的自我认同，是赖有时空假定的。钱谦益记徐氏："南渡日，弘光改元，岁时家祭，称崇祯年如故。嗟乎！称弘光犹不忍，况忍改王氏腊耶？"（《书南城徐府君行实后》，《牧斋有学集》卷四九，页1604）屈大均有类似记述：黄见泰曾仕隆武朝，明亡，"家设襄皇帝位，朔望朝拜，以木版为笏，跪读表文，声琅琅彻于户外，人皆怪之。县役持檄催租，见泰大署纸尾曰：大明无寸土，博士安有田"（《高士传》，《翁山文抄》卷四，商务印书馆长沙景印排印本）。你不能不惊叹于其人坚持原有角色的顽强，其自我界定时的想象力。

然而自设情境，毕竟使得生存虚幻。遗民无以逃避时世已换的事实。

至于遗民与新朝的关系，当道的羁縻，只是一个方面。遗民对新朝政治的某种参与，毋宁说是士的传统、儒者传统预先决定了的。

较之上文写到的自锢极坚的少数遗民，"遗"而"不忘世"，是更普遍的生存态度。这里的逻辑就有了相当的复杂性：其人并不自居于当世之外；他们所拒绝的，只是"朝廷"。"遗"毋宁说是对一种"民间身份"的确认。士有关其"职志"的意识，无疑有助于遗民在另一朝代的政治格局中，找到其位置。而有明一代民间政治的活跃（党社、讲学、清议、诸生干政等），也可用以解释士于明亡之际及易代后的积极姿态。不欲放弃儒者的使命承当，坚持其所认为的士的职志者，其于鼎革后继续关心民生利病，以兴利除弊为己任，是顺理成章的事。顾炎武就明白地说："百姓之病，亦儒者所难忘。"（《与友人书》，《顾亭林诗文集》，页190）不妨认为，如顾炎武的《利病书》、黄宗羲的《待访录》，虽声称"待后王"，未必不期其有益于当世。至于为善乡里，见诸遗民传状，比比皆是。《碑传集补》卷三六《许青岩先生传》记许氏"尤厚为德于乡间，遇斗争及冢宅构衅者，不难片言立解，忠信明决，为人素所折服"。《清史稿》卷四八〇陈瑚传，称瑚有经世才而言不见用，"明亡，绝意仕进，避地昆山之蔚村。田沮洳，瑚导乡人筑岸御水，用兵家束伍法，不日而成"。实则陈氏所为尚不止于此。其所撰陆世仪行状（《尊道先生陆君行状》）记毛如石之官，"以君（按即陆氏）行，比至，则明政刑，正风俗，锄奸宄，君相助之力居多。予时亦在楚中，为登善校士……"①黄宗羲记查遗(逸远)，也说其"以经济自期许，故凡天下之事，他人数百言不能了者，逸远数言，其利病纤悉毕见。虽郁郁无所施为，而沟渠保甲社仓诸法，讲求通变，未尝不行之一方也"(《查逸远墓志铭》，《黄宗羲全集》第10册，页367)。对于民瘼不能置之度外，毋宁说正是儒者本色。金堡(澹归)《李灌溪侍御碧幢集序》对此的表达，有其一贯的直率，其曰："先生每闻官邪政浊，闾阎疾苦，诗书崩坏，仰屋而叹，对案忘餐，虽老弥笃。或谓此既易代，何与吾事。夫新故即移，天地犹吾天地，民犹吾民，物犹吾物，宁有睹其颠沛，漠然无动，复为之喜形于色者耶？予故推先生为一世真儒。"(《徧行堂集》卷四，上海国学扶轮社，1911)

当以其经世之才用于地方事务时，遗民自难以回避或也无意于回避与当道的交涉——当然是以"民间身份"进行的。陈确就不但关心民生利病，还为"穷黎"请命而一再投揭当事

---

① 《行状》："辛亥冬，大中承巡抚马公闻君(按即陆氏)贤，聘为公子师，间谘以江南利病，君知无不言。公爱君甚，礼貌极隆，而不意未及一月，一病不可起矣。"陆氏之子所撰陆氏《行实》述其与当道关系，更详于《行状》，如曰："吴困赋役，府君作《浮粮考》上之，得蠲荒税、缓预征。又作《漕兑揭》《漕粮议》。吴淞娄江久塞，大中丞马公条议疏浚，题捐帑金十四万，檄府君佐于公董其事，府君实左右之。既成，作《淘河议》《决排说》《建闸议》。"当道对陆氏则有"五世真儒""理学名家"等旌表。其卒，"大中丞、方伯暨州守，四方会吊之士，赴车填巷"。"大江南北古涮东西，执经门下者几数百人，而通籍与年长于府君者，十居二三焉。"陈瑚《行状》也有毛如石为陆世仪捐俸刊《思辨录》的记述(《行状》《行实》均载《桴亭先生遗书》，光绪乙亥刻本)。凡此，则为《小腆纪传》等所不载。陆世仪一生未仕，却也如孙奇逢，其关心以至参与时政，易代前后有其一贯。

127

（其《投太府刘公揭》《投当事揭》等，均见《陈确集》），甚至欲借当道推行其"族葬"法。张履祥也不欲克制其对现实政治的关切。其撰于甲申后的《书改田碑后》（《杨园先生全集》卷二〇），追论明代湖州归安税额之不均，也无非出于对"民之病"的关切。魏礼以为借当事之力纾民困，无妨于"处隐约"，曰"田畴亦藉魏师去其所居乡之害"（《李檀河八十序》，《魏季子文集》卷七，《宁都三魏文集》）。此例他一再引用。在他看来，"义当挺身为万民请命，方为不负所学"（同书卷八《与李邑侯书》）。凡此，也应基于易堂那一种"经世之学"所规定的与当世、与现实政治的关系。"民间身份"的说法，对某些著名遗民，已显得笼统。当陆世仪参与地方政事时，其身份即近于幕宾。上文所引陈瑚《行状》曰陆世仪"寓诗曰：'廿年学道共艰辛，一夕风尘尽隐沦。何意鹅湖登座客，半为莲幕捉刀人。'盖伤之也"。至于颂扬地方官员德政，更不难见之于遗民文字。孙奇逢就曾以为小民代言的姿态撰"去思碑"①。以"民意"的名义对地方官员的任免实施干预，也属传统手段。

一些遗民尤不欲讳言地方官员兴学、推行教化之功，如屈大均《惠州府儒学先师庙碑》（《翁山文钞》卷三）所谓"兴起斯文之功"，以"倡明正学""明学术正人心"期之执掌学政的

---

① 《钱牧斋尺牍》卷上《与吴梅村》第二札曰："容城孙徵君钟元……顷有书来，盛称敝邑新令君，北方娇修人士，掌教容城，彬彬有邹鲁风……钟元所撰《去思碑》附致一通……"（上海商务印书馆，1936）冯其庸、叶君远《吴梅村年谱》（江苏古籍出版社，1990）系此于顺治十七年（1660）。

官员，非但不否认权力机构的教化功能，而且不放弃以私人方式(与当道的个人交往)间接影响当代政教的机会——其意识到"民间身份"的局限，是不言而喻的。这里也有遗民与当世关系的复杂性。李颙就以振兴"关学"期之当道，说："安得当事者心同台台之心，械朴作人，砥柱波流，于人心剥复之交，使后火前薪，似续一线，不至当今日而落寞，其大有造于关中为何如耶!"(《答张提台》，《二曲集》卷一七)于此，儒者的学派立场，也成为对上述态度的支持。

孙奇逢、李颙处清初之世讲学布道不避当道，固属所谓"有教无类"，其间也有经由讲学影响当代政治的自觉。李氏甚至不拒绝对满人将领施教(参看《二曲集》卷四五《历年纪略》)[1]，这种姿态应不违背他的基本目标与信念。他的《司牧宝鉴》(同书卷二八)，即一套规诲、训诫当道者的教材。孙奇逢不避交接当道，亦"以民彝为念"，他对请益者说的是："匹夫为善，康济一身；公卿为善，康济一世。某力不能及民，愿公减一份害，民受一份之利。"(参看魏裔介《夏峰先生本传》，《夏峰先生集》，畿辅丛书)同属"以斯道自任"，所体认的使命也因人而异。如孙、李，显然将"传道"作为须优先考虑的目标。以道为公，与天下共之——确也是儒者面目。

---

[1] 孙奇逢门下亦有当道问学。《孙夏峰先生年谱》卷下康熙十二年，"逸庵由翰林出为大名道，有惠政，是年介汤斌受学。先生曰：'君曾秉宪大名，余父母邦也，曷可以公祖而在弟子列!'逸庵执礼愈坚，每辰起，随门人侍坐、请益不稍辍"(汤斌等编《孙夏峰先生年谱》，畿辅丛书)。

陆世仪的思路更有出常者。他以为倘教官不为"官"，则易代之后，胜国之遗黎故老可任之："学校之职，'臣'也，而实'师'也。若能如前不用品级之说，则全乎'师'而非'臣'。昔武王访道于箕子，而箕子为之陈《洪范》。盖道乃天下后世公共之物，不以兴废存亡而有异也。聘遗黎故老为学校之师，于新朝有益，而于故老无损，庶几道法可常行于天地之间，而改革之际不至贤人尽归放废矣。"他甚至认为教官一职先朝大臣也不妨任之（《思辨录辑要》卷二〇，正谊堂全书）。陆氏是由"贤才"的为世所用，与"圣道"的发扬光大出发的，仍然是志在经世的儒者思路。

不妨承认，遗民的上述姿态背后，有对如下事实的确认，即"明"确已亡。不在"明—清"而在"朝廷—民间"做位置选择，使上述遗民的"遗"，有了与"遗世"者不同的意义；至于他们的不仕，则更出于对"故明"的情感态度，如报所谓"养士之恩"。遗民中一些人坦然于子孙仕"新朝"，也因"明"确已亡，而"报恩"不妨及身而止。

至于推行礼教以化民，本是儒者的传统职任；用了顾炎武的说法，这也是虽国亡而犹能使"天下"不亡的大事业。"礼"之为"教"，在宗法社会，主要是经由"家族政治"实现的。不见用于世，而以"化民"为事业——本有前贤为楷式。明儒吕柟（泾野）就说过，"若见用，则百姓受些福；假使不用，与乡党朋友论些学术，化得几人，都是事业，正所谓畅于四肢，发于事业也，何必有官作，然后有事业"（《明儒学案》卷八，页153）。至于从事于宗族，则儒家政治中，齐家与治国不止相关，后者正以前者为根基。遗民传状中就不乏从事这类"政治"且收"儒效"的例子。《碑传集》卷一二五《新乡郭公士标墓志铭》称道其人"厚于宗族，建祖祠墓侧，岁时祭埽，大会族人，习礼其中，置祭田以供飨祀，有余则以供族人嫁娶丧葬费。立家会，集族之能文者月一课之，又择其优者，令分教族之子弟，缙绅家传以为法"。尊祖、敬宗、收族，示范于乡里，从来是为儒者所注重的政治实践。顾炎武的《华阴王氏宗祠记》《杨氏祠堂记》（见《顾亭林诗文集》）等文，均论及"人伦""风俗""政事""国家"的关系，由此说"儒者之效"，说"教化之权"，等等。在《杨氏祠堂记》中顾氏曰："若夫为盛于衰，治众于寡，孑然一身之日，而有万人百世之规，非大心之君子莫克为之矣。"（《顾亭林诗文集》，页107）对于有此见识、信念的顾炎武，岂但"尚有可为"而已！他本人就曾在关中"略仿横渠蓝田之意，以礼为教"（《与毛锦衔》，同书，页141）①——确也是儒者的"践履"。

上述遗民并不自处于"现实政治"之外，当然更不自以为在"当世"之外。这一种"政治现实主义"，也属于儒者性格。黄宗羲论臣道，说"仕"之义在"为天下""为万民"，非为"一

---

① 顾炎武还说："近至关中，谓此地宋之横渠、蓝田诸先生以礼为教，今之讲学者甚多，而平居雅言无及之者。值此人心陷溺之秋，苟不以礼，其何以拨乱而返之正乎？"（《答汪苕文》，同书页195）"盖戡除虽藉乎干戈，而根本必先于礼乐。"（《复周制府书》，同书，页208）

姓"（《明夷待访录·原臣》，《黄宗羲全集》第1册，页4）；
"遗"之义何尝不如是！在顾炎武、孙奇逢，其行为及其道德
自信，依据于明彻的理性。儒家"民本"思想，儒者传统的现
世关切、"民胞物与"的仁者情怀，与学者式的究极根本，对
于造成"遗民境界"的作用，由顾炎武那里尤其可以见出。当
然，"儒者境界"从来有千差万别。

　　遗民现象的时间性，固然也由新朝当道蓄意造成，但当
道者也有其态度不便归入"羁縻"与"迫害"二者的。如关中的
李颙与江右的易堂诸子均备极称颂的骆钟麟，如不但为李颙
也为傅山所敬重的郭云中（九芝）（参看《霜红龛集》卷一八《题
四以碣后》）。遗民则固然有"苦节"、严于取与、不惜穷饿而
死者，也有接受当道的馈赠者。魏裔介《夏峰先生本传》记孙
奇逢"因田庐充采地，移家于卫。……水部郎马光裕赠夏峰田
庐，辟兼山堂，读《易》其中，率子若孙躬耕自给，门人日
进"。骆钟麟之于李颙，更优礼备至，曾"为之捐俸构屋，俾
蔽风雨；时继粟肉，以资侍养"；其"俸满将升，念去后无以
赡给，为置地十亩，聊资耕作"。其时的富平令郭云中、督学
许孙荃等，对李氏也有资助，以至"虞人继粟，庖人继肉，相
望于路"（参看《二曲集》卷四五《历年纪略》）。①

———————

① 骆、郭之死，李氏均为位以祭，服缌三月。《历年纪略》：康熙二十年辛酉"二月闻
　　郭公凶问，为位率家人哭祭，服缌三月，为之表墓。四月为报德龛，奉骆公、郭公
　　暨鹿洲张公之主于中，令节则率家人虔祭"。魏禧《孙容也七十叙》提到骆钟麟，曰
　　"予甚贤骆公"（《魏叔子文集》卷一一）。

132

活在清世，语言方式的改换只是时间问题。陆世仪《赠蛟水吴公去思序》曰娄县"自明末困征输，俗始凋敝。国朝起而拯之，择良吏抚循兹土，民蒸蒸有起色矣"（《桴亭先生遗书》卷四）。张尔岐颂扬地方官与民休息，甚至说："乙酉去今几何时，阅视田畴，孰与昔治？畜牧孰与昔多？屋垣孰与昔理？……"（《送邑侯杜明府还里序》，《蒿庵集》卷二，页89—90，齐鲁书社，1991）"入清"不只系于身份，更是"状态"。这一时期李颙文字中，诸如"天颜""宸聪""皇仁"等字样，随处可见。"国家龙兴辽左"一类说法见诸遗民文字，也应属习焉不以为异者（如冒襄《狼山镇诺公德政序》，《巢民文集》卷二，如皋冒氏丛书）。金堡《单质生诗序》（《徧行堂集》卷四）以明太祖提倡忠义为例，告诫当道，一派为新主献议的口吻，所说"君臣大义，二主之所共，深切著明，无所益于胜国之亡，而能为新朝资观感"云云，似已不自居"胜国"之遗民。黄宗羲的晚年之作，称当世为"兴王之世"，自述其与"同学之士""共起讲堂""以赞右文之治"，其他如"今天子""圣天子"，以至"王师""岛贼"等等，也全然清人口吻。将黄氏此类表述置诸时人文字间，可知其正在当时语境中；那些字样无非标志着"汉族士大夫"与"清"这一政治实体与"清世"这一"现实"的关系的演化过程。任何一种设定，都无法阻止话语如空气般的弥漫，无法阻止语词的共用。"共用"中即有对共处时空的承认。当然你也不难推想，到李颙、黄宗羲写上述文字之时，"遗民社会"的舆论环境，已有了相当大的变化——时间之于遗民的严重性，于此不也得以证明？

黄宗羲、孙奇逢、李颙，均为以遗民而名满天下且死备哀荣者。以孙奇逢、李颙作为一代大儒的影响力，部分地正出于有清当道的制作。《二曲集》卷二三《襄城记异》、卷二四《义林》，尤可作为易代之际当道与遗民共同进行传奇制作之一例。与黄宗羲得意于"诏抄著述"同具讽刺意味的，是康熙亲题的匾额悬之李颙家中厅。① 至此，借诸李氏的"宣传教育（教化）运动"达到高潮，对李氏的褒奖也无以复加。惜李氏当此际的真实感受，已不能由存留下来的文字中得知。其时对当道的褒奖感激涕零者，大有人在。阎若璩之外，后来在"哭庙案"中受了极刑的金人瑞（圣叹），其《春感八首》序曰："顺治庚子正月，邵子兰雪从都门归，口述皇上见某批才子书，谕词臣'此是古文高手，莫以时文眼看他'等语，家兄长文具为某道，某感而泪下，因北向叩头敬赋。"

由此回头看遗民的自外于清世、土室蜗居、"每饭不忘故国"者，倒像是一意将自己做成简单的象征。践"大清"之土，食"大清"之粟，黄宗羲拒绝将"象征"等同于"事实"。他是宁可正视"遗民"的"有限性"的。这也可以理解为如黄氏这样清醒的学者无可避免的选择。归庄自我解嘲，说："余今客淮

---

① 《二曲集》卷四六《潜确录》（门人录）记康熙四十二年西巡欲召见李氏始末，及有关文字，录康熙与李氏之子李慎言问答，及大臣奉旨阅《反身录》《二曲集》评语。"……今上知先生抱恙，遂有'高年有疾，不必相强'温旨，随赐书'操志高洁'匾额及御制诗章，并索先生著述。"

阴，固非吾土也；即归吴中我所生长之乡，犹非吾土也。骆宾王有云："观今日之域中，是谁家之天下？"既身沦左衽之邦，不能自拔，不得已，就其所居之处，指为己之斋，亦犹平叔所谓何氏之庐也。""客曰：'子之言似矣。顾前哲之训曰："素夷狄，行乎夷狄。"孔子欲居九夷，曰："君子居之，何陋之有！"画地之说，得无少隘，殆非本旨也！……'"（《己斋记》，《归庄集》卷六，页352）由此也令人窥见了遗民为自己在"清世"的生存提供论证的艰苦过程。即使仅仅由遗民中特选的人物，你也可以看出，正是在"遗民"身份赖以成立的"处清世"上，在对待"清"这一政治、历史现实上，"遗民社会"内部并非一律。我们还没有说到这里的"遗""逸"之别，即拒绝"清"之为"夷"，与拒绝清代的官方政治。"遗民社会"构成之复杂，是笼统的描述所难以尽之的。

上文已经说到，遗民行为往往因时间推移而前后有别，易堂诸子由山居避世，到出游四方寻访豪杰（且不避与当道的交接），即一显例。即使持守特严者，也不免于因时的变化。严格意义上的"遗世"，从来只见于隐逸族中最称"彻底"的一类。至于"遗民现象"的效应，更非遗民的时空假定所能限定。且不必说清代朝廷以及士人对明代"忠义"、遗民的褒扬——"清世"不但是遗民故事得以上演的舞台，也是遗民行为发生作用的具体时空。遗民现象的"当代性"，在学术的承启中有更显明的呈现。顾炎武被奉为"清学开山"，应是顾氏本人始料未及的吧。正是"清世"，提供了遗民"明代学术批判""明代文学史梳理"的语境，提供了"遗民学术"与"遗民诗文制作"所赖以进行的环境、情境（由此又不难想到遗民中主动"失语"者用心之苦，他们所以放弃言语的缘由）。"遗民"角色固然出于自主的选择，遗民却无从选择或拒绝其被"历史"安排的位置。而其时及后世遗民传状的叙事惯例，往往将真实的"关系"掩盖了。

还不妨承认，即使有清初江南的"哭庙""科场""奏销"诸案及文字狱，也仍不便以明遗民所历之境为特殊。即如遗民著述之有"违碍"者虽屡遭禁毁，而有关明遗的文献仍有可观。顾炎武说王玑所著《信书》，即曰"此固宋之遗臣所隐晦而不敢笔之书者也"（《歙王君墓志铭》，《顾亭林诗文集》，页117）。清初杀戮士人，就其残酷性而言，也未必较明初为甚。清初当道对知名人士，虽羁縻不遗余力，如顾炎武者尚能"徜徉自遂"（《与李星来》，同书，页187，这也是为时所重的大学者，才能有的一份潇洒），而明初拒仕新朝者，其处境似更其严酷。①

_____

① 《明史》卷九三刑法志一：洪武十八年，为《大诰》，"其目十条：……曰寰中士夫不为君用。其罪至抄劄"。卷九四《刑法志》二："凡三《诰》所列凌迟、枭示、种诛者，无虑千百，弃市以下万数。贵溪儒士夏伯启叔侄断指不仕，苏州人才姚润、王谟被征不至，皆诛而籍其家。'寰中士夫不为君用'之科所由设也。"卷一三八严德珉传，记严"以疾求归。帝怒，黥其面，谪戍南丹"。卷一三九录叶伯巨疏，中有"古之为士者，以登仕为荣，以罢职为辱。今之为士者，以溷迹无闻为福，以受玷不录为幸"等语。叶氏死于狱。万斯同《读洪武实录》（《石园文集》卷五，《四明丛书》）说太祖"杀戮之惨"，曰："迨不为君用之法行，而士子畏仕途甚于阱坎，盖自暴秦以后所绝无而仅有者。此非人之所敢谤，亦非人之所能掩也。"

实则明遗民较之前代遗民，有幸有不幸。有清一代对文字的禁毁，虽可比之于"暴秦"，而清代士人整理遗民文献的工程之浩大，也像是并无先例。这当然也因了明遗民拥有的力量，其著述之丰，遗民"存史"的意志之顽强。经由辑佚"修复"历史、复完形象，清中叶即在进行。到清末，更有遗民文字的大规模搜集整理，甚至如黄宗羲、顾炎武文字中因涉时忌而删于生前的，也无不被搜寻刊刻，"盖黄、顾二老，为国朝儒林之冠，虽寸墨片楮，皆当宝贵，为之流传"（萧穆《南雷余集跋》，《黄宗羲全集》第 11 册，页 458），也未必是黄、顾等人逆料所及的。

至于遗民与"故明"的联系，毋宁说是极其复杂的问题，仅由忠义、遗民的传状，是不能得其实更不能得其深的，似乎还须向遗民的明代政治、历史批判中寻绎。梁份以鲁仲连自期，说秦、赵相争，"譬之邑令，一旧一新，贪均也。与民习而欲既厌者，其旧也。夫既无廉者，则孰与旧令之犹贤也？天下人不知此，而仲连知之。其欲解纷排难，为天下非为赵也"（《怀葛堂集》卷一《与李中孚书》，民国胡思敬校刊本）。其逻辑像是大可玩味。遗民对"故国"的情感，本因家世身世而有不同。黄宗羲对故明政治的严厉的批评态度，也应与其个人背景有关。"历史"常有极其诡谲的安排。启、祯年间的党争，直演到南明小朝廷，而当阮大铖欲兴大狱一网打尽政敌之际，某些复社人士竟赖"北兵"之南下而获保全，① 岂不就是令人啼笑皆非的？

遗民现象在时间中的消逝，自然也由后人的"遗忘"而助成，对此，遗民与表彰遗民者同样莫可如何。全祖望在《亭林先生神道表》中说，"读先生之书者虽多，而能言其大节者已罕"（《鲒埼亭集》卷一二）。此时距顾氏之死并不远。全氏另在《端孝李先生窆石铭》中慨叹道："呜呼！孝子之孝，不特吾里中人知之，而大吏亦知之，天子亦知之者也。而岂知孝子之不止于孝者，则固无一人知之者耶！"（同书卷二一）在"大吏"以至"天子"，属有意遗忘；小民的"忘"，则是忘当道所"忘"。遗民以学术传，以文传，以孝传，却未必能以"节"传，即未必以"遗民"传：这也应当是刺激了全氏于乾隆年间传状明遗民的事实。"忠义事迹"先就湮没，也属"遗民命运"。由此看来，遗民的"时间恐惧"岂非大有远见哉！

遗民的"遗民史述"作为记忆工程，是与上述"忘"的自觉对抗。遗民作为"故国"所"遗"，因"国"之故而成"故"；遗民又以"存史"（包括遗民史）为"存明"，甚至不止于"存明"。顾炎武序时人所撰《广宋遗民录》，说其书"存人类于天下"，自

---

① 其时的有关记述也颇耐人寻味。《静志居诗话》曰："假令王师下江南少缓，则'复社'诸君，难乎免于白马之祸矣。"（卷二一《孙淳》，页 650）虽不便据此认为其人幸明之亡，却可以作为对弘光朝覆亡的一种反映。同书记雷縯祚："金事遗命家人勿葬，仿伍子胥抉目遗意，置棺雨花台，未浃月，而留都不守矣。"（卷一九《周镳》，页 572）杜登春《社事本末》亦曰："……社稷用倾，门户之忧，亦从此烟消木脱矣。"（《陈子龙年谱》附录，见《陈子龙诗集》，页 736）

说"将以训后之人，冀人道之犹未绝"（《广宋遗民录序》，《顾亭林诗文集》，页34）。而相当一些遗民确也终以文传，以学术传——"文字"的功用，正如遗民致力于著述者之所期。全氏在《中条陆先生墓表》中说："呜呼！先生之志节至今日而始白。然而论先生者不但当以其诗，而先生之所以至今日而得白者，亦终赖其诗。"（《鲒埼亭集》卷一四）亦一种遗民命运的悖论。至于明遗民反清文献为清末志士所援据，更令人有"轮回"之感。这也是明遗民命运的一部分。说遗民凭借文字而活在时间中，不如说其活在后人的读解中。"遗民"出诸选择，遗民又要经受选择。价值论是因时而变动的，仅仅文字毕竟不足以"传"遗民：于此又令人窥见了人与时间的一般关系。

在结束本文的时候，不妨将遗民自我界定所凭借的时空假定，视为遗民对抗其意识到了的"时间威胁"的策略；遗民的"孤独"也要透过时间方能说明。遗民在时间中磨蚀，同时经由时间保存，遗民在时间的不断塑造中。这又是不唯遗民才有的命运——我们总在对遗民现象的追究中，遭遇更大的主题，"士"的以至"人"的主题。遗民以其特殊，将"普遍"演示了。

（本文为《明清之际士大夫研究》下编《明遗民研究》第七章，收入本书略有改动）

谈兵

——关于明清之际一种文化现象的分析

谈兵即经世。当明亡之际，尤其是经世之首务。明末士人勇于任事；与军事有关的事，最属当务之急。"国之大事，在祀与戎"（《左传》成公十三年）。礼乐兵刑，乃国家政治的大关节目；当明之世，"兵"的紧迫性往往又在其他诸项之上。"国防军事"是理解明代政经诸多问题的基本线索。军事在有明一代政治制度、经济结构中的位置，仅由《皇明经世文编》中关涉军务者所占比例也约略可知。

孙武兵法被认为是"百代谈兵之祖"（《四库全书总目提要·子部兵家类·孙子》）。本文所谓"谈兵"的"兵"，包括兵谋、兵制、兵器等等。上述种种，不出传统所谓"兵学"与"兵事"的范围。"兵"，最初指称兵器，后也指身在行伍者，即"士兵"。有"士""王"同为斧形之说——王权来自军事权力；

士在其起源处与"兵"的关系本直接而密切。① 本文所论这一时期被划归狭义的"兵学"者，具有"经世之学"的一般品性，即如强调"经世"指向（动机、目标设置），不具有"专业"特性，不能作为严格意义上的学术类别。

谈兵与所谈之兵，尚可做种种区分。即如士人最热心谈论的"兵谋"，可区分为一般的军事谋略与具体的战守；后者又可区分为关系全局的部署，与局部战事（包括地方守御）。将其时士人的"谈兵"作为分析对象，尚可由谈兵者的身份，区分为文士之谈与武将之谈、兵学专家之谈与一般的书生之谈、当事任者之谈与非当事任者之谈。由谈兵者的动机、目标，可分为以兵为学（如注孙注吴）与作用于当前军事（本文的兴趣更在后者），甚至谈兵者为朝臣抑或在野之士，为武将或介入军事的文臣以至幕府之士，均可区别之。即同为"文臣""文士"，又何尝不可由亲自参与部署以至亲临战阵，或仅从事过策划而绝无实战经历做一区分？

本文所处理的材料，包括有关"谈"这一行为的记述，与所谈之"兵"。因而材料主要来自两个方面：有关其时士人"谈兵"这一行为的记述，与可资考其所谈之"兵"的言论材料；后者既包括有关著述，也包括奏疏及文集中与军事有关的文字。军事战略分析，军事行动记述，借诸史论、策论的兵谋、兵略谈，多出自文臣、文士手笔；武将所撰，如戚继光的《纪效

---

① 关于"兵"，参看《日知录》卷七"去兵去食"条。《明史·戚继光传》曰戚"所著《纪效新书》《练兵实纪》，谈兵者遵用焉"（卷二一二）。此"谈兵者"又指称从事军事者。

新书》《练兵实纪》之属，则属实用兵书。但也不便做一概之论。如徐光启的《选练条格》等，亦以实用为期待。而作为本文材料收入的《明经世文编》(中华书局，1962)及明人文集的大量奏疏，多属具体建议，以见诸实施为目标。这里较为特殊的，是有关兵制之谈。明代兵制批评固因在明亡前后而有不同，发表在明亡后的兵制论，由近人看去，则又有"学术含量"的差异，且学术与非学术之间的分界，并非总能厘清。当明清易代之际，即注经也不免有现实的针对性，不可仅据著述的形式而做区分。出诸时人的有关当世谈兵的记述，提供了想象其时情境、氛围的材料，我力图由此而获得"现场感"；至于其时有关军事的言论，本文所及，不免挂一漏万。这是要预先说明的。

唐代对兵书，有私藏私习之禁(参看《唐律》《唐律疏议》)。见诸《四库全书》著录的兵学类书籍，其数量至宋渐有可观，而明人的有关著作尤多。文士谈兵虽不自宋始，但演成风气，似应追溯至宋。至于有宋一代著名文士参与军事，辛弃疾、陆游、叶适等，均为著例。梅尧臣、欧阳修曾注《孙子》，欧阳修还撰有《九射格》，为明末士人所心仪的谢枋得(叠山)，亦曾有兵书的注释与纂辑。明人好谈宋，自然因了所处情势唯宋可比；而对于明人，宋代人物确也提供了较近的榜样。

危机时刻的书生谈兵

宋、明两代文士的谈兵，同为时势所激成。有明一代有自始至终的军事形势的严峻性，尤为严重的是来自北方的威胁。至英宗朝土木之变，嘉、隆之际东南"倭患"，士人每有家国之忧。王世贞说，"自庚戌始，而西北之兵亡日不与虏战；自壬子始，而东南之兵亡日不与倭战。兵日以战，挫削日以继"（《策》，《明经世文编》卷三三五）。危机感、威胁感——上述军事形势，不能不影响于士大夫的生存状态，亦士夫为此"谈"的情势。钱谦益《张公路诗集序》，说张名由（公路）"当神庙日中之世，扼腕论兵，壮年北游燕、赵、晋、魏，访问昔年营阵战垒，盱衡时事，蹙蹙然有微风动摇之虑"（《牧斋有学集》卷一九，页815，上海古籍出版社，1996）。归庄《张公路先生诗集序》也说张氏诗"如《闻庚戌边报》《观骑射》《暹罗刀歌》诸作，慨然有封狼居胥之意"（《归庄集》卷三，页186，上海古籍出版社，1984）。李贽亦好与人"谈兵谈经济"（袁宗道《答陶石篑》，《明代文论选》页309，人民文学出版社，1993）。书生谈兵，有时即以兵事为谈资，不过博快意于一"谈"。但到了覆亡的危机迫在眉睫，士人的兵事兴趣亦被赋予了时事的严重性。徐光启自说"生长海滨，习闻倭警，中怀愤激，时览兵传"（《敷陈末议以珍凶酉疏》，万历四十七年，《徐光启集》卷三，页97，上海古籍出版社，1984）。明末的军事失败，更刺激了士人谈兵以至参与军事的热情。钱谦益记述其时的京城夜谈，生动如画："……余在长安，东事方殷，海内士大夫自负才略，好谭兵事者，往往集余邸中，相与清夜置酒，明灯促坐，扼腕奋臂，谈犁庭扫穴之举。而其人多用兵事显，拥高牙，捧赐剑，登坛而仗钺者多矣。"(《谢象三五十寿序》，《牧斋初学集》卷三六，页1018，上海古籍出版社，1985)钱氏本人亦好此"谈"，有"投笔"一集。① 兵事甚至是其人与柳如是洞房中的谈资(参看《秋夕燕堂话旧事有感》，同书卷二〇)，《庄子·说剑》篇则是此一时期他一用再用的典故。直到降清后，他犹致书瞿式耜，为永历小朝廷的军事献策(参看《瞿式耜集》卷一《报中兴机会疏》，上海古籍出版社，1981)。他的友人归庄于此有同好，与钱谦益相聚，不免要谈谈"古今用兵方略如何，战争棋局如何，古今人才术志量如何"。这类谈论自然引人入胜。钱氏说当归庄纵谈之际，"余隐几侧耳，若凭轼巢车以观战斗，不觉欣然移日"(《牧斋有学集》卷一九，页821)。其时北方名士阎尔梅任侠、好谈兵；南方名士方以智，也曾聚米画灰，筹划军事。这类记述的兴趣所在，更是谈兵者的情态，其时士人的精神意气，至于其人所筹大计，所画方略，就只能悬揣了。

对于未尝亲历战阵的文士，其谈兵的主要资源，不外兵书与史书。古代中国，史学与兵学固有亲缘关系。《日知录》

---

① 钱氏《元日杂题长句八首》之三有"投笔儒生腾羽檄"句，钱氏自注："无锡顾杲秀才传号忠檄。"亦可自注其《投笔集》。

卷二六"史记通鉴兵事"条："太史公胸中，固有一天下大势，非后代书生之所能几也。""司马温公《通鉴》，承左氏而作，其中所载兵法甚详。"(《日知录集释》，中州古籍出版社，1990)由本文所论的这一时期看，史书确也是士人兵学知识的一部分来源。吴应箕即以左氏为"言兵之祖"(参看其《古方略序》，《楼山堂集》卷一四，《贵池二妙集》，贵池先哲遗书，1920年刊本)。借诸史书而做古代著名战例的分析，亦书生谈兵的通常方式。曾在孙承宗幕下的茅元仪，撰有《廿一史战略考》。魏禧则自说，"生平好读左氏，于其兵事稍有窥得失，曾著《春秋战论》十篇，为天下士所赏识"(《答曾君有书》，《魏叔子文集》卷五，《宁都三魏文集》，道光二十五年谢庭绶重刊)。黎遂球也说，其军事知识得之于左氏《春秋》，说自己"取左氏诸兵事，别为端委，手自写记，时以己意附于其末"(《春秋兵法序》，《莲须阁集》卷六，《乾坤正气集》)。王德森《昆山明贤画像传赞》说归庄"纵览六艺百家之书，尤精《司马兵法》"(《归庄集》，页577)。对此钱谦益的说法是，"按古方以疗新病，虽有危证，恶疾可得而除也"，以为"古方具在，医国之手非乏也"(《向言下》，《牧斋初学集》卷二四，页780、781)。其本人即以"医国手"自居无疑。他一再论及"用荆、襄以制中原""用荆、襄以固东南"(同书)，与顾炎武所见不殊(参看顾氏《形势论》)。此种共识，确也由史例即"古方"来。

正如学"为政"通常以名臣传状、言论为实用教本，戚继光也径以名将传为学兵之资。他说："予尝教人专看'将鉴'与

'将传'，不可偏看《七书》兵法。"认为"《七书》如医之《素问》等类"，而"活将传"乃"对证之实方"（《止止堂集·愚愚稿》，光绪十四年山东书局重刊本）。以载诸史册的战例为题，分析"兵机利害"、前人用兵得失，亦通常文人的兵事之谈借以展开的方式。在近代的军事学兴起之前，有关战事的叙述，以至著名将领的传状文字，承担了军事教育的功能。兵学与史学未尝分，于此也可得一证。

与兵学、兵事有关的撰著一向多出自文士之手。有明一代虽名将如戚继光有所著述，存世及存目的兵书，仍多为文士纂辑撰著。明初刘基即颇从事于与兵学有关的著述，以及古代兵法的纂辑。有明一代名臣如于谦、王阳明、张居正等，均有兵学著作。清四库馆臣由明人讳言范涞所著《海防书》，推测道："盖自宋以来，儒者例以性命为精言，以事功为霸术，至于兵事，尤所恶言。殆作志者恐妨涞醇儒之名，故讳此书欤?"（《四库全书总目提要·史部地理类存目》），范涞撰《两浙海防类考续编十卷》）这种推测似难得到证实。有明一代非但被认为非正统的思想家、学者如吕坤、李贽等，有与兵学有关的撰著(吕坤撰有《守城秘要》，李贽有《孙子参同》)，且著名文人也热心于此项事业，如王世贞评注《孙子》，归有光则有对于多种兵书(包括《吴子》《尉缭子》《孙武子》《司马子》《子牙子》等)的辑评。他们还往往对当前的军事问题发言(如归有光撰有《御倭议》《备倭事略》等，参看《震川先生集》)。至于徐孚远、陈子龙等人辑《皇明经世文编》，所采录的明清之际士人文集中的谈兵之作，尤堪作为反证。

这里所谓"文士"，与"武人"相对待，几乎是"士大夫"的别称，包括了依"学"划分的"儒者""学人""文人"。前于明代，以儒林中人物而好谈兵，多少会被作为其人"非主流"之一证。陈亮自说"独好伯王大略，兵机利害"[《酌古论·酌古论序》，《陈亮集（增订本）》卷五，页50，中华书局，1987]。徐光启对陈亮的谈兵夷然不屑，理由却是陈氏实不知兵。他不客气地说，"永嘉粗心盛气，其最自憙者兵，然实其言曾不堪为赵括作灶下养"（《刻紫阳朱子全集序》，《徐光启集》卷三，页96）。事实是，生当宋、明，即"粹儒"也不能拒绝兵学以至"军事技艺"的吸引。丁元荐《西山日记》卷下《文学》："陆九渊闻靖康之难，辄剪爪习弓矢，曰：'终日驰射，不失本领。'张子厚少年谈兵，一变至道。二先生始不为腐儒。"①弘、正间何孟春说过："儒者不言兵，儒者不可以不知兵也。"（《上大司马相公书》，《明经世文编》卷一二六）嘉靖间名儒薛应旂撰《御寇论》，自序曰："薛子既谢浙江学政，待次家居，值海寇陆梁，直抵苏、松，以及于无锡，所在伤残，不胜惨酷。奔播中，为著《御寇论》八篇……"（同书，卷二八八。按薛应旂尚撰有《孙子说》）亦所谓"不容已"。《明史》卷二〇六记其时的唐枢，曰："枢少学于湛若水，深造实践。又留心经世略，九边及越、蜀、滇、黔险阻阨塞，无不亲历、蹑屐茹

---

① 《西山日记》，康熙己巳先醒斋刊本。

草，至老不衰。"唐氏是活跃的讲学家，其上述举动，宜于视作实践的儒者应有的态度。明亡之际，后世以"粹儒"目之的陆世仪、张履祥等，也参与了兵事之谈。陈瑚自记其与陆世仪，"时天下已多故矣。两人知其不久将乱，又见天下人才落落，颇自负，欲为盖世奇男子而后快，凡横槊舞剑，弯弓弄刀，战斗之具，两人无不习也，而君尤好言阵法"（《尊道先生陆君行状》，《桴亭先生遗书》，光绪乙亥刻本。按："君"指陆氏）。陆氏《桑梓五防》曰："庚辰春正月，积雪经旬，晏坐书室，读陆宣公文集。耳中所闻时事，殊多骇听者，不胜忧危。乃效宣公文体，私作《五防》……"［《棣香斋丛书》。按：庚辰为崇祯十三年（1640），"五防"即"防州""防城""防乡""防变""防饥"］他自说曾欲辑兵书为三卷，曰道、曰法、曰术（"术则智术"），以此为体用兼备（《思辨录辑要》卷一七，正谊堂全书）。①《二曲集》卷四五《历年纪略》顺治十三年（1656）："先生目击流寇劫掠之惨，是年究心兵法。"［光绪三年（1877）信述堂刊本］至于王夫之作于永历朝的《黄书》，对兵事颇有主张，指画部署，具体到了划分战区、分派物资。即使不能见诸施行，也显示了足够的舆地知识，以及全局在胸、力图为战略设计的大气概。

---

① 儒者出于民生关怀，不能不为"桑梓"谋。同文即曰："室庐坟墓不及谋，而父母妻子不及顾，安得晏然谈天下事乎?"陆氏的《支更说》亦关地方保安。其《思辨录》屡记其为张采策划军事，计甚详密，其他尚辑有《城守全书》，撰《八阵发明》等。《杨园先生全集》卷一五载张履祥明亡前夕上地方当局书，谈防卫事宜。

151

其时士人关于兵事的谈论，专门著述之外，运用了章奏、策论、史论、书札以及其他文体，见诸文集，已不胜搜采。明末科试，策问有以兵事为问者。策问谈兵，可知兵事之为急务；问计于书生，则可证以书生为知兵。凡此，都使得"兵"之为话题，"谈兵"这一行为普遍化、日常化了。文士因与军事有关的任命而谈兵，因处幕中而谈兵，因朝廷征求策议而谈兵，缘朝廷建言而谈兵——既有诸多机会，确也有经验、有关的事务可资谈论。随处可见的兵事之谈，不但证实了兵事对于士人日常生活的渗透，军事问题在士人思考中所占据的分量，也令人具体可感明末军事情势、社会氛围的紧张性。由后世看去，散见于有明一代士人文集中的有关兵学、兵事的议论，对于了解其时有关的知识水平与其人的见识，较之专门的著述，价值未见得不若。由唐顺之文集中与边务、兵事有关的奏疏、条陈以至书札，可知其对于具体军事事务的区处。收入归有光文集中的其人所拟武科策问六道，涉及兵谋兵略、兵书、"前史"之战例，则可证归氏的有关知识与见解。钱澄之的《粤论》及部分疏、书(参看《藏山阁文存》，龙潭室丛书)，谈具体的军事部署，令人可以想见其人计虑之缜密周严。收入吴梅村文集的策问，亦见出对政情、军情的谙悉(参看《吴梅村全集》卷五六《崇祯九年湖广乡试程录》，上海古籍出版社，1990)。凡此，非唯可资考其时的军事情势，也为了解士人军事参与的程度，提供了重要依据。

书生何尝只知书！明末名士如吴应箕，谈兵即有特识，不可以狂生目之。唯其为"名士"，故思路少羁束，能于时论众议外，独具只眼，别出心裁，而论说及文字能力又足以副之。收入《楼山堂集》的《拟进策》《时务策》《兵事策》等，论兵即颇有警策，我在下文中将一再谈到。文人谈兵从不乏卓见。使此种"谈"归于无用的，毋宁说是文人所处位置，与其时的政治、军事情势。至于到了谈亦亡不谈亦亡的时候，仍不已于谈，也如其时举义者的知不可而为，因了上文提到过的"不容已"吧。

明中叶以后，士人所从事的与兵学、兵事有关的纂辑，规模可观。嘉、隆之际，唐顺之即曾辑有《武编》。明亡前后，则有陈子龙辑《骊珠五经大全》、金堡辑《韬略奇书》。关于唐顺之的《武编》，四库馆臣以为其体例略如宋曾公亮等人的《武经总要》，然唐氏亲历战阵，"捍御得宜，著有成效。究非房琯刘秩迂谬偾辕者可比。是编虽纸上之谈，亦多由阅历而得，固非可概以书生之见目之"，与曾公亮等"但襄赞太平，未娴将略"，亦自有别（《四库全书总目提要·子部兵家类》）——在清人看来，有无直接的军事经历，已值得作为衡度其人谈兵资格的标准。但这一尺度也未见得可靠。茅元仪辑《武备志》二百四十卷，黄宗羲曰其"非作手"，说该书出范景文之指授，"猥杂不足观"（《思旧录·范景文》，《黄宗羲全集》第1

册，页342，浙江古籍出版社，1985）。① 也如明末朝廷的仓促应敌，明末士人的有关纂辑，或也因应付过于紧迫的需求而无暇拣择。兴起于此一时期的舆地之学，也以易代之际的军事对抗为直接动力。此学的代表性人物顾祖禹、梁份，均与三藩之变有关；梁份还曾亲历西北边塞。至于遗民如魏禧、王馀佑等人谈兵于易代之后，难免会令后世之人如我者遭遇解释的困难。我们在这里不过遇到了"易代"这特殊时世诸种矛盾现象之一种罢了。当此际遗民的谈兵或更出于惯性，目标及动机业已模糊，多少成为对象不明的"谈"。

在渊源古老的文武对立中，文人理应距"武"最远，而有明一代文人的谈兵、入幕几成时尚，且为人所艳称。到了明末，更热衷于聚米画灰，抵掌谈阨塞夷险。绝塞荒徼，胡笳画角，横槊赋诗，倚马草檄，对于文人，一向有其吸引力；好纵谈天下事，好为大言，好谈兵，好谈经济，好指画方略、说"大计"，也原属文人习癖。兵之为事何事也！而文人正要借此非常之事为激情发抒。归庄诗曰："文士独好武，常怀投笔志"（《卧病》，《归庄集》卷一，页58）；曰"愿提一剑荡中原，再造皇明如后汉"（《夏日陈秀才池馆读书》同卷，页56）其时自负"知兵"的文人中，确也有人渴望于金戈倥偬、羽书

---

① 但茅元仪的《武备志》与王鸣鹤的《登坛必究》，却被《剑桥中国明代史》有关章节的撰写者认为"杰出作品"（中译本，页822，中国社会科学出版社，1992）。关于茅氏的《武备志》，该书认为"是一部关于军事战略战术、装备与战争手段、军事组织与边防的百科全书"，"最好地体现了晚明时期军事科学知识的状况"（同书）。

旁午之际，更真切地体验生命力量。钱谦益《书寇徐记事后》："子暇为举子时，莳花艺药，焚香扫地，居则左琴右书，行则左弦右壶。一旦为广文于徐，当兵荒洊臻，寇盗盘牙之日，挟弓刃，衣袴褶，授兵登陴，厉气巡城，日不饱菽麦，夜不御管簟。世间奇伟男子，磊落变化，何所不有。"（《牧斋初学集》卷八四，页 1776）生当乱世，这份洒落正被视为名士风流。关于方以智人生经历之丰富与形象的多变，我已在《明清之际士大夫研究·余论之一》谈到。

军旅生涯的甘苦，自非徒事空谈的文人所能想见，即如孙传庭所述，真真是艰难万状（《移镇商雒派防汛地疏》，《白谷集》卷一，《乾坤正气集》）。但这"生涯"也不止有风雨、矢石。鹿善继自说从孙承宗于边关，"殊不觉疲，盖与诸将吏同在鼓舞中，而且马上行吟，不觉成帙"（《回徐恒山书》，《认真草》卷一四，畿辅丛书）。杨廷麟记卢象昇自述与部将塞外较射，"发百数十矢，跨生驹，泼剌而还"；"猎骑骄嘶，解鞍放牧之下，草色连天，云锦地列，殆绝塞壮观云"（《宫保大司马忠烈卢公事实俟传》，《卢忠肃公集》卷首，光绪三十四年重修版刊本）。名将由边地艰苦的军旅生涯中体验的诗意，是寻常文人无从感受的。

据说汉武帝欲教霍去病兵法，霍氏辞曰："顾方略何如耳。"（《汉书·霍去病传》）文人画灰借箸，自以为所长正在于此（方略）。黎遂球致书友人，说"今天下日多事矣，吾辈会当穷究《阴符》《六韬》，天下阨塞之势，星辰云物休咎之征，为国家杀贼"(《报刘生民书》,《莲须阁集》卷二)。他还对友人说,"今日之事,吾辈既无兵饷,则以谋画为功;既无事权,当以口舌为用"(《与友人论湖南屯兵书》,同书卷三)。黄宗羲《吴处士墓碣铭》刻绘吴氏,曰:"闾里之间,急难密谋,其计画无复之者,必从君得其要领,迟明,户外之屦已满,君已摄衣偕出矣。"(《黄宗羲全集》第10册,页395,浙江古籍出版社,1993)其时好谈兵略的,往往即此等人物,文章意气,自不同于流辈。而谈兵固因文人的"好奇",也应与军事知识、技能的吸引力有关。由文人记述军事家、著名武将的文字,即不难感知记述者兴趣所在。钱谦益对其座师孙承宗的军事才具不胜倾倒。在这种时候,文人所使用的,是评价人的"能力"(非止"功业")尺度。他们显然乐于欣赏"谋略"的军事运用之为"艺术"。

"上兵伐谋"。《韩非子·难一》:"战阵之间,不厌诈伪。"明人夏良胜也说:"兵,诡道也,正胜之战,不闻久矣。"(《论用兵十二便宜状》,《明经世文编》卷一五四)而"权谋"则为儒者(尤其所谓"粹儒")所讳言。通达如叶适,虽曾与于兵事,却对孙子以兵为"诡道",大不以为然(《习学记言序目》,页676,中华书局,1977),还说:"《六韬》阴谲狭陋。"(同

156

书，页 683)①元代，汉人不得知兵机、兵数。到明代，兵事、兵法仍有道德意义上的敏感性。唐顺之说正、嘉间名将沈希仪"与人交，重然诺，肠胃如直绳，一视可尽。至于临敌应机，腹里谿谷，飞钳网络，神鬼不能测。或诮公谲，公曰：'吾谲贼耳，非谲人也。'知公者以为然"（《都督沈紫江生墓碑记》，《唐荆川文集》卷一○，江南书局据明嘉靖本重刊），即用之于军事的"谲"，依然要面对"正当"与否的质疑。无怪乎其时的名将戚继光反复申说"兵者诡道"非即"诡诈于心"（参看《止止堂集·愚愚稿上》）。王慎中曾说到有关军事的"奏报章疏"格于体例以及"吏议"，而不能如实反映战场情况；"且夫用间出饵，合于古之所谓'奇'者，妙用长策，正在于此，而最为吏议之所抵牾，又焉得形容其仿佛耶?"（《胡公平寇奏议序》，《明经世文编》卷二六四）王守仁因用兵饶谋略（如其平仲容而用诈），为人诟病。②陈子龙比较文人、儒者，说："今国家所以教儒生者，不特未尝令其习兵，且与兵事大相反。兵事尚奇而儒者尚平，兵事尚诡而儒者尚正，兵事尚杂学而儒者一切禁止。"（《储将才》，《陈忠裕全集》卷二三，嘉庆八年刊本）对此种现象，清四库馆臣评论道："兵家者流大

---

① 叶适说："非诈不为兵，盖自孙武始。甚矣人心之不仁也，非武之书不好焉。"他以为"古之于兵也，止言其法"，"至于孙武，始弃法而言智"（《叶适集·水心别集》卷四《兵权上》，页 679，中华书局，1983）——由"心术"（"不仁之心"）的一面分析兵法的道德意义的是儒者面目。李梦阳亦指孙武、司马穰苴为"变诈之兵"而不屑道（《与徐氏论文书》，《明代文论选》，页 108）。

② 张履祥就说："阳明用兵多以诈谋取胜，儒者不为也。校之陆宣公，气象自别。"（《杨园先生全集》卷二八《愿学记三》，道光庚子刊本）

抵以权谋相尚，儒家者流又往往持论迂阔，讳言军旅，盖两失之。"(《四库全书总目提要·子部兵家类》《太白阴经八卷》)到明亡之际，虽儒家之徒已不以谈兵为讳，但与文人所谈仍有不同。文人好谈谋略，儒者则更关心军事制度及地方守御。黄宗羲号称大儒而有文人习气，他批评儒生道："自儒生久不为将，其视用兵也，一以为尚力之事，当属之豪健之流；一以为阴谋之事，当属之倾危之士。"(《明夷待访录·兵制三》，《黄宗羲全集》第 1 册，页 35)尤具有禁忌性的，即"阴谋之事"；而文人的喜谈兵，正因乐于用智，且不以"阴谋"为讳。[①]

弘治朝曾任兵部尚书的马文升，其《为刊印武书以作养将材事疏》，有"我朝机密兵书有禁，人不敢习，所以将材甚为难得"(《明经世文编》卷六三)云云。该疏吁请刊印宋曾公亮等所编《武经总要》，曰此书"不系机密兵书，在律条亦所不禁，各处不敢擅自镂板，所以武职官员多未得见"——有明一代兵器之禁虽未见明证，由此兵书之禁，亦可知有关的防范较宋为严密。我由此推测明代文人的谈兵，快感或也在借此题目——也即凭借了"阴谋"在军事活动中的正当性——公然地谈论禁忌性话题。传统兵学为有关"阴谋"的言说提供了道德上的安全屏障。

---

① 儒者也非一律。李颙就以为学者苟有志于当世，对于兵机宜"深讨细究"(《体用全学》)。颜元以耻"诡道""陷阱之术"为"圣门之腐儒""天下之罪人"(《颜习斋先生言行录》卷下《不为第十八》，《颜元集》，页 689，中华书局，1987)，于此却仍不忘条件的设定，令人可感其言及"术"的谨慎态度。

"阴谋"在"兵谋"的意义上的运用起始甚早(参看《国语·越》下)。《隋书·经籍志》著录《太公阴谋》六卷、《太公阴谋解》三卷、《黄石公阴谋行军秘法》一卷;《旧唐书·经籍志》著录《太公阴谋三十六用》一卷。周书《阴符》《六韬》《风后握奇经》等,均不妨读作军事阴谋教科书(按《四库全书》以《握奇经》《六韬》为伪书)。归有光曾说兵书"大抵不出权谋、形势、阴阳、技巧四种而已"(《策问二十三道》,《震川先生集》别集卷三,页801,上海古籍出版社,1981)。他还说到陈平"从高祖在兵间,不惮为诈,卒以此成功,可谓应变合权矣"(《河南策问对二道》,同书别集卷二下,页783),以为非如此不足以"成天下之事"。吕坤说:"治道尚阳,兵道尚阴。"(《呻吟语》卷五《治道》,《吕新吾先生遗集》,吕慎高重刊)曾从事兵事的鹿善继,一再说"兵,阴道也,从前失著在以阳用之"(《答张蓬元书》,《认真草》卷一三);"兵,阴象也,以阳用之则败"(同卷《答阎浮檀书》)。徐光启亦曰:"兵书所称,将帅所贵,不过权谋、阴阳、形势、技巧。"(《拟上安边御房疏》,《徐光启集》卷一,页6)"兵不厌诈"(亦作"兵不厌权",语见《后汉书》五八《虞诩传》)。"诡""诈"均关心术;"诡"即有违于"正"。而文人借"兵"之为话题,确也在某种意义上辩护了"权谋"的正当性。

有明一代被许为"知兵"的文士,为人所艳称的,正是其计谋。刘基已被诸种传说塑造为传奇型人物。杨荣一再以大臣参与军事,运筹帷幄,史称其人"历事四朝,谋而能断"

（《明史》卷一四八本传）。著名文人徐渭则"好奇计"，胡宗宪"擒徐海，诱王直，皆预其谋"（同书卷二八八《徐渭传》）。王宗沐撰《茅鹿门先生文集序》，说茅坤"王伯甲兵之略，撑腹流口，听之令人座上须眉开张，欲起周旋"（转引自张梦新《茅坤研究》，页153，中华书局，2001）。好奇谋奇计，合于文人"好奇"的癖性。豪杰之士以兵事为逞勇斗狠的舞台，文人则以与于谋划为智力愉悦。较之战场胜负，他们甚至可能更有兴趣验证自己预测的准确性。《明史》记唐时升，曰其人"值塞上用兵，逆断其情形虚实，将帅胜负，无一爽者"（卷二八八）——其满足自然在"事功"之外。我在下文还将谈到，"谋臣""策士"一类传统角色，正凭借了明代的特殊条件而重新活跃。

文士、文人也由"谋略"的一面，肯定了自己在军事行动中的重要性。世宗朝刘龙曰："夫兵之为道，有战之者，有所以战之者。战之者，武臣之技；所以战者，非儒臣弗能也。……兵，武事也，而参之儒臣，庸非以膏粱将种，不皆卫、霍之流，而科第儒生，亦有韩、范之辈乎？况夫折冲樽俎，制胜两楹，顾方略何如，殊不在驰马试剑，角一旦之命也。"（《送高宪副文明兵备固原序》，《明经世文编》卷一四二）文士的不幸在于，谋略得以实施，从来赖有苛刻的条件，即身任戎务者，也不免受制于条件而难得展布。《明史·兵志三》曰嘉靖朝巡抚都御史陈讲筹边事，"规画虽密，然兵将率怯弱，其健者仅能自守而已"（卷九一）。如此情势，不能不令以韬钤自负的文人徒唤奈何。由《皇明经世文编》、明人文集看，越近末世危局，士人谈兵越有精彩，而其成效也越不可期——军事形势已非士夫的智慧所能扭转，此种智慧只能借诸"言论"而肯定自身并供后世鉴赏。黄宗羲《思旧录》记韩上桂（孟郁），曰其人"好谈兵略，郁郁无所试而卒"（《黄宗羲全集》第1册，页353）。而据《明史·选举志》，崇祯"十四年谕各部臣特开奇谋异勇科。诏下，无应者"。

然而有豪杰气的文士、文人仍不以指画方略、快意一谈为满足，他们不惜履险蹈危，奔走兵间，冀以临戎决胜、斩将搴旗完成豪杰人格。徐渭自说"生平颇阅兵法"，"尝身匿兵中，环舟贼垒，度地形为方略，设以身处其地，而默试其经营，笔之于书者亦且数篇"（《拟上督府书》，《徐渭集》，页465—466，中华书局，1983）。唐顺之"躬自擐甲阵中"，甚至为激励将士而身先士卒，"自往死斗"（《行总督军门胡手本》，《唐荆川文集》外集卷三）——确非徒作空言者可比。《明史》茅坤传，记坤曾连破"瑶贼"十七砦（卷二八七）。任环传："倭患起，长吏不娴兵革。环性慷慨，独以身任之。"（同书卷二〇五）归有光《海上纪事》，有"文武衣冠盛府中，轻身杀贼有任公"，及"任公血战一生余"等句。任环本人诗中也曰"剑横沧海夜谈兵"，意气豪迈。归有光本人也曾参与昆山城守。其《昆山县倭寇始末书》曰："愚忝与守城，与贼来去之日相终始。"（《震川先生集》卷八，页185）《上总制书》自说"亦尝冒风

161

雨，蒙矢石，躬同行伍者四十余昼夜"（同卷，页179）。①

在明亡之际普遍的军事动员中，顾炎武曾参与苏州抗清起义（《顾炎武新传》，《赵俪生史学论著自选集》，页332，山东大学出版社，1999）。黄宗羲于乙酉与两弟"纠合黄竹浦子弟数百人，步迎监国鲁王于蒿坝，驻军江上，人呼之曰'世忠营'"（参看《黄宗羲年谱》，页24，中华书局，1993）。② 北方儒者如孙奇逢、刁包，也曾参与守城。陆世仪自说于庚辰（崇祯十三年）为钱肃乐、张采策划太仓城守，甚详密（《思辨录辑要》卷一七。按：前此陆氏辑有《城守全书》）。后来被顾炎武许为"萧然物外，自得天机"的傅山，亦曾赴督师李建泰聘。据陈子龙所见，方以智也跃跃欲试。《陈忠裕全集》卷二五《方密之流寓草序》，记"方子尊人大中丞方握全楚之师镇荆鄂，受命之日，散家财、募精卒，即日之镇。而方子亦左櫜鞬、右铅管，结七八少年以从"。李雯序方以智《流寓草》，也说"其家大人以文武方略，拥全楚之节，控制上游。密之常将苍头异军，从至幕府"（《方子流寓草》，明末刻本，《四库禁毁书丛刊·集部》）。当其时急欲请缨的，不乏其人。杜濬《六十自序》曰："中年值用武之世，亦思提十万师，横行其间，运筹

---

① 归氏"御倭"主张，尚见诸书札。因亲与其事，自有根据，非泛泛之谈可比。如《论御倭书》（代）、《上总制书》（均载《震川先生集》卷八）。然钱谦益所撰归氏小传（《列朝诗集小传》）、王锡爵所撰归氏墓志铭，均未及归氏参与城守事。

② 黄氏自说当孙嘉绩建义，他曾以"世忠营"佐孙；"乃余西渡，公（即孙氏）以'火攻营'见授，差可一战"（《思旧录·孙嘉绩》，《黄宗羲全集》第1册，页386）。但由文字看，黄氏似不曾真的用兵。

决策，战必胜、攻必克，使麟阁图吾形，而勋业照耀于史牒，良足愉快，称奇男子……"（《变雅堂遗集》文集卷五，光绪二十年黄冈沈氏刊本）钱谦益记沈演晚年里居，犹"画江南守御事"，且"辟馆舍，庀薪水，招延四方奇士"，"冀得一二人以效一臂于国家"（《南京刑部尚书沈公神道碑铭》，《牧斋初学集》卷六五，页1517）。所谓"士气"可用，所根据的，即应是此种事例。《明史》曰："明季士大夫，问钱谷不知，问甲兵不知"（卷二五二赞文）。仅由上述材料也可证此类说法病在笼统。下文还将谈到，书生、文士确有知兵者。明代士人固然有人终日谈心性，也有既谈心性而又谙练兵机者。即"明季士大夫"，又何可一概而论！

考察文士、文人的军事参与，不妨认为，明中叶以降逐渐完善的幕府制，为实现此种参与提供了更大的可能。嘉、隆之际王烨献御虏议，其中谈到有无开"古幕府"的可能性："拟议贵精，咨访贵广。以礼敦辟名臣俊士，足为主帅之师友，以赞军机，如古幕府之开，可乎？"（《陈肤见以赞修攘疏》，《明经世文编》卷二六三）明亡前后，胡宗宪幕府人才之盛，即为士人津津乐道。黄宗羲说："吾观胡之幕府，周云渊之《易》、历，何心隐之游侠，徐文长、沈嘉则之诗文，及宗信之游说，皆古振奇人也！旷世且不可得，岂场屋之功名所敢望哉？"（《蒋氏三世传》，《黄宗羲全集》第10册，页583。按：周云渊即周述学，沈嘉则即沈明臣，宗信即黄氏此篇所写之蒋洲）另在《周云渊先生传》中说，"总督胡宗宪征倭，私述学(按：即周云渊)于幕中，咨以秘计；述学亦不惮出入于狂涛毒矢之间，卒成海上之功"；同篇还说周氏"在南北兵间，多所擘画，其功归之主者，未尝引为己有"(同书，页547)。《明史·徐渭传》："督府势严重，将吏莫敢仰视。渭角巾布衣，长揖纵谈。幕中有急需，夜深开戟门以待。渭或醉不至，宗宪顾善之。"同在幕中的余寅、沈明臣"亦颇负崖岸，以侃直见礼"(卷二八八)。在此种场合，傲岸、跅弛不羁，亦一种文人特权。至于如胡宗宪一流人物对文士的优容中，也包含着轻蔑，则是另一回事。

此一时期以饱学之士而谈兵入幕参与军事的，非止周述学，陈第亦一例。其人亦如周氏，亲历沙场，出入战阵，更身任游击将军，非徒骋舌辩者可比(参看容肇祖《明代思想史》，页270，齐鲁书社，1992)。嘉、隆号称盛世，明末士人对其时人物不胜神往。徐光启就曾慨叹道："然则今者果有握边算、佐庙筹，如鹿门先生之于胡公者乎?"(《阳明先生批武经序》，《徐光启集》卷二，页65。按：鹿门，茅坤；胡公，胡宗宪)①徐光启本人也得力于幕下士。他自说当从事练兵时，"一时幕下才技之士，颇为济济"(《疏辩》，同书卷四，页

① 《明史·胡宗宪传》曰胡氏"性善宾客，招致东南士大夫预谋议，名用是起。至技杂流，豢养皆有恩，能得其力"(卷二〇五)。唐顺之在《郑君元化正典序》中刻画其时游戎幕者的神采："会稽郑君少喜谈兵，读韬钤诸书，尤工于风角鸟占。尝北抵宣、大，东历辽、蓟，掀髯谒诸边帅，谈笑油幕间。每虏骑骤飞，发一语策胜败，屡屡奇中。以是撼贵珰老将，而出其囊中之金……"(《唐荆川文集》卷六)运筹帷幄且收入不菲，无疑合于文人名士的胃口。

164

213）。同一时期如孙承宗幕下，亦有鹿善继、茅元仪等人。①
鹿氏对茅元仪不胜倾倒，其《答茅止生书》曰："足下天下才
也，胸中兵甲，笔底风云，即一刀札无不顿挫跌宕，令人心
折，复令人魂摇"；还说："天生才必有用，才如足下，而肘
不悬斗大印，无是理"（《认真草》卷一四）。茅氏的魅力可知。
钱谦益挽茅元仪，有"田宅凋残皮骨尽，廿年来只为辽东"等
句（《茅止生挽词十首》之九，《牧斋初学集》卷一七，页
599）。② 以兵事受知于孙承宗者，另有周敏成其人。据归庄所
记，周氏以一文士啸傲武将间，"规划纵横，智略辐辏"（《周
参军家传》，《归庄集》卷七，页 416）。弘光朝，史可法开府
扬州，后来的著名遗民如阎尔梅（古古）、彭士望（躬菴）等，
都曾一度在其幕中。阎氏为明遗民中的传奇人物，有战国策
士、游侠之风，所谓"布衣之雄"。

　　画策兵间，售其智计，这种异乎寻常的生存方式无疑富
于刺激性。钱谦益曰卓去病"以文士喜论兵，述战守胜负之

---

① 孙承宗曾指摘"以武略备边，而日增置文官于幕"（参看《明史》本传）；他本人幕下，
却文武辐辏。据《明史》鹿善继传，孙承宗督师，表鹿氏为赞画（时鹿为兵部职方主
事）；其他如茅元仪等，则为鹿氏本人罗致，非朝廷"增置"。鹿氏从孙承宗于边关，
在书札中说："相公一日在师中，弟即一日在幕中"；自说义无反顾，"情愿在行间
为共忧共患之人"（《复张见立书》，《认真草》卷一三。按：相公即孙承宗）。

② 钱氏《列朝诗集小传》记茅元仪，说"其大志之所存者，则在乎筹进取，论匡复，画
地聚米，决策制胜。集中连篇累牍，洒江倾海，皆是物也"（丁集下，页 592，上海
古籍出版社，1983）。据《明史》孙承宗传，崇祯初年，兵部尚书王在晋曾极论马世
龙及茅元仪"荧惑枢辅坏关事"。鹿善继也曾说到王岾云"修怨高阳，而借马、茅为
题"（《与袁自如书》，《认真草》卷一六。按：高阳，孙承宗）。

要，似尹师鲁"，其人也因此而为卢象昇所重。据说卢"朝见属吏罢，辄开后堂延去病上坐，磬折谢不敏，隔坐请事，议上时漏下二鼓，卢公炳烛传签，质明而事定"（《卓去病先生墓志铭》，《牧斋有学集》卷三二，页 1152。时卓去病任大同推官，卢为督府）。出诸钱氏之笔，或不免夸张，但其时用兵者对谋略之士的重视，应不远于事实。不消说，参与军事的文人并无意于放弃其为"文人"，更无论自居武夫。文人从事戎务，正因他们那一种特殊身份方能成佳话、美谈。毋宁说文士、武夫间的距离正因此而显现出来，何况所谓"戎幕"的幕主往往正是文臣。

具有讽刺意味的是，清初平三藩之乱，颇有汉族文士在武人幕中。据尚小明《学人游幕与清代学术》，"清初学人参赞戎幕，主要是在平定'三藩'之乱期间"（页 20，社会科学文献出版社，1999）。大可作为明清易代之际世相驳杂之一例。有趣的是，其时士人分别参与了双方军事——除如尚小明所说参加平叛外，尚有遗民对"叛乱"的参与［参阅赵俪生《清初明遗民奔走活动事迹考略》，《赵俪生史学论著自选集》；拙著《明清之际士大夫研究》下编《余论（之二）》]。这一话题已不宜在此展开。

明亡后的追论

到了大势已去，明末朝廷仓皇之际轻用谈兵的书生，被

166

追论不已。熊文灿因酒后狂言而得委任(参看《明史》卷二六〇本传)，或许是最富于戏剧性的一例。不知兵而膺军事重任的，熊文灿外，另如杨嗣昌之父杨鹤，以及李景隆辈。

王夫之说，"兵不可以言言者也"(《读通鉴论》卷一四，页523，《船山全书》第10册，岳麓书社，1988)。如下对谈兵者的刻画，无疑依据了直接的政治经验。他说其人"大言炎炎，危言恻恻，足以动人主之听"，"猜暗之君"倚以商略兵事，"猜防"帅臣，"于是有甫离帖括，乍读孙、吴者，即以其章句声韵之小慧，为尊俎折冲之奇谋"，"以其雕虫之才、炙毂之口，言之而成章，推之而成理，乃以诮元戎宿将之怯而寡谋也，竞起攘袂而争之"，至军覆国危，非但不任其责，且"功罪不及，悠然事外"；王夫之指其人为"以人国为嬉者"，且分析了使之能成其"嬉"的政治条件(同书卷二四，页923)——自应有感于近事而云然。同卷还说到"白面书生"不及陆贽之百一，"乃敢以谈兵惑主听，勿诛焉足矣，而可令操三军之生死、宗社之存亡哉"(同书，页924)！

终宋之世，武功不竞。明末士人自以为所处之世类宋：谈兵的风气固然类宋，风气中的讽刺性竟也相类。叶适说："言之实者无奇，无奇则难听，故天下多奇言，而言兵为尤奇。"此"尤奇"指好谈兵谋，好孙武的诈术。因士之嗜谈兵而人主好奇言，故"奇言漫衍于天下，而天下反皆以奇为常，是以下未知兵而习为多杀人之术，上未用兵而先有轻杀人之心"(《叶适集·水心别集》卷四《进卷·兵权下》，页682，中华书

167

局，1983）。同文列举谈兵者的诸种说辞及情态，极尽讽刺。如曰："……或山林草泽之士，请来献见。或在外之臣，无以固结恩宠，走马面论，密疏入中。或因缘称荐，无以为名，必挟兵说以自重。且其开口论议，容止不动，声音伟然，问答纵横，不可穷诘……"与明末的情景何其相似！当然应当说，叶适此篇的期待读者是人主；他是以类似近臣的角度打量那些谈兵者的。

薛应旂《御寇论·固本》："往余在京师，会诸士人，论学之余，辄即论兵。凡山川虏势、士马城堡、将领粮饷、事机权变、纪纲法令之属，咸能建议，俱各成章，而天文舆地图说，亦若莫不究心矣。及庚戌之秋，虏众犯我都城，则相顾错愕，无能为驱逐之计……"（《明经世文编》卷二八八）其时京师士人所论之"兵"，不过纯粹"话题"。强调实战经验，于谦曾说"用兵之法，不测如阴阳，难知如鬼神，贵在临期应变，难以一定而求"（《建置五团营疏》，同书卷三三）。到了明亡前夕，卢象昇则说，"若夫兵家要略，运筹帷幄，终是迂谈；临阵决机，乃为实用。盖阃外师中，非身到、眼到、心到、口到不可"（《请饬秋防疏》，《卢忠肃公集》卷一〇，光绪三十四年重修版刊本），是身任其事者的体会。有隆武朝的经验，黄道周承认"不亲行伍，不知行伍之难也"（《与徐竹孙书》，《黄漳浦集》卷一六，道光戊子刻本）。陈确则断然道，"兵不可谈，谈兵者即不知兵"（《复来成夫书》，《陈确集》，页90）。

书生固有好谈兵者，却也另有对此持清醒的批评态度者，

168

见事之明，未必不在当局者之上。当其时吴应箕就说："时非开创，君非圣神，亦欲破格取人，登进不次，此立败之道。"（《时务策》，《楼山堂集》卷一一）还说："兵者，专家之学也，习之久而后精，有功效而后见。今文臣即自负管、葛，武臣即自谓韩、白之能，岂有不待更试，卒然拔之草野之中，而推毂于行伍之内乎?"（《拟进策》，同书卷九）前此，嘉、隆之际即有"储边才"之议。隆庆初，大学士高拱以为"兵者专门之学，非素习不可应卒。储养本兵，当自兵部司属始。宜慎选司属，多得智谋才力晓畅军旅者，久而任之，勿迁他曹。他日边方兵备督抚之选，皆于是取之"（《明史》卷二一三本传）。待到崇祯十五年李清的章疏重申此议（参看《明会要》卷三二，页538，中华书局，1998），已仓促无实施之可能。局外者的军事热情或也正由局中者的巽软怯懦所激成。《明史》陈新甲传，曰陈氏得以乙榜为尚书，乃因"兵事方亟，诸大臣避中枢"（《明史》卷二五七）。事实之复杂尚不止此。王猷定说崇祯末年，"朝议往往以朋党私隙，谋报复，阳为推毂，实借寇兵报仇。督抚一命，如驱羊就虎"（《许氏七义烈传》，《四照堂集》卷八，《豫章丛书》）。"推毂"、破格任用的背后，竟有可能埋伏了杀机!

但明末那种对号称"知兵"者的非常规选拔、随机任用，的确有效地刺激了士人的谈兵热情。对于久困于场屋，厌倦了帖括、呫哔的书生，这实在是难得再逢的机会。用人之际的这种随意性，自为偾军败事准备了条件。归有光曾以殷浩、房琯为例，批评"用违其才"。较之殷浩、房琯，明末的僧人申甫，无疑是更具有戏剧性的例子。① 但事后的追论也并非没有问题。熊开元为金声荐申甫而辩护，说当崇祯召见群臣令条上方略时，"举朝错愕莫敢出一言"；待申甫兵败，"从前错愕一言不出者，交言书生误国，章满公车"（《金忠节公传》，《金忠节公文集》）。

曾主持练兵的徐光启并不乏自知之明。其奏疏中说："臣自知自量，则身非可用，而言或可用。譬如医非卢、扁，所执者卢、扁之方耳。皇上若用臣之言，则使臣言之，而使能者为之足矣，何必臣自为之乎？……一经委任，才力不支，并生平讲求考究之微长而尽掩之矣。"（《仰承恩命量力知难疏》，天启元年，《徐光启集》卷四，页190—191）钱谦益即自负知兵，也有"多谢群公慎推举，莫令人笑李元平"等语（《牧斋初学集》卷二〇，页725。李元平事见《新唐书》关播传）。其时却一再演出李元平故事。《明史·陈士奇传》："士奇本文

---

① 僧申甫好谈兵，私制战车火器，为金声所荐，参与军事，兵败阵亡（参看《明史》卷二七七金声传、陈垣《明季滇黔佛教考》卷三，页157—158，中华书局，1962）。金声的荐刘与鸥、申甫，所据或也是其人的谈兵（参看金氏《据实奏报疏》，己巳，《金忠节公文集》卷二，道光丁亥嘉鱼官署刊本）。用兵而信妖术，亦一种末世景象。更有甚者，弘光朝柳敬亭入左良玉幕府、参机密，在黄宗羲看来，近于儿戏。黄氏《柳敬亭传》指摘吴梅村的柳氏传，将柳氏参宁南军事比之于鲁仲连之排难解纷，以之为"失轻重"，"倒却文章架子"（《黄宗羲全集》第10册，页573—574）。清王应奎《柳南续笔》卷一"服御类优"条："阮大铖巡师江上，衣素蟒，围碧玉，见者诧为梨园装束。某尚书家姬冠插雉羽，戎服骑入国门，如昭君出塞状，大兵大礼，而变为倡优排演场，苟非国之将亡，亦焉得有此举动哉？"（《柳南续笔》，页153，中华书局，1997）

人，再督学政，好与诸生谈兵，朝士以士奇知兵。及秉节钺，反以文墨为事，军政废弛。"(明史卷二六三。按：陈氏死于与张献忠的战事)以文士督师而致偾事的，可鄙可笑无过于李建泰(参看《明史》卷二五三《魏藻德传》)。凡此，事后看来，像是以兵事为儿戏，而在当时，确也有不得已者。

明末朝廷用人不当，本不应由士人的谈兵负责，而明亡之际的追究，却也及于此"谈"，可以归入其时涉及广泛的士文化反省之内。曾任隆武朝大臣的黄道周，就因不知兵而蒙讥。前此归有光曾慨叹道："宋世士大夫，愤于功之不竞，而喜论兵如此。熙宁间，徐禧、萧注、熊本、沈起之徒，用之而辄败。天子寻以为悔。元符、政和开边之议复起，驯致国亡。呜呼！兵岂易言哉?"(《跋何博士论后》，《震川先生集》卷五，页114)清四库馆臣大不满于归氏此跋，曰："有光不咎宋之溃乱由士大夫不知兵，而转咎去非之谈兵。明代通儒所见如是，明所由亦以弱亡欤?"(《四库全书总目提要·子部兵家类》宋何去非撰《何博士备论一卷》)上述议论由近人看来，均不免本末倒置。宋、明之亡固不由士大夫之不知兵，亦不由士人的谈兵。归氏不过夸大了文士在军事活动中的作用(包括谈兵的效用)罢了；在这一点上，四库馆臣的思路正与之相近。毋宁说此种夸大(其中包含不适当的自我期许)才是士人通病。倘若不以成败论，应当说，那些被事后嘲笑者，其言非尽不可用；仅由成败论，即不免如徐光启所说，"并生平讲求考究之微长而尽掩之"。

士夫才略不获展，即获展而终归于败亡，更像是宿命，并非止在危亡关头。上文所引钱谦益《谢象三五十寿序》接下来说，当年那班在其邸宅中剧谈的友人，虽"用兵事显"，而"久之则暴骨原野，填尸牢户者，项背相望"。无论成败，谈兵作为一种文化姿态，作为对抗、挑战的姿态，对于士人精神的"解放"意义，是无可怀疑的。且兵事是何等事！即使止于"谈"，也足以影响人生境界，使之浩荡感激，壮怀激烈。士人所寻求的，有时不过是此种意境，以便安顿身心罢了。

直至清初，流风未泯。王源《颜习斋先生传》记颜元："盖先生自幼学兵法，技击驰射，阴阳象纬，无不精，遇豪杰，无贵贱莫不深交之。"（《居业堂文集》卷四，道光辛卯刊本）王源本人何尝不如此！其《与王吏部书》曰："源鹿鹿无所短长，独喜谈兵，考形势，著有《舆图指掌》《兵法要略》，固皆书生闭户之言，然于孙武暨武侯八阵之法，窃妄诩管窥其一二。"（同书卷六）清初士人的任侠之风亦明世遗习，只不过目标渐失，士风终为世所转。

唐甄的好谈兵亦明人余习，其人议论纵横，有策士风。《潜书》下篇(下)《全学》："学者善独身。居平世，仁义足矣，而非全学也。全学犹鼎也，鼎有三足，学亦有之：仁一也，义一也，兵一也"（《潜学》，页173，中华书局，1963），与张履祥、颜元思路有合；而以"兵"与"仁""义"并列，张、颜似无此议论；以此界定"儒"，则明人所未道。"所贵乎儒者，伐暴而天下之暴除，诛乱而天下之乱定，养民而天下之民安。"

172

如此议论发出在大动荡之后，唯其时的历史氛围方能解释。

兵事乃男人所事，亦男人所以为男人——据颜元、王源等人的记述，这种渊源古老的思想，至此在北方遗民中犹有存留。颜元《公奠李隐君谥孝悫先生文》记李塨之父李明性，曰："至若始衰之年，犹率及门弯弓拈矢，习射不解，以瓮牖贫儒，鬵粮三石，妆饰莫邪；豪壮之气，震耀千古，岂宋、明诸儒所得般流者哉！"另在《祭李孝悫文》中说其人"五旬衰老，日习弓矢，壁悬宝剑，时复欲舞"。《哭涿州陈国镇先生》记其夜宿陈国镇家，陈氏"呼童进弓刃曰：'近严戒小辈。'遂关弓鸣弦，曾七旬老叟而雄壮若是乎！"（《习斋记余》卷七，以上分别见《颜元集》，页531、532、536）明亡之际，直接或间接地联系于其时制度复古、经学复兴的要求，有恢复士的原始功能的吁求。颜元反复申说复古学——"六艺"，强调尤在恢复"射""御"等军事技术的操练，将其作为其设计中的文化修复工程的重要部分。在这一种思路中，"射""御"之废被认为导致了书生式的孱弱，主张经由对"六艺"（亦"古学"）的修复，从事传统书生性格的改造，寻找、恢复失去了的男性力量。由后世看去，主张者不过以"拈矢弯弓"为象征性的补救——弓、矢在这里，更宜于视为"行动性""实践性"的象征。因此不便认定到颜元的时代，北方较南方为尚武。情况更可能是，颜元依其理想，按图索骥，找到了其所欲寻找的人物。此外应当注意的是，北方儒者、遗民以习武为一种特殊的表达，亦自言其志，在明亡之后，有语义的复杂性。这里有情感的宣泄，"恢复"意志的表达，自然还有见诸行动、形之于动作的儒学反思、士习批评。颜元、王源等人所着意渲染的，即孔子所谓"北方之强"。却也有敏感的士人，由兵心感到了戾气。吴伟业就说过，鼎革之际，"天下靡然，皆以阴谋秘策，长枪大刀，足以适于世达于用，而鄙先儒之言为迂阔"，在此风气下，"即使过阙里，登其堂，摩挲植柏，观俎豆与礼器，恐无足以感发其志思者"（《太仓州学记》，《吴梅村全集》卷六〇，页1220）。敏感到战争对于心性的影响，吴氏的忧虑无疑有极现实的根据，也证明了虑之深远的不唯儒家之徒。

有清一代，也仍有士人谈兵，仍有谈兵者的偾事，成为风气，却要等到中叶的危机之后。夏仁虎《旧京琐记》卷三《朝流》："清流最负盛名而喜谈兵略者，南为吴清卿，北则张幼樵也。幼樵论兵事如掌上螺纹。清卿自谓精枪法，有百发百中之技，试之良信。与习者，或谓其枪上置望远镜云。两公皆主用兵以张国威，清卿北辱于榆关，幼樵南败于闽峤，论者或谓用违其地矣。"更耐人寻味者，是："自吴、张好谈兵而致偾覆，于是清流乃出其看家之学，以相号召而消磨日月。其目约分为五：曰三传三礼，曰金石碑版，曰考据目录，曰小学舆地，曰词章楷法。厥后道羲诸人出，始复有志于兵事。"（同书，页49，北京古籍出版社，1986。按：吴清卿即吴大澂，张幼樵即张佩纶，道羲即文廷式）将后世所谓"清学"之兴，归因于"谈兵而致偾覆"，不失为有趣的见解。

谈兵制（之一）："寓兵于农"

前于本文所设时段，关于有明一代兵制，就时有批评。明清之际与兵制有关的批评，沿袭已有的思路，通常在两个方面展开：对文武分、兵民（亦作"农"）分的体制追究。而兵制论亦如田制论，通常也凭借了有关"三代"的制度论视野，以文献所提供的"三代"以前"兵民合""文武合"的图景，作为批评现行体制的根据。似乎是，只有凭借了这一视野，士人的有关议论才得以展开，并彼此构成对话关系，甚至近人亦未尽在此视野之外，与前人的有关对话也凭借了同一视野——至少令人可感有关"三代"的经典描述作为参照系隐然的制约。三代、井田论影响之深远，于此也可得一证。兵制与田制本相因依，论兵制于"三代论"的视野之内，即不可避免地涉及三代可复与否的整体判断。因此其时兵制复古的要求，往往与复井田的要求配套，论者的有关主张通常也有在此框架内的自身统一。①

"兵—民""文—武"之分被认为始自"三代"以后，两种"分"又被认为有相关性。孙奇逢就说过，"文武本无分也，分

---

① 古代中国兵制与田制的相关性作为基本事实，也构成了近人研究中国古代土地制度与军事制度的认识论根据。陈守实的《中国古代土地关系史稿》以"土地关系"为论题，对历代兵制多所讨论。即如他认为，"在北魏到隋唐这一时期中，兵制与田制是不能分开考察的"（页178，上海人民出版社，1984）。

之自兵民始。自兵与民分统，将与吏遂分治，属橐与载笔遂分业……"(《夏峰先生集》卷三《赠孔氏兄弟序》，畿辅丛书)以此"分"为制度病，当其时更像是士人的常谈。黄宗羲批评"兵民太分""文武分为两途"(《明夷待访录·兵制一》)，却不曾说到"合"缘何途径达致，亦有书生论政对"可操作性"的一贯漠视。陈子龙也曰："古今之事，一变而不可辄复，至于今不胜其弊者，莫若兵民之异名而文武之异官。"(《重将权》，《陈忠裕全集》卷二三)顾炎武直至乙酉，仍主张对兵制稍作更革，冀有万一之效；而其有关兵制的思路，不出"寓兵于农""兵农合一"的固有框架。清初论者对上述思路又有沿袭。颜元即说"元每叹夫兵、民分而中国弱，文、武分而圣学亡"(《朱子语类评》，《颜元集》页300)——几于众口一词。

兵民、文武，问题虽有内在的相关性，作为论域却非即重合。"兵—民"关系田制，"文—武"则系于权力机构内的功能分割，更与铨政、职官制度及近代所谓的"教育体制"有关——均渊源深远。对于有关论题，我只能在限定了的时段中讨论，当然也会做力所能及的上溯。

兵民分合作为话题已然古老，明人不过是在"接着说"。即如距明不远的宋，陈亮就以"兵农合一"为"天地之常经"(《策问·问兵农分合》，《陈亮集(增订本)》卷一四，页163)，说："古者兵民为一，后世兵民分矣，然汉、唐盛时，兵犹出于民也。"(《策问·问古者兵民为一后世兵民分》，同书卷一三，页154)以其本朝所实行的募兵制为弊政。叶适也提出过

176

"由募还农"的折中方案(参看《习学记言序目》卷三九)。其时钱文子《补汉兵志》、陈傅良《历代兵制》均涉及此话题。宋元之际,马端临的《文献通考》于文献考释中更多所发明,似乎已无剩义,然而由明至清,论者仍努努不已。这固然可以作为既有的思想材料制约人的思维的例子,也不妨想到,古老话题被不同时代的论者一再重提,必有它的缘由。《汉书·刑法志》:"因井田而制军赋。"只是部分地解释了田制、赋制、兵制的相关性。有关兵制与田制相因依的认识,勾画了明人论说的基本方向。在明代士人看来,田制、兵制之相关不止限于兵源、军饷等具体环节,更在兵民关系的铸造上。他们经由这一话题,不但表达了对"兵制"与其他制度(尤其田制)的内在关联的认知,而且其中的少数论者,还表现出对于制度的文化后果的敏感。

近人陈守实说,"均田、府兵、租庸调,基本上是相关的"(《中国古代土地关系史稿》,页210)。有明一代施行的卫所、民兵、屯田(尤其军屯)制,则为其时的"兵制—田制"论提供了切近的经验依据。李因笃说屯田与井田相表里,"井寓兵于农者也,屯寓农于兵者也"(《屯田》,《受祺堂文集》卷二,道光十年刊本)。近人李洵则认为,卫所制是"朱元璋'寓兵于农'主导思想的体现";"他的'寓兵于农'的'农',已不是'兵农合一'中的'农',而是一种军事屯田制下的'兵农'"(《论公元十五、十六世纪明代中国若干历史问题》,《下学集》,页12、13,中国社会科学出版社,1995)。毛佩奇、王莉《中国明代军事史》也以为明代卫所制是"另一种形式的寓兵于农"（《中国明代军事史》，页4，人民出版社，1994）。孟森对有明初制，极为称赞。关于卫所，甚至说"兵制之善，实无以复加"（《明清史讲义》，页40，中华书局，1981）。但法久弊生，嘉靖间魏焕即说，"国初屯田，每军一分；今之屯田，十无一存"（《经略总考》，《明经世文编》卷二五〇）。未到明末，屯政即已败坏，隐射、占役、冒粮，积弊无可救。对古制的理想化，出于解决实际问题（如军饷问题）的动机。有明一代军饷的来源，赋税之外，即赖屯、盐。因而直至明末卫所制衰败之后，出于军事需要，屯田仍在进行。天启初张慎言曾出督畿辅屯田（《明史·本传》）。赵率教在关外屯田，袁崇焕有"大兴屯田"之议，卢象昇则于宣、大"大兴屯政"，孙传庭亦于陕西开屯田（均见《明史·本传》）。到弘光朝，史可法犹遣官屯田开封（《明史·本传》）——更像是一种象征性的姿态。而屯田的必要性，仍然被由"寓兵于农"的一面来说明。孙传庭自说"恨不仿古人寓兵于农之意"（《恭报司务厅练兵并请关防马匹疏》，《白谷集》卷一）。他的着眼处，不过在开利源以足兵饷，将"寓兵于农"作为了应急措施（参看同卷《清屯第三疏》）。金铉也说："屯法修明，师从无粮从之忧；乡勇鼓纠，田畯皆鹰扬之选，则兵农差可合治，是周官伍两遗制也。"（《拟周礼策对》，《金忠洁集》卷四，畿辅丛书）

明代有所谓"军"与"兵"。与"民"分的，是"军"，而"兵"则可兵可民。吴晗曾谈到"军"和"兵"在明代，是"平行的两种

178

制度"，"军是一种特殊的制度，自有军籍"（《明代的军兵》，《读史札记》，页92，三联书店，1979），而"兵"系临时招募；"军""兵"对称并行。至于"民兵"，则属非常备的地方武装。被认为体现了"寓兵于农"的，是民兵。《明史·食货志》："太祖初，立民兵万户府，寓兵于农，其法最善。"①《明史·兵志》："太祖定江东，循元制，立管领民兵万户府。后从山西行都司言，听边民自备军械，团结防边。闽、浙苦倭，指挥方谦请籍民丁多者为军。寻以为患乡里，诏闽、浙互徙。时已用民兵，然非招募也。正统二年始募所在军余、民壮愿自效者，陕西得四千二百人。人给布二匹，月粮四斗。景泰初，遣使分募直隶、山东、山西、河南民壮，拨山西义勇守大同，而紫荆、倒马二关，亦用民兵防守，事平免归。""弘治七年立金民壮法。州、县七八百里以上，里金二人；五百里，三；三百里，四；百里以上，五。有司训练，遇警调发，给以行粮……"隆庆中张居正等关于民兵，有"登名尺籍，隶抚臣操练，岁无过三月，月无过三次，练毕即令归农，复其身"云云，尚合于"民兵"之设的初衷。"然自嘉靖后，山东、河南民兵戍蓟门者，率征银以充招募。"

实行屯田的卫所，与作为有明初政的民兵，均由"寓兵于农"的一面得到了肯定。嘉、隆间杨博曰："……祖宗民壮之设，最得古人寓兵于农之意。"（《覆整饬军务粮饷都御史翟鹏

---

① "民兵"亦称"民壮""弓兵""机兵""快手"等，不隶军籍，自备军械，战时应召，"事平"得"免归"。"土兵"则边郡之"民兵""民壮"。

议处民兵疏》,《明经世文编》卷二七四)正、嘉以降,应对其时的军事形势,更有"人人皆兵"的主张。王阳明曾推行保甲法,曰:"诚使此法一行,则不待调发而处处皆兵,不待屯聚而家家皆兵,不待蓄养而人人皆兵。"(《总制两广牌行左江道绥柔流贼》,同书卷一三二)嘉、隆之际东南"倭患",因官军、客兵骚扰剽掠,训练乡民、民壮之议起,"家自为兵,户可以战""家自为战,人自为防"云云,几乎成为其时之常谈(参看康太和《与巡抚王方湖公书》,同书卷二一三;孙陞《与李县尹书》,同书卷二三六)。茅坤亦有"家自为守,人自为战"云云(《与李汲泉中丞议海寇事宜书》,《茅坤集》,页223,浙江古籍出版社,1993)。海瑞也以"家自为守,人自为战"为"古法遗意"(《启殷石汀两广军门》,《海瑞集》,页438,中华书局,1962)。张居正以为兴边屯则"家自为战,人自为守,不求兵而兵足矣"(《答蓟镇总督王鉴川言边屯》,《张太岳集》卷二三,页280,上海古籍出版社,1984)。

明亡之际,金声为地方"筹画守御",以为与其用"内地之官与内地之兵","莫若即鼓励而用其众,即其村之能守御者而官之"(《与郡太守》,《金忠节公文集》卷四)。他主张"家自为守",说"将败敌歼贼,只知用兵而不知用民,则未有不困者也"(《黄石义防引》,同书卷八)——也因"兵"(应指所募之兵)确已不足恃;非但不足恃,且骚扰更甚于"贼"。钱谦益《南京刑部尚书沈公神道碑铭》,曰沈演以为"剿以经略,不若督抚;剿以督抚,不若郡县;剿以郡县,不若团结乡镇,人自为守"(《牧斋初学集》卷六五，页1517）。刘城《兵制论》说井田、封建"必不可复"，"兵农合一之制则不然"，"故不若即民而兵之。即民而兵之，是尽民而兵也；尽民而兵，则凡万家之邑、十室之聚，罔不有战士焉，兵可胜用乎?"（《峄桐集》卷五，《贵池二妙集》，贵池先哲遗书，1920年刊本）清初魏礼还说："愚谓可久行而无弊者，莫如团练乡兵自为战守。"（《代赣州弭盗》，《魏季子文集》卷一六，《宁都三魏文集》）李塨《拟太平策》关于"寓兵于农"的具体设计，也不出此。他说："天下处处皆粮则天下富，天下人人习兵则天下强。"（卷四，《颜李遗书》)[1]

　　倘若抽去上述背景，你会以顾炎武那种武装民众的主张为惊人之论。《日知录》卷九"边县"条引苏轼语，曰："今河朔西路，被边州军，自澶渊讲和以来，百姓自相团结，为弓箭社，不论家业高下，户出一人；又自相推择，家资武艺，众所服者，为社头、社副、录事，谓之头目；带弓而锄，佩剑而樵，出入山坂，饮食长技，与北敌同……"顾氏显然感慨于此种情景未能于明末再现。同条曰宋代弓箭社之法，"虽承平废

---

[1] 孔飞力认为，中国历史上的民兵思想，以《周礼》《孟子》《管子》等为其文献根据。"寓兵于农"（又作"寓兵于民"），其起源和含义原与孟子井田图景的"自卫村社"大有不同，后来却被注入了新的语义，即"厌恶大量常备军队；将民与兵的身份理想地结合起来"。他还认为，"寓兵于农"一语所具有的含糊性和广泛的联想性，使其在这一时期成为军事乌托邦思想的灵感来源。这类乌托邦构想，"当其在实践中变得越来越难以达到时，却越来越具有理论上的吸引力"（《中华帝国晚期的叛乱及其敌人——1796—1864年的军事化与社会结构》中译本，页31、32，中国社会科学出版社，1990）。

181

弛，而靖康之变，河北忠义，多出于此。有国家者，能于闲暇之时，而为此寓兵于农之计，可不至如崇祯之末，课责有司，以修练储备之纷纷矣"①。明亡前张履祥曾批评禁民挟弓矢，说"其弊必使盗贼公行，夷狄得志"(《愿学记三》，《杨园先生全集》卷二八，道光庚子刊本)。《日知录》卷一二"禁兵器"条，以及《日知录之余》卷二"禁兵器"条，也表达了类似的判断。其中引元末刘基诗，曰："他时重禁藏矛戟，今日呼令习鼓鞞。"无疑有甚深的感慨于其间。不妨说，其时与兵事有关的文化批评，以上述"禁兵器"条最具深度，可以作为以"学术"为政治批评的绝好例子。② 顾氏以其辑录的大量史料，令人看到了兵器之禁与政治权力的复杂历史关系，可资推想士人的文化品格在其间蜕变的复杂而漫长的过程。至于其所辑与地域、民族有关的禁制(尤其异族统治时期加之于汉人的兵器之禁)，当明清易代之际，尤其意味深长。似乎匪夷所思的是，顾炎武非但以为解除兵器之禁有利于强国，且以为有助

---

① 赵俪生曾谈到，有宋一代，"缘中古'兵户'遗意，平素也颇有'弓箭手''刀弩手''枪排手'等的设置，承平之时，这种武装组织多'隐于民间'；一遭板荡，则多起而保家卫国。在明朝，这样的力量是很少了"(《靖康、建炎间各种民间武装势力性质的分析》，《赵俪生史学论著自选集》，页3)。"兵户遗意"似不足以解释何以这样的力量在明代不能如宋一样的存在。倘若因了社会控制的强化，则又可以认为，正是对"行动"的禁抑，刺激了士人的谈兴——亦唯此谈，可激扬意气，使冲动得到想象性的满足。

② 《日知录之余》卷二"禁兵器"条录有汉武帝时公孙宏与吾邱寿王关于"禁民毋得挟弓弩"的辩论。此条所录大半为元代之禁(元代尚有马禁，参看同卷"禁马"条)，明代仅一条，且限于局部地区。由顾氏所录，可以想象实行于元代的针对汉人、南人的有关禁制，对于士人心性的影响。

182

于保障社会的安定！但也应当说，主张"兵农合一""寓兵于农"于屯田、民壮均不足以救亡之后，毋宁说证明了先在的思想材料的强大制约，"三代"制度论视野对论者的限囿。

然而较之于几乎众口一词的"寓兵于农"说，我以为王夫之"分兵民而专其治"的主张更足以惊人（参看《黄书·宰制》，《船山全书》第 12 册，页 508，岳麓书社，1992）。他说"天下皆有兵，而天下无兵矣"（《噩梦》，同书，页 559），堪称警策。他一再申说"农之不可为兵"，以为"兵其农则无农"，"民兵之敝，酷于军屯"（《诗广传》卷三，页 426，《船山全书》第 3 册，岳麓书社，1992）。说古者兵农合一，"谓即农简兵，而无世籍之兵"，非谓"兵其农而农其兵"（同书卷二，页 382）。他不以"乡团保甲"为善策（《读通鉴论》卷二七，页 1035—1036），也不以府兵、卫所、屯田为善制（同书卷一七，页 659—661；卷二二，页 840）。① 即使经历了明末的军事失败，却依然反对"人人皆兵"的战时体制，凡此，又与其"义军论""庶民论"相互发明（参看拙著《明清之际士大夫研究》上编第一章第三节）。他以为乡团保甲非但不足以缉盗，且"导人于乱"；以民为兵，势必"斫其醇谨之良，相习于竞悍"（《读通鉴

---

① 王夫之在《噩梦》中，提到刘宗周任京兆尹时的措置，肯定刘氏的不责民以"武备"，曰此"亦王政之枝叶"（《船山全书》第 12 册，页 561）。但刘氏崇祯初年在京兆尹任上，曾辑有《保民训要》，主张"因比闾族党而寄厉兵讲武之法，户备器械，保备牛骡，乡备马匹弓矢，选其技能者以时训练之，联以什伍，行以赏罚，平居而亲睦，宛如同井，有事而捍御，即为干城"（刘宗周年谱，崇祯三年，《刘子全书》卷四○，道光甲申刻本）。

183

论》卷一七，页 660。另参看同书卷二〇，页 770—771）。他以
"争斗其民"为民厉，关注暴戾之气对人心的斲丧。[①] 对于"寓
兵于农"的这一种批评角度，似为王夫之所独有。据此可知，
王氏绝不至于同情顾炎武"武装民众"的主张。在"禁兵器"这
一敏感题目上，他的思路亦与顾氏有别。他以为"秦销天下之
兵而盗起，唐令天下乡村各置弓刀鼓板而盗益横，故古王者
之训曰'觌文匿武'。明著其迹曰觌，善藏其用曰匿。其觌之
也，非能取《五礼》之精微大喻于天下也，宣昭其迹，勒为可
兴而不可废之典，以徐引之而动其心。其匿之也，非能取五
兵之为人用者遽使销亡也，听民置之可用不可用之间以自为
之，而知非上之所亟也"（同书卷二七，页 1035。按："五兵"
所指不一，一说谓矛、戟、弓、剑、戈）。真可谓解释先王之
用意而得其精妙者。可惜这用意太过曲折，怕是君人者难以
把握得恰到好处吧。此种精微的思理，不唯当时，即后世也
未见得能为人理解。仅由此一端，也可证孤独之为思想者的
宿命。你由此却不难察知王夫之对"秩序"的严重关切，以及
"仁"之为原则在其思想学说中无所不在的贯穿。王氏思想的
彻底性、其内在统一，于此等处确也令人印象尤为深刻。不
导民以斗，不教民以乱，与他的"包拯、海瑞论"也有逻辑的

---

① 他说："封建既废，天下安堵，农工商贾各从其业，而可免予荷戈致死之苦，此天地
穷则变而可久者也，奈何更欲争斗其民哉！朱子自谓守郡日时有土寇，故欲训练保
甲，后熟思此土之民已竞武勇，奈何复导之以强，因而已之。大儒体国靖之远图，
不泥于古固如此，未尝挟一寓兵于农之成说，以学术杀天下，如王介甫之鳃鳃于保
甲也。"（《噩梦》，页 560）

贯通，即经历了明亡的大劫难（或者说正因经历了此劫难），亦不愿"争斗其民"，贻害将来。此即其人所理解的王道、"王政"。而"以学术杀天下"云云，则是对于其时的"三代论"者措辞最严厉的批评。

王夫之的异议尚不止于此。他还径以为"卫所兴屯之法，销天下之兵而中国弱"（《读通鉴论》卷一七，页661），曰宋、明"散武备于腹里"，乃相沿唐府兵之弊（参看《噩梦》，页558）。他直截了当地批评祖宗法之不善，说："洪、永间分列卫所，颇以迁就功臣而处之善地，遂以坏一代之军政。"（同上，页559）似未为人道。魏源则依据清代兵力及其分布，批评唐代的府兵制，曰"通计中外禁旅驻防兵二十万有奇，而居京师者半之。以是知唐府兵之制，举天下不敌关中，以是为居重驭轻者，适示天下以不广也"[《圣武记》附录，卷一一，《武事余记》，转引自郑天挺主编《明清史资料（下）》，页124，天津人民出版社，1981]，也着眼于军事力量的合理分布。此外，如王夫之主张"军器皮作火器各局之费，应责之于商贾"（《噩梦》，页561），似亦未为他人道。王氏虽批评条鞭使农输钱（而非输粟），却又有上述主张，可知其人对于有明商品经济的发展及其效用，是自有其估价的。

即使如此，也仍不便轻易地断为"空谷足音"，只是看似接近的主张，依然有"内在理路"之别罢了。王琼以正统间"召集壮勇"为"一时权宜之计"，"深为民害"，请"尽行革罢，与民休息"（《为专捕盗处民兵以祛民患事》，《明经世文编》卷一

185

一〇）。吴应箕也不以"团练乡勇"为然（参看其《时务策》）。
稍前，徐光启则主张"富国必以本业，强国必以正兵"（《复太
史焦座师》，《徐光启集》卷一〇，页 454）。徐氏所谓"正兵"，
显然非与"奇兵"相对，而略近于近代所谓"正规军"。事实是，
自嘉、隆始即不断有人提倡"选、练"，以为兵不在多（因而不
以扩大招募、组织民壮为得计），而在精、强。张履祥《上陈
时事略》也说过："盖古昔井田不废，兵民未分，故农可以战。
后世唯屯政为不失井田之意，故乡兵可用也。井田不能行于
今，则乡兵不能行于今明矣。"（《杨园先生全集》卷一五）王源
也以为"不必如古制，尽人而兵也"（《平书·武备》，《平书
订》卷九，颜李遗书）。[①] 由此看来，其时的有识之士固有不谋
而合者，亦有所见歧异如上文所示者，唯此才足以构成其时
思想版图色彩的丰富性。

谈兵制（之二）：督、抚之设

也如说兵民分、合，本文所论这一时期论者说文武分、
合，以文武既分为无须论证的事实。将明的军事失败归因于

---

① 实则至明末，无论卫所，还是金、募，均归无用。有趣的却是，论兵制于卫所、屯
田、民兵作为制度"大坏极弊"之后，却无妨于不断重弹"寓兵于农"的老调。孔飞力
在对清朝军事制度的研究中，批评雷海宗写于 20 世纪 30 年代后期的一部著作（《中
国文化与中国的兵》）"多少夸大了传统中国社会的民—兵的分离"（《中华帝国晚期
的叛乱及其敌人》中译本，页 12）。该书关于"民兵"之为制度的讨论，见中译本页
13—36。

文武分，则是明末清初的一种时论。王源就说"文臣鲜知兵，又卑武臣不与齿，其末也，至武臣养寇，自利爪牙，一无足恃，而底于亡。文武分途，祸可胜言哉"(《襄城张孝廉传》，《居业堂文集》卷四)！

陆世仪说"古之天子，寄军政于六卿"，文武未尝分途；分途自战国始(《思辨录辑要》卷一二)；他以为"武只是吾道中一艺"，不宜与"文"对举(同书卷二〇)。文武之分的确渊源古老。顾颉刚在《武士与文士之蜕化》一文中，叙述了孔子及其门弟子以至于"末流""士风之丕变"，由武士到文士的"蜕化"。据顾氏说，孔子的时代文、武尚未"界而为二"，战国时代文、武则已形成集团性对立，分别曰"儒"曰"侠"；"所业既专，则文者益文，武者益武，各作极端之表现"[《史林杂识(初编)》，页89，中华书局，1963]。武人社会地位的下降，是在秦、汉以后漫长的历史过程中发生的；而文士谈兵之成为一种可供分析的事实，自然也基于文武分途的士的历史(也即"士"的文士化的历史)，以及权力机构中相应的职官设置。

却也始终存在着另一面的事实。正如叶适说兵民(农)固未尝分，权力机构中的文武在事权/功能层面也原不曾有明确的分割。明代尤为显例。只不过论者往往沿袭成说，于显然的事实视若无睹罢了。文武的功能分化在权力机构中的实现，固在职官之设。而"文武合"之早期历史的遗迹，也正存留在"职官"(官衔/职掌)中。

《明史·职官志》："明官制，沿汉、唐之旧而损益之。"

"分大都督府为五，而征调隶于兵部。"① 陆世仪说有明开国五军都督府之设，"略寓天子亲操之意"；而由兵部所掌控的范围看，"尤有犬牙相制之意"——"互相制驭"的不止于下文将要论到的文、武（《思辨录辑要》卷一三）。然而明人所谓"文帅""文将"，所指却非即兵部官员，而是负有更直接的军事责任的文臣即督、抚。"文帅"通常指总督。如赵炳然曰"总督之职，即古帅臣，文武兼该，亲督战阵"（《题为条陈边务以俾安攘事》，《明经世文编》卷二五二）。沈德符《万历野获编》有"本朝宣德以后，大臣总督，止施于工程钱粮等项。继乃有总督军务，为文帅第一重任"（卷二二，中华书局，1997）云云。吴应箕说所谓"将"："'将'何易言哉！今武臣之有'总'有'副'者，将也；文臣之为'抚'为'督'，即身为大帅而将将者也。武以材勇跳荡于疆场，文以方略发踪于帷幄，如是曰'将'也。"（《原将》，《楼山堂集》卷一九）吴氏《拟进策》亦有"此储文将之法"云云。与"文将"（即文臣而将）语义稍有别，从来有所谓"儒将"之目，此"儒"非即"儒学"之谓，语义也应更近于"文"。此种人物据说能运筹帷幄以致临阵却敌，而又满腹经纶，一向为士人所乐道。

据《明史·职官志》，明初太祖谕御史大夫邓愈、汤和等曰："国家立三大府，中书总政事，都督掌军旅，御史掌纠察。"功能分割简单明确。其后的功能混融——就本文而言，

---

① 钱穆以为明承元弊，元"文武分途之弊制，遂为明清两代所沿袭"（《国史大纲》第七编第三五章，页649，商务印书馆，1996）。

即文武功能的混融——以抚、按军事参与程度之加深为表征。明代自中叶以后军事形势的严峻化，导致了一系列制度性安排。在明末军事中发挥了重大作用的督、抚，是适应军事需要而设置的，具有"因事特遣、偏重军事、节制地方文武以及置罢不常"等特点（关文发、颜广文著《明代政治制度研究》，页70，中国社会科学出版社，1995）。而"以'总督''巡抚'名官，并形成为一种官制，实始自明代"（同书，页50）。《明代政治制度研究》还认为，"自万历中期以后所设置的巡抚，都是不大正常的，随着明王朝统治危机的日益加深，巡抚按省建制的进程已被打乱了，因事特设的成分变得越来越严重了。这种情况直到清朝统治在全国确立后才得以改变，按省设抚的建制才得以完全确立。"（同书，页70）其所谓"不大正常"，既指打破了按省设抚的建制而因事特设，也指设抚纯粹出于军事需要。归有光自负史才，颇留意于有关职官的掌故，其述"巡抚"之设，曰："自顷倭夷为患，朝廷并敕以阃外之事，寄任滋隆焉。"（《巡抚都御史史翁寿颂》，《震川先生集》卷二九，页655）按察司官员亦参与地方军务（如整饬兵备道）。《明史·职官志》："兵道之设，仿自洪熙间，以武臣疏于文墨，遣参政副使沈固、刘绍等往各总兵处整理文书，商榷机密，未尝身领军务也。至弘治中，本兵马文升虑武职不修，议增副佥一员救之。自是兵备之员盈天下。"吴晗论有明一代文（臣）武（臣）势力之消长，曰："明初开国时，武臣最重，英国公张辅兄信，至以侍郎换授指挥同知。武臣出兵，多用文臣参赞……正统以后，文臣的地位渐高，出征时由文臣任总督或提督军务，经画一切，武臣只负领军作战的任务。""从此文臣统帅，武臣领兵，便成定制。"(《明代的军兵》，《读史札记》，页99—100)上述制度安排在扩大文臣的军事参与的同时，无疑也激发了士人谈兵、介入军务的热情。

世宗朝，"设武臣一，曰总督京营戎政，以咸宁侯仇鸾为之；文臣一，曰协理京营戎政，即以邦瑞充之"(《明史·兵志》)。所谓"协理""协管"，仅由字面看，文臣(包括兵部官员)不过"协"武将"理"戎政，主从分明，事实却不尽然。至于"提督""总督"等，其职权更绝不限于督察("绳愆纠缪")、"监临"，而是直接参与军事部署，以至临战指挥。唐顺之以为"宜文臣督帅时御戎服出入军中，发扬蹈厉，以作武将之气"(《条陈海防经略事疏》，《唐荆川文集》外集卷二)；他本人就身体力行。《明史·王琼传》："琼用王守仁抚南、赣，假便宜提督军务。比宸濠反，书闻，举朝惴惴。琼曰：'诸君勿忧，吾用王伯安赣州，正为今日，贼旦夕禽耳。'未几，果如其言。"(卷一九八)据同传，其时不但王守仁，且湖广巡抚、应天巡抚、淮阳巡抚均参与了平宸濠的军事行动。文臣将兵，固然赖有军事知识，如上文提到的任环，也赖有道德感召力。《明史·谭纶传》曰其人"以功进兵部尚书兼右都御史，协理如故"(卷二二二)；谭纶却非但躬亲兵事，且临阵杀敌。同传即记其"尝战酣，刃血渍腕，累沃乃脱"——持刀拼杀状不难想见。①

至于文臣直接领军，亦应属于上述制度设计的有机部分。"永乐初，设三大营，总于武将。景泰元年始设提督团营，命兵部尚书于谦兼领之，后罢。成化三年复设，率以本部尚书或都御史兼之。嘉靖二十年始命尚书刘天和辍部务，另给关防，专理戎政。"（《明史·职官志》）凡此，均令人可窥文（臣）武（将）权势消长之迹。② 及至战时，地方官亦被责以"专城之守"。嘉靖朝屠仲律说："保封域，固郊圻，全境安民者，守、令之任也。"甚至主张"自今江南守、令之职，当以训练土兵、保全境土为殿最"（《御倭五事疏》，《明经世文编》卷二八二）。

上述制度安排，非但提高了文臣在军事行动中的地位，而且提高了文臣、文士的自信心。李承勋说："古称天下安危，其重在边，而臣又以为边地安危，其重在文臣。"（《丰财用材》，《明经世文编》卷一〇〇）杨一清《朱宪副平贼图记》："若公以文臣统师旅，不请益兵，不重费转输，笑谈尊俎，安如平昔，坐运筹策，指麾诸将……而谓文儒不谙军旅，其过

---

① 戚继光《祭大司马谭公》一文，曰其本人"统驭"，谭纶则"监督"；同文又记谭氏"每督战，袍袭以甲巾而殿，俄出阵前，众错愕，罔敢矢言，又罔不自效"（《止止堂集·横槊稿中》）。海瑞《启刘带川两广军门》却说谭氏"不能亲戎马、冒矢石"（《海瑞集》，页437）。

② 但有关的事实仍有复杂性。杨洪《言四事疏》有"乞赐总督军务少保于谦以将权，俾军士知所以畏令"等语（《明经世文编》卷五七）。"总督军务"的文臣的"将权"尚待特赐。所谓"文臣将兵"，实际"将"否尚待考察。黄仁宇说："明代的制度多数难以准确地分类与定性，它们是不断变化的。"（《十六世纪明代中国之财政与税收》中译本，页3，三联书店，2001）考察兵制，对此也宜注意。

191

言哉!"(同书卷一一八。按:朱宪副,朱汉)《皇明经世文编》宋微璧所拟《凡例》,有"指受方略,半系督抚"云云,自非虚言。

权力机构内文武事权未分,作为显而易见的制度事实,仅此即已足证。据此,黄宗羲说:"有明虽失其制,总兵皆用武人,然必听节制于督抚或经略。则是督抚、经略,将也,总兵,偏裨也。"(《明夷待访录·兵制二》,《黄宗羲全集》第1册,页33)他强调文臣将兵,自古已然:"汤之伐桀,伊尹为将;武之入商,太公为将;晋作六军,其为将者皆六卿之选也。"(同书)在他看来有明兵制弊不在文臣将兵,而在参与军事的文臣"专任节制"而不得"操兵",即权力的不完整(《兵制三》,同书,页34)。他很明了使"节制"与"操兵"事权不一的制度设计者的用心,即以此"犬牙交制"。黄宗羲分别文武为"君子/小人",以为"国家社稷之事",不可"使小人而优为之"(同书)。他主张实行更彻底的文臣将兵制,而"参用"武人。陈子龙也曾有"专任文将"的主张,曰:"专任文臣可以成大功者,先朝已然之明验也。"所举之例,即有威名远播的王靖远(王骥)、王威宁(王越),以及王守仁。

由出身看,嘉靖年间的抗倭名臣名将,胡宗宪、谭纶外,如朱纨、张经、曹邦辅、任环、李遂、唐顺之等,均系科甲出身。明末则不但杨嗣昌、卢象昇、孙传庭、袁崇焕、史可法等人出身科甲,被认为偾军败事的杨鹤、陈奇瑜、熊文灿也无不是科甲出身,甚至最高层的文臣也直接参与军事。天启元年,孙承宗以阁臣掌部(兵部)务,自请督师,经略山海关,称枢辅。据《明史·职官志》，崇祯十二年后，俱以内阁督师。前此，永乐、宣德朝杨荣曾因参与军事决策受上赏(《明史》杨荣传)。其他以大臣而被认为谙练兵机、晓畅边事者，尚有杨一清、王琼等。杨氏"三为总制"(总制军务)，《明史》本传曰其人世宗朝以"故相行边"，"温诏褒美，比之郭子仪"(卷一九八)。刘基、王阳明的军事才能，尤为士人所倾倒。归有光称赞刘基"文武大略"(《送狄承式青田教谕序》，《震川先生集》)；嘉靖朝唐龙为王守仁颂功，曰"视古名将，何以过此"(《议江西军功疏》，《明经世文编》卷一八九)。《明史》王守仁传则曰："终明之世，文臣用兵制胜，未有如守仁者也。"(卷一九五)传世的有关兵学、兵事的著述，即部分地出自有军事经历的文臣之手。如王琼的《北边事迹》《西番事迹》(王琼曾总督三边军务)，盛万年的《岭西水陆兵记》(盛氏曾官广西按察使)。张延登奉敕巡视京营，编巡视事宜一卷，共一百三十四条(参看刘理顺《总宪华东张公墓碑》，《刘文烈公集》，乾坤正气集)。孙承宗则有《督师全书》一百卷。

其他文臣亦有因军事需要，随时被委以军务者(如唐顺之以右通政、徐光启以詹事府少詹事参与兵事)。因攻讦者有"以翰林而兼河南道，从来无此官衔；以词臣而出典兵，从来无此职掌"云云，徐光启疏辩，称："正统己巳徐武功珵、杨庄敏鼎以侍讲，王祭酒询以简讨各行监察御史，分镇河南山东等处要地，抚安军民。嘉靖庚戌赵文肃贞吉以司业兼监察御史，领银赏募，是从来有此官衔。嘉靖戊午唐中丞顺之以

193

通政升金都御史，视师浙、直，与胡司马宗宪协剿倭寇，是从来有此职掌。"(《疏辩》，天启五年，《徐光启集》卷四，页212。按：万历间徐光启以詹事府少詹事兼河南道监察御史，奉旨管理练兵)攻徐一疏有关"官衔""职掌"的质疑绝非无端。正如攻者所强调的，徐光启尚非一般的"文臣"，而是以"翰林""词臣"而地处"清要"、本应更远于"戎政"的文臣；而徐氏辩疏所援诸例，则证实了朝廷随机委任(以宪衔解决"职掌"问题)，也非仅止一见的事实。① 至于"官"与"任"的非一致性，则唐顺之有"臣任同总帅，官系纳言"云云，可资佐证。②徐光启辩疏引神宗谕旨，中有"吏部便拟应升职衔来说"云云，可知"职衔"可依所欲任用而"拟"，职掌不妨因事因人而设。故而徐氏理直气壮："是则官衔职掌，总由公疏部题得旨，该部奉旨拟升，职能自主乎？"

　　据此可以认为，凡权力机构中的官员，均有介入军事、接受有关委任之可能。因而所谓"文臣"，系由进身途径言之，非严格地依职任言之。文臣随时有可能被要求承担与其知识、训练无关的军事任务。这里尚未提及除巡、按等"封疆大吏"外，守、令一类亲民官的"守御"之责——也如兵、民，文、

---

① 徐光启有《徐氏庖言》，"庖言"指"越俎代庖"而言兵。徐氏在其奏章中，一再自说其"越俎""代庖"，可见其以"词臣"而介入军事之非正常，也证明了文臣(包括"词臣")固然有可能随时奉旨参与军务，却仍有身份、职分问题，当事者本人也有此身份自觉。

② 唐顺之《奉敕视军情升通政司右通政谢表》："在古文臣建阃，或以权任轻浅而偾师；大将临戎，或以章奏壅隔而败事。臣任同总帅，官系纳言……"(《唐荆川文集》外集卷一)

武作为社会身份的分化，文、武在权力机构中的职能分割，固然渊源古老，而如上述的事权、功能的混融，则始终存在，也应构成了士人谈兵的体制背景。至于易代之际文臣的军事贡献，在时论以及史家的记述中，往往以武将的怯懦无能为对照。黄宗羲所说"与毅宗从死者，皆文臣"，"建义于郡县者，皆文臣及儒生"（《明夷待访录·兵制二》），已是其时文士之常谈。钱谦益《汪中丞岁星》也有"武夫保项领，文臣涂脑髓"等句（《牧斋初学集》卷二〇，页735）。至于"贼""虏"军中多降将，确也可称明末战场上的一大景观。杨廷麟为此种情景写照，曰："将军诺啸多文吏，群盗纵横半旧臣。"（参看《梅村诗话》，《吴梅村全集》卷五八，页1142）

对于近代人，一个不容回避的问题，即文臣将兵的资格，是缘何而获得的。

可以断定的是，若"兵"人人可谈，其非近代所谓的"专业知识"无疑。当时与事后被讥以不知兵的黄道周，确实不以为用兵"别有学问"。① 由文字材料看，除膂力一项得之于天赋外，其时的文士武将获取军事知识、军事技能的途径几无不同；有关经验赖有实战中的积累，亦有同然。而文士在此之

---

① 彭士望《与李元仲书》："漳浦尝读天下书，一览不遗，独未学军旅，竟以此败。"（《树庐文钞》卷二，道光甲申刊本。按漳浦即黄道周）黄道周本人则说："禹、稷、颜、闵一样苦心，何曾别有学问？如要学问，黄、农七十二战，岂有兵书？烈山粒食，天下未开泉府也。"（《榕坛问业》卷一二，《景印文渊阁四库全书·子部儒家类》）可知其人的"未学军旅"，也因不认为"军事"有待于学。黄氏治《易》，即以《易》为兵书，说"征伐之道，详于《易》书"（同书卷一）。

外，更拥有知识（兵学、史学、天文、舆地等学）方面的优势——文士的自信确有其根据。王夫之曾批评"武举"（参看《噩梦》，页559—560），也因"宰相必起于州部，猛将必发于卒伍"（《韩非子·显学》）云云入人之深。既如此，何"武举"为？在近代军事教育作为制度兴起之前，鉴于科举之弊，与前近代战争的特点，关于军事人才的选拔，确也难以另有主张。这也可以由一个方面为军事的"非专业性"佐证。

由史传文字看，上文已经提到的那些参与军事且卓有成效的文臣，其军事知识的由来、其军事指挥资格的获取，既与教育体制亦与铨政无干——那毋宁说是一种个人修养，略近于近人所谓的"业余爱好"。[①] 杨一清任山西按察佥事，以副使督学陕西，"在陕八年，以其暇究边事甚悉"（《明史》本传）。袁崇焕任邵武知县而"好谈兵"，"遇老校退卒，辄与论塞上事，晓其阨塞情形，以边才自许"（同书卷二五九本传）。至于文臣因任职兵部而"知兵"，则是有此职任而方有此学的例子。《明史》郑晓传，曰晓嘉靖初为职方主事，"日披故牍，尽知天下阨塞，士马虚实强弱之数。尚书金献民属撰《九边图志》，人争传写之。"（卷一九九）文臣的军事知识，既得之于文

---

① 美国学者赖文逊说过："如同八股文的极端美文主义所显示的那样，中国的官员在履行官务上是 amateur，这一情况到明代较此前更甚。他们受过学院式教育，（绝大多数）经过书面考试，但却没有受过直接的职业训练。""在政务之中他们是 amateur，因为他们所修习的是艺术；而其对艺术本身的爱好也是 amateur 式的，因为他们的职业是政务。"（转引自阎步克《士大夫政治演生史稿》，页5—6，北京大学出版社，1996）清初王源批评官之"职"不专，"但以官之大小为升降，不论其才与职之称否，似天下皆通才，遂致天下皆废才"。李塨则引了陆世仪的类似议论（《平书订》卷三）。

字(如"故牍"），也得之于实地考察与亲历战阵。与军事有关的任命，固然提供了获取此种知识的条件；而披览故牍与实地考察，即非任职兵部者也自可能。王阳明"年十五，访客居庸、山海关。时阑出塞，纵观山川形胜。弱冠举乡试，学大进。顾亦好言兵，且善射"（《明史》王守仁传）。孙承宗则"始为县学生，授经边郡。往来飞狐、拒马间，直走白登，又从纥干、清波故道南下。喜从材官老兵究问险要阨塞，用是晓畅边事"（同书卷二五〇本传）。熊开元记金声未仕时，因天下多故，即以王守仁为榜样，"凡行间所应有，无不习焉"（《金忠节公传》，《金忠节公文集》）。因而史传文字所谓的"明习兵事""晓畅兵机"云云，作为一种能力，系于人而非系于职事。由"仕—学"论，情况往往是，先"仕"而后有是学。当然对史传所谓的"知兵"，也只能在其时的知识状况中理解。"兵学"既非严格的专业知识，"知兵"作为一种个人修养、才能，也自无须经由严格的衡度。①

文武事权、功能非充分分割的状况，势必施加极大的影响于人才的造就。法家主张"以吏为师"，以律令、朝廷功令为教材。国家制度，尤其某些制度性安排，对于造成一时代

---

① 但"兵"仍被认为有学的必要。范景文引孔子所说"军旅之事，未之学也"，曰："天下事未有不学而能，而兵事为甚。其所谓'学'者，身曾涉历，手曾营综……"（《辞免新命疏》，《范文忠公文集》卷二，畿辅丛书）强调其"学"的实践品性。徐光启曾强调"武书"的重要性，曰："武书之不讲也久矣，释樽俎而谈折冲，不已迂乎？"徐氏欲借王阳明所批《武经》，为"筹辽"之"一筹"（《阳明先生批武经序》，《徐光启集》卷二，页65。按：《武经七书》指《孙子》《吴子》《六韬》《司马法》《三略》《尉缭子》《李卫公问对》，徐氏所序为茅氏印本）。

的人才状况，以至塑造士人心性，其力量确非学校、书院所可比拟。可以设想，前述的制度设置、官员任用，直接鼓励了士人对"文武兼资"这一目标的追求。据说熊廷弼才兼文武，"先中万历某科湖广武乡试第一名，后又弃武就文，中万历丁酉湖广乡试第一名。于是榜其堂曰：'三元天下有，两解世间无'"（王应奎《柳南随笔》卷一，页6，中华书局，1997）。而上文已引的徐光启所谓"权谋、阴阳、形势、技巧"，则不但概括了其时"兵学"的主要项目，亦提示了拣选军事人才的标准。因"形势""阴阳"与"谋略"有关，可以大略地认为，到本文所论的这一时期，士人所认为与兵事有关的知识与技能，仍限于谋略与技击。有关的军事人才标准，不但被认为适用于武将，也适用于从事军事的文臣。

"投石超距"、射石没羽到此时仍被津津乐道，确可谓风味古老。王守仁曾以善射令将士折服。《明史·王守仁传》记王氏巡抚江西，武将"轻守仁文士，强之射。徐起，三发三中"。熊廷弼"有胆知兵，善左右射"（同书卷二五九本传）。卢象昇非但善射，且有臂力（卷二六一本传）——都强调了传主的军事技能，使用传统兵器的技巧。文臣能令武将、士卒折服的，亦此"三发三中""左右射"。弓马娴熟，至此不但仍被作为"军事人才"（包括将领乃至统帅）的标准，也是文士被许"知兵"、赖以与武人抗衡的重要条件。"唐荆川于谯楼自持枪教俞大猷，一时以为韵事"（陆世仪《思辨录辑要》卷一七）。卢象昇"虽文士，善射，娴将略，能治军"，其人"身先士卒，与贼格斗，刃及鞍勿顾"，"以是有能兵名"（《明史》本传）——无论文臣武将，非如此即不足以服众。于此由"人才"的一面沟通了文武。尽管如下文将要谈到的，火器的迅速发展已改变了"实战模式"。由此一端也证明了人们有关"军事"的观念并未发生重大更革。凡此均可资考中国前近代的军事制度与军事教育。①

《明史·礼志》记洪武三年所定的作为"军礼"的"大射之礼"："太祖又以先王射礼久废，弧矢之事专习于武夫，而文士多未解。乃诏国学及郡县生员皆令习射，颁仪式于天下。"永乐时尚有"击球射柳之制"。同书《舆服志》则记有"自太祖不欲勋臣废骑射，虽上公，出必乘马"。关于太祖命国子生习骑射及郊庙之祭行大射之礼，尚可参看黄佐《南雍志》卷一《事纪》一。《明太祖实录》：洪武二十年七月，"礼部请如前代故事，立武学、用武举，仍祀太公，建昭烈武成王庙。上曰：……至于建武学、用武举，是分文武为二途，轻天下无全才矣。古之学者，文武兼备，故措之于用，无所不宜，岂谓文武异科、各求专习者乎"？顾炎武于此慨叹道："文事武备，统归于一，呜呼纯矣！"（《日知录》卷一七"武学"条）以马上得

---

① 徐有贞《条议五事疏》："国家用兵，必资智勇之人，岂必尽出于将军之中。大凡天下之民有心计者，皆能运智，有膂力者，皆能效勇（《明经世文编》卷三七）。"主张不拘一格选拔，标准即"军谋勇力""弓马膂力"。刘大夏以为选将之法不善，"挽强引重者，目为勇敢；谈说纵横者，号为谋略"，无以得将才。但他设想中的武举，所试亦不出"骑射""步射""策、论"等项（参看其《议行武举疏》，同书卷七九）。杨一清说军事人才的选拔，亦不出"弓马出众、膂力兼人、有胆气、有智略"四条标准（《著演阵行兵事宜》，同书卷一一八）。

天下的开国之君，无论明清，均有此种思路，即经由制度对士实施塑造，使"文—武"的均衡实现于士人的品质。明亡之际，士人确也以习武作为对危机的回应。风气所至，虽学人也"学双剑，学长枪"(《张元岵先生墓志铭》，《黄宗羲全集》第10册，页391，按：张元岵，张次仲)，可知风气之移人。

明清之际士人因了时事的刺激，企图以军事教育制度的复古，为士文化复兴的契机。孙承宗记左光斗"特疏开武学……期得兼资奇伟。所至较诸生射，颁《射艺录》，刻《兼材录》，有古弓箭社之遗，其意特远。故士竞射，而胆识为开"(《明都察院左佥都御史赠右副都御史太子少保浮丘左公墓志铭》，《高阳诗文集》卷一七，崇祯元年序刊本)。陆世仪主张儒者学习军事技艺，说"器虽一技之微，儒者亦不可不学"(《思辨录辑要》卷一七)。他以为应设科于学校之中，教授兵法(同书卷二〇)。颜元制度复古的意向，体现于对漳南书院的设计——以一斋习"文事"，"课礼、乐、书、数、天文、地理等科"；以一斋习"武备"，"课黄帝、太公以及孙、吴五子兵法，并攻守、营阵、陆水诸战法，射御、技击等科"(《习斋记余》卷二《漳南书院记》，《颜元集》，页413)。前于颜元，明亡前张履祥即曾上书当道，建议学校"复射圃"，以图造就"文武之才"，"天下无事，陶以礼乐诗书，天下有事，入则儒臣，出则大将……"(《上本县兵事书》，《杨园先生全集》卷一五)顾颉刚解释《孟子》所谓"设为庠、序、学、校以教之。'序'者，射也"，说"其实非特'序'为肄射之地，他三名皆然"。西汉犹承其制，"《周官》大司徒以乡三物教民，'三曰六艺：礼、乐、射、御、书、数'，而礼有大射、乡射，乐有《驺虞》《狸首》，御亦以佐助田猎，皆与射事发生关联。其所以习射于学宫，驰驱于郊野，表面固为礼节，为娱乐，而其主要之作用则为战事之训练"。[《武士与文士之蜕化》，《史林杂识(初编)》，页85、86]从来的儒者(包括张履祥、颜元)均未免将周官之为制度理想化，从而也将骑、射乃至弓矢的象征意义、文化功能夸大了。

出将入相，文武兼资，即黄宗羲所主张的文武合，也"合"于人才素质。黄宗羲说："使文武合为一途，为儒生者知兵书战策非我分外，习之而知其无过高之论，为武夫者知亲上爱民为用武之本，不以粗暴为能"(《明夷待访录·兵制三》，《黄宗羲全集》第1册，页35)——尽管仍严于"儒生""武夫"之别。前于此陈亮就说过"才智所在，一焉而已"(《酌古论·酌古论序》，《陈亮集(增订本)》卷五，页50)。在这一具体话题上，一时的"有识之士"又所见略同。

但同时论者的思路尚另有歧义。就我阅读所及，其时论文武分、合者，唯王夫之明确肯定了权力机构内文武职任之分的必然性。他说："若以古今之通势而言之，则三代以后，文与武固不可合矣，犹田之不可复井，刑之不可复肉矣。""汉初之分丞相将军为两途，事随势迁，而法必变。"(《读通鉴论》卷五，页190、191)还说"三代之制，不可行于后世者有二：农不可兵，兵不可农；相不可将，将不可相"(同书卷二，页

201

98）。《黄书·宰制》所谓"分兵民而专其治"，即宜于理解为治兵、治民事权之分，目的在使"事权重而战守专"。较之兵农分合、文武分合的泛泛之论，上述涉及职官事权/功能的思考，无疑更有意义。但即使王夫之，虽认为文武理当"各专其业"，却又以为三品以上的大臣，无论其登仕自戎伍抑科目，均应"出而屏藩，入而经纬"，以此"合大臣宪邦之用以使交重，而不相激以偏轻"（《噩梦》，页593），即将"合"体现于高层官员的职任与能力，以及经国者的平衡之术。

我所读到的其时的文字中，另一有力的异议表达来自吴应箕。他不一味恭维"祖制"，他的说法是："高皇帝尝诏郡国生员习射，又尝于士策名之后，试以骑、射、书、算五事，未几辄罢，知不能兼也。"（《令文士试骑射对》，《楼山堂集》卷一九）至于"六艺"之一的"射"，固为"古者文士所习"，然而"非独以厉武备患也。悬之始生，以示有事；行之泽宫，以观有德"，所重更在其文化功用。同文还说到庠序之士不习骑射，"非尽由天性，以国之兴亡，兵之强弱，固不系此"。在他看来，当道混淆了作为军事技能的"骑""射"，与作为用兵条件的"知兵"。"语曰：以书御者，不尽马之情。则能执弓乘马者，非即知兵者也。……国家留计边务，所置经督必以文臣，贵方略也。臣见先朝之臣，有以兵名者矣，未闻骑射之必优也。"识见显然较张履祥、颜元为精。颜元、张履祥等夸张了骑射对于提高士的品性的作用，在某种程度上也将骑射乃至弓矢的象征意义，与实用功能混淆了。但也如王夫之，吴应箕尽管强调"兵者"为"专家之学"，却决不认为兵事应为武人所专。他不过认为军事人才的选拔另有标准，文臣习兵别有途径——"兵部者，文臣习兵之府也"，建议即以兵部为选拔、训练及储"文将"之所（《拟进策》）。无论王夫之还是吴应箕，其思路均未远出现行制度的范围。显而易见的是，不能将本文所论这一时期的"文臣"，等同于近代欧美所谓"职业文官"；不但其训练不同，而且职掌有别（所学、所事）。在本文所论的"文/武"这一范围内，的确保留了长期历史过程中存在的功能"混融"的那种情形。谈兵之为风气，其根源确也应由此得到解释。

明末政局中的文武

文人、武人犹之天敌，其对立起源甚古，所谓积不相能。而本文所论的这一时期有关文武的议论，也基于有明一代的文武关系的实际状况，以及明亡前后对于此种政治关系的检讨。魏际瑞说："文章之士声气满天下，而拳勇豪侠之士声气亦满天下。然是二人者，多不相能。文人谓武人不足语，武人又谓文人无用，不识时务。故无事则两相讥，有事则两相轧。"（《阎将军寿序》，《魏伯子文集》卷一，《宁都三魏文集》）在这种表述中，文、武似为对等的双方，实则不然。多数情况下，文人处在可以轻、鄙武人的优越地位。

《明史·选举志》说"终明之世，右文左武"。该书《兵志》

述有明一代文武消长之迹，曰太祖、文皇时，"都指挥使与布、按并称三司，为封疆大吏。而专阃重臣，文武亦无定职，世犹以武为重，军政修饬。正德以来，军职冒滥，为世所轻。内之部科，外之监军、督抚，叠相弹压，五军府如赘疣，弁帅如走卒。总兵官领敕于兵部，皆跽，间为长揖，即谓非礼。至于末季，卫所军士，虽一诸生可役使之。积轻积弱，重以隐占、虚冒诸弊，至举天下之兵，不足以任战守，而明遂亡矣"——以为"轻—重"之转捩在正德一朝。正史书法，涉及时间界限，"以来""以降"云云，不过约略言之；实则积渐至于"轻""弱"，根源往往即在初制（所谓"祖制"）中。

明制，"凡爵非社稷军功不得封"（《明史·职官志》）。《明史·刑法志》："文职责在奉法，犯杖则不叙。军官至徒流，以世功犹得擢用。"然此种"宽武夫"而"重责文吏"（同卷），与"右文左武"未必即扞格。王夫之所指出的"文臣不许封侯"，与"公侯之为帅者，匐伏于士大夫之门"的矛盾现象（《噩梦》，页593），令人不难寻绎最高权力者既以爵位抑制文臣，又经由礼仪控驭武人的复杂用意。上述制度安排对于造成有明一代朝廷政治中的文武关系，具有根源性的意义。

《明史·职官志》："凡军制内外相维。"证诸下文，首先即文（臣）武（将）相维。权力机构内部制衡，是实施中央集权的必要条件。雄猜之主的制度设计中，尤有无所不在的制衡、"相维"。在实行中，相维实即相掣。吕留良说："后世经国者，亦只讲得犬牙相制，然则立制之初，已纯是一团权诈，又安望其后世之无弊也。"(《四书讲义》卷三九,《吕晚村先生四书讲义》,《续修四库全书》经部四书类)王阳明缘他个人的经历,深知"凡败军偾事,皆缘政出多门"(《与王晋溪司马》,《王阳明全集》卷二七,页1004,上海古籍出版社,1992)。"戚继光用兵,威名震寰宇。然当张居正、谭纶任国事则成,厥后张鼎思、张希皋等居言路则废。"(《明史》卷二一二)明末孙承宗则批评朝廷"以将用兵,而以文官招练。以将临阵,而以文官指发。以武略备边,而日增置文官于幕。以边任经、抚,而日问战守于朝",指为"极弊",主张"重将权",使之"得自辟置偏裨以下,勿使文吏用小见沾沾陵其上"(同书卷二五〇本传。孙承宗的这番议论涉及的事实复杂。其中"当重将权"之"将",宜非专指武臣,也包括任边事的经、抚在内)。在文武"相维"之外,更有文臣之于文臣的制约。嘉靖朝,朱纨以巡抚提督军务,迫切吁请的,是事权之一,"不必御史干预"(参看其《请明职掌以便遵行事》,《明经世文编》卷二〇五)。穆宗朝,谭纶请责其与戚继光得专断,"勿使巡按、巡关御史参与其间"(《明史》谭纶传。时谭氏为兵部左侍郎兼右金都御史,总督蓟、辽、保定军务),果如所请。但明末鹿善继就没有这样幸运。鹿氏言及为文臣(言官)掣肘,不胜愤懑。

畸轻畸重,此消彼长,又有因时的变动。黄宗羲述说明代文武势力之消长,将甲申之变归结为崇祯"重武之效"(《明夷待访录·兵制二》);以武将为小人,为"豪猪健狗"(《兵制三》),愤激之情,溢于言表。孙奇逢也说"时平以大帅仰小吏

205

之鼻息，世乱以悍将制偏儒之性命"(《夏峰先生集》卷三《赠孔氏兄弟序》)。王夫之将文官受制于武人，归因于文官爱钱，因而武人得以"始媚之，中玩之，继乃挟持之"(《搔首问》，《船山全书》第 12 册，页 632)，所见与黄宗羲有别。而事实上明末的情状，"右文""右武"已不敷形容。

文臣的处境更其不堪的，在大厦倾倒中的南明朝。其时曾亲见或亲闻文臣为武夫所挟制、摆布的黄宗羲，到明亡后仍不免愤愤。他比隆武朝黄道周、苏观生等人于"蛟龙受制于蝼蚁"(《行朝录》卷一，《黄宗羲全集》第 2 册，页 121，浙江古籍出版社，1986)，以崇祯、弘光间"大将屯兵"为有明兵制之一变。令黄氏印象深刻的，固然是武人的骄恣跋扈，亦有文人于兵事的无能。《行朝录》卷三："当是时，孙、熊建义，皆书生不知兵，迎方、王二帅，拱手而让之国成。"(同书，页 128。按：孙，孙嘉绩；熊，熊汝霖；方，方国安；王，王之仁)《海外恸哭记》亦曰自孙嘉绩建义，浙东豪杰皆起，"然嘉绩实不知兵，以其权授之总兵王之仁、方国安，东浙之事不能有所发舒"(同书，页 211)。上述文字作于明亡之后，对文士的救亡乏术，犹有余恨。黄宗羲本人曾于鲁王监国时从亡海上，亲身体验了其时"诸臣默默无所用力，俯首而听武人之恣睢排纂"的尴尬窘迫(《海外恸哭记》，页 209)。文士的厄运尚不止此。熊汝霖终为武人(郑彩)所杀——忠臣义士的末路竟至于此！黄氏所师事的刘宗周曾与崇祯辩论"才""守"。由上述事实看，举义的文士虽风操凛然，奈无军事才能何！

明清之际有关文武全才的人才标准，自然也以此沉痛的经验为依据。① 上文所引陈子龙《重将权》说文武分的后果，曰"方今之患，文士懦弱而寡略。寡略者非独昧于兵也，而凡事不胜任"（《陈忠裕全集》卷二三）。文士不唯在明清对抗中，也在这一时期激烈的文武对峙中认识了自身的"弱"，因而制度复古，以至身亲戎事均被作为了自强的途径。在这种意义上，"谈兵"亦为"对峙"所激成。

武将之"鹰扬""跋扈"，一向为文士所侧目。热衷于谈兵，并不意味着稍减对武夫的根深蒂固的鄙视。魏禧《书欧阳文忠论狄青劄子后》，说欧阳修论其时的名将狄青，"深文巧诋，以中人于深祸……险狠阴猾，若古小人害君子之术而又工焉者"（《魏叔子文集》卷一三）——在此一题目上发露欧阳修的"心术"，如此之不容情！② 上文所引关于文武对立、对抗的描述，因出诸文人而不无偏见，毋宁读作文人的武人批评。即使如此，仅由上文也可知，明亡之际由"文—武"的角度的明代政治批评，旨趣互有差异甚至抵牾。批评朝廷轻视武人，文士鄙薄武人、兵事的；与批评明亡之际人主纵容武将、武

---

① 黄宗羲《钱忠介公传》对比宋末与明末，说："在昔文、谢孤军，角逐于万死一生之中，空坑、安仁之败，亦是用兵非其所长，其进止固得自由也。未有一切大臣，听命于武夫之恣肆排挤，同此呼吸之死生，而蠢然不得一置可否如幕客、如旅人。"推原其故，"有明文武过分，书生视戎事如鬼神，将谓别有授受，前此姑置。当其建义之始，兵权在握，诸公皆惶恐推去，不敢自任，武人大君而悔已无及矣"（《钱忠介公传》，《黄宗羲全集》第 10 册，页 559—560）。痛惜之意，情见乎辞。
② 《宋史》卷三一九欧阳修传："狄青为枢密使，有威名，帝不豫，讹言籍籍。修请出之于外，以保其终，遂罢知陈州。"

将横恣的；批评人主杀戮"文帅""文将"（如熊廷弼、袁崇焕之狱），自毁长城的；批评文士（尤其言官）空谈使将帅不得展布以至败军偾事的，像是都有足够的事实根据。明亡后的追论中，既有人责难文士不敢身任兵事，放弃军权，任由武人恣睢，又有人指摘书生之妄言知兵，徒以误国：毋宁说示人以问题本身的复杂性。

有明一代，文武关系也绝非一味紧张。武将的骄恣不法（如李成梁），固然赖"当国大臣"（即文臣）为奥援（参看《明史》本传）；武将得以"展布""发舒"的条件，也正在文臣的支持（至少不掣肘）。①《明史》戚继光传曰其"赖当国大臣徐阶、高拱、张居正先后倚任之。居正尤事与商榷，欲为继光难者，辄徙之去。诸督抚大臣如谭纶、刘应节、梁梦龙辈咸与善，动无掣肘，故继光益发舒"（卷二一二）。戚继光本人说其与谭纶，曰"知公者某，成某者惟公"（《祭大司马谭公》，《止止堂集·横槊稿中》。按公即谭氏）——是谭、戚共同成就的一段佳话。至于张居正对戚继光的体贴，为其主持公道，参看其《与蓟辽总督》《答总兵戚南塘授击土蛮之策》（《张太岳集》卷二一、卷三二）。

---

① 陆粲认为对武将宜宽文法，疏节简目，曰："夫有非常之人，然后能行度外之事。汉用陈平，捐黄金四万斤，不问其出入，遂以灭项羽。今之边臣，动支其钱谷，拔用一将校，稍破长格，则文法吏且操尺寸以议其后。"（《拟上备边状》，《明经世文编》卷二九〇）主张使将帅"饶于财"，俾士卒用命。王夫之对军旅生活也有出诸人情的体贴，认为不宜以廉洁苛责武人，曰"牛酒时作，金钱飞洒，所以贾桀骜之死心"（《黄书·宰制》，《船山全书》第12册，页518）。

文人对于武人，非但不一律轻视，对于能文（即使只是粗通文墨）的武人，更不吝揄扬。钱谦益记戚继光"少折节为儒，通晓经术，军中篝灯读书，每至夜分。戎事少间，登山临海，缓带赋诗"（《列朝诗集小传》丁集中，页540，上海古籍出版社，1983）；称道戚继光、俞大猷，说："庆历以来，称名将者，无如戚南塘、俞盱江。南塘之《练兵实纪》，盱江之《正气集》，使文人弄毛锥者为之，我知其必缩手也。"（《题张子鹊行卷》，《牧斋初学集》卷八四，页1777—1778）可知其对戚、俞，不以寻常"武夫"目之。陈子龙也在诗中说戚继光"著书近《六韬》，词赋齐名卿"（《上念故戚大将军功在社稷问其裔孙几人不忘勋旧以励来者感而赋诗》，《陈子龙诗集》卷六，上海古籍出版社，1983）。武将与文士论交，亦一时美谈。《明史·萧如薰传》："蓟镇戚继光有能诗名，尤好延文士，倾赀结纳，取足军府。如薰亦能诗，士趋之若鹜，宾座常满。妻杨氏、继妻南氏皆贵家女，至脱簪珥供客犹不给。军中患苦之，如薰莫能却也。一时风会所尚，诸边物力为耗，识者叹焉。"（卷二三九）由此可知，非惟文人谈兵、入幕为"风会所尚"，即武人能诗好延揽文士，亦何尝不在风会中！

　　戚继光即不能称"儒将"，其文集中涉及儒学、理学的话语，足证其决不自外于儒者，也不自外于文人。而吐属风雅，虽戎马倥偬之际，仍不废诗酒唱和，亦其人为武将而为文人接纳的一部分根据。郭朝宾《止止堂集序》称道戚氏处战地而"意思安闲，游于翰墨，其整且暇何如者"——正是文人所欣赏的一种儒将风度。更有意思的是，虽身为武将，却以孙武、圣贤比较而高下优劣之，也证明了他的自期决不止于武人（参看《止止堂集·愚愚稿上》）。戚氏说："孔明兵法，莫过于'宁静致远'一句。故谓去外寇易，去心寇难。能去外寇而不能惩忿窒欲以治腹心窃发之寇者，不武也。""用兵能用浩然之气，即是义理之勇，否则血气而已矣。"（同书）理学语境中武人"谈兵"有如是者！若戚氏生当崇祯朝，必附和刘宗周"先守后才"说无疑。理学氛围中的武人，甚至不免于袭用理学话头，说"主静"，说"不睹不闻""戒慎恐惧"，撰《大学经解》（参看戚继光《书静庵卷》，《止止堂集·横槊稿中》；同书《愚愚稿》），且也用语录体——亦其时的"时式"。

到明亡之际，戚继光、俞大猷一流人物，已罕有其人。

火器与明末军事

与文人的谋略之谈相映成趣的，是部分地出自文臣之手的实用类兵书。何良臣的《阵纪》，清四库馆臣许其"切实近理"（《四库全书总目提要·子部兵家类》。按：何氏弱冠弃诸生从军，嘉靖间曾官蓟镇游击）；对郑若曾的《江南经略》，则以为虽"多一时权宜之计"，"究非纸上空谈，检谱而角觚者也"（《四库全书总目提要·子部兵家类》。按：郑氏曾佐胡宗宪平倭寇）——也强调其实用性。徐光启有关军事的著述如《徐氏庖言》，有关练兵的《选练条格》（见《慎守要录》卷七，经韩霖删改），以东南"倭患"与东北边患（建州的军事扩张）为直接背景，著述期待极其明确。范景文参与军事，亦"辑战守等书，用以训练戎伍"（《将略标序》，《范文忠公文集》卷六），务切于用。对效用——包括时效，因而不免于"权宜之计"——的期待，也属于其时经世之学的一般特征。

与戚继光《纪效新书》、徐光启《选练条格》一类著述相应的，是关于军事管理的标准化、规范化（包括一定程度的量化）的要求。徐氏所谓"条格"，即在此方向上，用他本人的话说，即"器式程度"，有可供"按核"的"铢两尺寸"（《处置宗禄查核边饷议》，《徐光启集》卷一，页17—18）。对于其他军事措置，徐氏也主张"定格式""画一规格"，强调可计量、可复制性，与其在工程方面强调"度数"、技术指标，同一思路。他对于敌台的设计，度数详明，正乃用其所长（参看其天启元年《移工部揭帖》，同书卷四）。徐氏思考的精密，对于技术性、工艺指标的强调，与同时大多谈"经世"、兵事者，已不在同一境界，可供辨识近代"科学""技术"的输入，在此一隅打下的印记。

当其时虽有实用兵事大全、兵学知识总汇一类大书的纂辑梓行，我所谓"实用兵书"者的著述趣味，注重的是具体的适用性，如备倭，如城守，如选将、练兵等。有关兵事的奏疏亦然：固有"太平十策"类无所不包者，也有止于一事或数事，目标极其明确具体者。徐光启解释"古来谈兵，未见有琐屑至此者"，归因于宋代以后武备的废弛（《徐光启集》卷三，页115）。事实则是上述具体化，其间有关事类的划分，未始

211

不可以视为传统兵学进一步专业化的契机。

孙承宗所撰《车营百八叩》，即面对下属的车战教材。全书共一百零八问，涉及历史上的著名战例（车战），设想车战的诸种情境，问对应之策。该书应撰于其守辽时，自序中说："辽，吾土也，其寒暖燥湿、丘陵、阪险、原隰，吾得备悉。……日与诸文武大吏肄。撞晚钟而入幕，独坐则思，漏四五下，觉而又思；撞晓钟而起，且与诸文武大吏肄。知则试之，不知则相与探讨……"（畿辅丛书。由该书王馀佑跋可知，鹿善继亦撰有《车营说》）

明末对于战车、车战的兴趣，因于其时的战场形势。叶适读《孙子》，读出了《孙子》非教战之书，乃教不战或守的书，"此书尽用兵之害，而于守与不战持之最坚"，"其论彼己胜败之际，至为恳切，盖止欲不败，而未尝敢求必胜也"（《习学记言序目》，页 678），"然则为孙子之术者，必无战而后可尔"（同书，页 684）。明中叶后士人的谈兵，所谈也更在"守"；"止欲不败"，则因强弱之势至此早已昭然。① 关于战车，嘉靖

---

① 张居正曾说蓟镇不同于他镇，"在他镇以战为守，此地以守为守；在他镇以能杀贼为功，而此地以贼不入为功"（《答阅边部文川言战守功阀》，《张太岳集》卷二八，页 342）。他授策戚继光，也说："今日之事，但当以拒守为主，贼不得入，即为上功。"（《答总兵戚南塘授击土蛮之策》，同书卷三二，页 405）戚继光也说："或谓战守当并论。今蓟山川险阻，能守而使之不入，不更愈于战乎？曰'兵法全国为上'，守险正全国之道也。蓟莫善于守。"（《辨请兵》，《明经世文编》卷三四九）其时论者主张筑边墙，守边固圉。谭纶亦以"负墙以战，遏之边外"为"上策"（同书卷三二二）。这样的战守形势势必影响于士民的心态。有明中叶以还军事上的软弱，造成了普遍的不安全感，衰世、末世之感，不可避免地影响着人们的行为方式。

朝程文德就曾说其功能在"捍""盖"，便于以此"壮胆"，因"我军见虏，如羊见虎。虎逐来时，羊得一藩篱，亦可幸免"；认为"我军必不能迎战，恒欲自守"，而战车即"可守之具"（《与人议战车书》，《明经世文编》卷二一一）。

有别于文人的方略谈，徐光启一流人由实战出发，着眼于器甲士马等的逐一改进，士卒的选练外，甲仗的精良、具体的攻防设施（即硬件），自然备受关注。《荀子·议兵》："古之兵，戈、矛、弓、矢而已矣。"到本文所论的时期，所谓"兵"，早已不限于上述数种。范景文崇祯初年出镇，大举修缮兵器，除枪炮刀斧外，"至于兵书战策所载、术士剑客所传军火秘器，堪备攻守之用者，皆令制一以备掌故之遗"（《恭报公费缮器疏》，《范文忠公文集》卷四）。

马文升早就谈到其时京军器械之窳恶（参看马氏《为修饬武备以防不虞事疏》，《明经世文编》卷六三）。万历年间徐光启实施其"选练"计划，发现"兵非臣之所谓兵也，饷非臣之所谓饷也，器甲非臣所谓器甲也"（《剖析事理仍祈罢斥疏》，万历四十七年，《徐光启集》卷三，页 140）。他批评其时边军的物质状况，曰："甲胄苦恶，器械朽钝，业已不堪，今或苦恶朽钝之物并为乌有，甚则举而鬻诸虏中也。"（《拟上安边御虏疏》，同书卷一，页 3）徐光启强调"器胜"，且明确地指出此"器"即火器，说"最利者，则无如近世之火器"，火器乃"今之时务"。徐光启不但言"知兵"，且言"知器"（参看其《西洋神器既见其益宜尽其用疏》，同书卷六）：这似乎是他特有的提

213

法。他本人热衷于制器，说："欲我制敌先议器械，欲敌不能制我先议盔甲。"（《恭承新命谨陈急切事宜疏》卷三，页123）——与儒者所谓轻重后先大相径庭。[①] 他以为在当时的战场形势下，"惟尽用西术，乃能胜之"，而"欲尽其术，必造我器尽如彼器，精我法尽如彼法，练我人尽如彼人而后可"（《西洋神器既见其益宜尽其用疏》卷六，页288、289）——确可作为晚清洋务运动的先声。

《明史·兵志》："古所谓炮，皆以机发石。元初得西域炮，攻金蔡州城，始用火。然造法不传，后亦罕用。至明成祖平交阯，得神机枪炮法，特置神机营肄习。"嘉靖初，御史丘养浩请多铸火器，给沿边州县。隆庆初戚继光于蓟镇练兵，上疏以"有火器不能用"为"士卒不练"之一失（《明史·戚继光传》）。嘉靖朝翁万达《置造火器疏》可资考其时火器性能及应用情况。翁氏说，当其时，"若神机枪、佛郎机铳、毒火飞炮等项火器，则夷狄所绝无"，为"中国"所"独擅"（《明经世文编》卷二二三）。近人李洵说，徐光启所设计的火器车营，以各种武器、兵种联合作战，装备更为完善（参看《明代火器的发展与封建军事制度的关系》，《下学集》，页45）。鹿善继《车营说》，即谈以火器为装备的车营（"铳与车合"），而不废弓弩步骑，欲使"相资相卫"（《认真草》卷一三。同卷《前锋后劲说》，亦阐述以火器、车营为依托的战术设想）。近人以为，

---

① 刘宗周奏对，说："臣闻用兵之道，太上汤武之仁义，其次桓文之节制，下此非所论矣。"（《子刘子行状》卷上，《黄宗羲全集》第1册，页235）

"明代兵器，尤其是火器的发展，在中国古代史上是空前的"（毛佩奇、王莉《中国明代军事史》，页135）。"火器在明代军队中占有很大比例。"到明末，"炮""铳"品类繁多（据《明史·兵志》，计有数十种），火器的制造已颇具规模。

对物质性、技术性的注重，固然与明末清初"经世"视野的扩展有关，对武器装备的重视，却自昔已然。徐氏之前，明代朝野人士即表现出对武器发展、装备革新的关注，甚至不少名臣参与了器械的设计，表现出浓厚的技术热情。如李贤《论御虏疏》所言战车形制（《明经世文编》卷三六）、郭登《上偏箱车式疏》（同书卷五七）、余子俊《为军务议造战车事》（卷六一）、秦纮《献战车疏》（卷六八）；丘濬亦一再议及战车，且详载车式（如《车战议》卷七四）。万历朝赵士桢《神器谱》一书，内容包括火器的"设计、制造工艺、施放方法及火器作战的布置"（李洵《明代火器的发展与封建军事制度的关系》，《下学集》，页34）。明亡之际，黎遂球自说"愿蠲变家产，制斑鸠铳五百门"（《上直指刘公》，《莲须阁集》卷三）。还说，"使数万人皆习此器，贼当辟易"（同卷《复友人论勤王复仇书》）。陆世仪也说自己曾欲创为战车（《思辨录辑要》卷一七）。直至京城陷落之后，尚有民间人士从事武器设计，冀有万一之效。但也有另外的一面。《天工开物》卷下《佳兵·火药料》："火药、火器，今时妄想进身博官者，人人张目而道，著书以献，未必尽由试验。"（吉林人民出版社版）《续文献通考》卷一八三《经籍》四三，关于顾斌《火器图》一卷，曰书中所言军中火攻之具，"大抵斌以意造之，无济于实用"，"所制木人骑马之类，颇近儿戏"(商务印书馆，1936)。

尽管越来越多的火器用于实战，且"新式火器"促成了明代后期兵制的变化，却直到明末，"古之兵"仍不免是交战中的主要武器。火器的运用非但未能扭转战场形势，且往往徒以资敌。"崇祯时，大学士徐光启请令西洋人制造，发各镇。然将帅多不得人，城守不固，有委而去之者。及流寇犯关，三大营兵不战而溃，枪炮皆为贼有，反用以攻城。城上亦发炮击贼。时中官已多异志，皆空器贮药，取声震而已。"(《明史·兵志》)徐光启本人也说，其时的对手("贼")"甚而西洋大炮我所首称长技前无横敌者，并得而有之"(《钦奉明旨敷陈愚见疏》，《徐光启集》卷六，页310)。[①] 明清对抗，明军仅有的优势已与对手所共；八旗汉军中的火器部队，即参加了对明军的作战。《史可法别传》记弘光乙酉史可法守扬州，"北兵由泗州运红夷大炮至，试放一弹，飞至府堂，权之，重十斤四两，满城惶怖"(《史可法集·附录》，页176，上海古籍出版社，1984)。人/器这一伦理问题背后，有复杂的经验事实。李洵说："在十七世纪的明清战场上，虽然双方都装备了火器，但还是主要用冷兵器。而仅有一点火器的清兵战胜了拥

---

① 《柳如是别传》据钱谦益《初学集》所记徐从治为落入"贼"手的明军西洋大炮击毙一事，转引赵俞之言曰："火攻之法，用有奇效。我之所长，转为厉阶。"陈寅恪于此评论道："此数语实为明清兴亡之一大关键。"(上册，页156，上海古籍出版社，1980)

有大量火器但不放弃冷兵器的明军。"(《论公元十五、十六世纪明代中国若干历史问题》,《下学集》,页16)先进武器不足以救明之亡,提示的与其说是"器"的功用的限度,不如说更是器与其他因素,尤其制度条件的关系。本文涉及的所有因素——不惟武器装备,而且军事制度、文武关系等等,都对明清之际的军事对抗及其结局发生了影响。那一时期的战事是在这诸多因素的共同作用下进行的。

《刘子全书》卷一七附录《召对纪事》,详记崇祯十五年刘宗周当召对时与崇祯的激辩。刘氏批评"专恃火器",说"火器彼此共之,我可以御彼,则彼得之亦可以制我,不见河间反为火器所陷乎?……不恃人而恃器,所以愈用兵而国威愈损矣"①。徐光启也说过,"若有人无器,则人非我有矣;有器无人,则器反为敌有矣"(《处不得不战之势宜求必战必胜之策疏》,《徐光启集》卷六,页309)。亦如争"任人""任法",刘宗周与崇祯所辩任人、任器,亦自有充分的经验根据;而刘氏所坚持的"先守后才",也未可即如崇祯,径以"迂阔"目之。当然,讨论明军的失败,仅上述视野显然不够。其他因素之外,也应当说,其时的技术水平限制了火器的效用。嘉隆间戚继光就曾说到,明军较之虏"长技唯有火器",而火器"势难

---

① 刘氏接下来说:"至汤若望,西番外夷,向来倡邪说以鼓动人心,已不容于圣世,今又创为奇技淫巧以惑君心,其罪愈不可挽。乞皇上放还彼国,以永绝异端,以永遵吾中国礼教冠裳之极。"崇祯"意不怿",曰:"火器乃国家长技,汤若望非东寇西夷可比。不过命其一制火器,何必放逐……"刘氏此番与崇祯争辩"人/器""才/守",最见儒者本色。

继发"(《止止堂集·愚愚稿上》）；说当时的火器"动称百种，与夫机械之属纷然杂陈，竟无成效"（同上）。"诸多因素的共同作用"的结果是，无论火器的发展还是兵制的有限变动，在17世纪的中国，都未能有效地推动军事制度由前近代向近代转化。

结语

倘若将谈兵置于下述背景上，其所以演成风气，更值得做深入的探究。

儒学经典有关兵事的论述，无疑施加过极其深远的影响于士人。《论语·卫灵公》："卫灵公问陈于孔子。孔子对曰：俎豆之事，则尝闻之矣；军旅之事，未尝学也.'明日遂行。"《孟子·尽心》："有人曰：'我善为陈，我善为战.'大罪也。"《孟子·离娄》："争地以战，杀人盈野；争城以战，杀人盈城。此所谓率土地而食人肉，罪不容于死。故善战者服上刑，连诸侯者次之，辟草莱任土地者次之。"所谓"兵凶战危"，以兵事为不祥，则无间儒、道。《老子》曰："战胜以丧礼处之。"上述经典话语对于士人心性的塑造，是无论如何估量都不至于过分的。儒者面对与兵事有关的道德难题，用以规避的，通常即孔子的"兵旅之事，未之学也"。广为流传的，另有"儒先"的故事。如张载"少喜谈兵，至欲结客取洮西之地，年二十一，以书谒范仲淹"，范警之曰："儒者自有名教可乐，何事于兵。"因劝读《中庸》，张氏终成粹儒(《宋史》卷四二七本传)。上文一再谈到的徐光启，好谈兵且躬亲兵事，却一再申明"臣本文儒，未习军旅"，可见"军旅"本非"文儒"所当从事。号称"能兵"的卢象昇，也自说"非军旅长才"(杨廷麟《宫保大司马忠烈卢公事实俟传》，《卢忠肃公集》卷首)。《明史》杨嗣昌传，记杨氏奏对有"善战服上刑"等语，为崇祯所申斥。当此时杨嗣昌的引经据典，确也只能解释为自掩其无能。

在清初经学复兴的氛围中，与兵事有关的经典释读，也呈现出活跃的面貌。颜元《四书正误》由《论语·述而》"子之所慎"章，说孔子知兵，曰："此处记夫子'慎战'，必夫子亦曾临阵。又证之夫子自言'我战则克'，是吾夫子不惟战，且善战，明矣。至孟子传道，已似少差。流至汉、宋儒，峨冠博带，袖手空谈，习成妇人女子态，尚是孔门之儒乎？熟视后世书生，岂惟太息，真堪痛哭矣！"(卷三，《颜元集》，页193)还说："孔门以兵、农、礼、乐为业，门人记夫子慎战，夫子自言'我战则克'，冉求对季氏，战法学于仲尼，且夫子对哀公，亦许灵公用治军旅者之得人，岂真不学军旅乎？偶以矫其偏好耳。后儒狃于妇女之习者，便以此借口，误矣。"(卷四，同书，页220)他不以为然于《孟子》所谓"善战""辟草莱""服上刑"(《颜习斋先生言行录》卷下《王次亭第十二》，同书，页663)。实则他的有关议论，亦"救弊之言"——不惜救之以另一偏至。王源《平书·武备》也说："卫灵公问陈而孔子不答者，非谓军旅之事不当学，以卫灵所急者，不在是耳。

219

后世儒者遂以孔子为口实，谓为国者宜文不宜武"（参看《平书订》卷九）。[1] 还说："人知周之尚文，而不知周之尚武。"（同书）。陆世仪甚至说"礼乐是儒家一个阵法"（《思辨录辑要》卷二一），绝非兵家所能想见。

儒、道对于军事行动的社会文化意义、伦理后果的严重关切，其积极意义却毋庸置疑。

丘濬说："臣尝谓天下之事，惟武功一事，最难得其尽善而无余弊。何也？盖兴师动众，人至多也；临阵对敌，机无穷也。不杀则不足以退敌而功不成，是武之成，必在于杀人也。"（《赏功议》，《明经世文编》卷七五）敏感的儒者对此不能不心情复杂；兵事、与兵事有关的话题，确也构成了对儒者伦理意识的考验。前此叶适就曾主张"不多杀人"；在南宋危亡的情势下，尚曰"自淮以北"皆吾土吾民，"流涕以对之犹不足"，尚忍言"孙武之智"乎（《兵权上》，《叶适集·水心别集》卷四，页681）！明亡之际，金声也说："夫兵者，所谓聚不义之人，持不仁之器，而教之以杀人之事。"（《举边才足兵饷议》，《金忠节公文集》卷一）还说："惟不嗜杀人，乃可使杀人。"（同书卷八《唐中丞传》）金铉也说："忘战者危，好兵者亡。"（《拟周礼策对》）有明一代屡有疏论"首功"者，无不以

---

[1] 前此杨继盛曾驳以"佳兵不祥"为口实者（参看其《请罢马市疏》，《明经世文编》卷二九三）。李贽也说过，被"邯郸之妇"作为口实的孔子的"军旅之事，未之学也"云云，"非定论也"（《藏书世纪列传总目后论》，中华书局，1959）。顾颉刚解释孔子答卫灵公问陈，也以"军旅之事未之学"为"托词"［参看《武士与文士之蜕化》，《史林杂识（初编）》，页86—87］）。

"止杀"为说；对以首级论功中包含的残忍性及不可避免的弊端(如杀良冒功)的追究，也出于"仁"之一念(如潘潢《论首功疏》，《明经世文编》卷一九八)。① 陆世仪以"仁"说"兵"，曰："兵法儒者不可不习，此虽毒天下之事，而实仁天下之事。"(《思辨录辑要》卷四)说"兵阵，仁人之事也，不仁之人为民害。不得已而杀人以生人，此非大仁人不可"。更以为"杀人之中有礼乐"，"杀人之中有理存焉"(同书卷一七)。他于"六艺"之一的射，既取其实用，又关心礼意，说："古者射以观德，是于强有力之中又欲择其德器，所谓杀人之中又有礼焉也……"(同书卷一)这层意思，似未见于其他论"六艺"者。儒者的兵事之谈不同于兵家，也不同于文人者，正应在此。出诸仁者情怀，正在发展中的"火器"及其杀伤力已足以令陆世仪不安，他甚至有"厉禁"的主张(同书)。② 一方面，严峻的军事形势要求武器的精良；另一方面，武器日益增强的威力又预示了战争规模的扩大，对大量生命的摧毁。敏感的儒者不能不对人心的嗜杀、对军事行动之于生命的蔑视怀有深忧。儒者对"军旅之事"的矛盾态度亦基于此，尽管他们不可能提出有效的替代方案。

明清之际士人与"兵事"有关的文化追究，甚至达于某种

---

① 然而出诸文人之手的武将传状，却往往有对于暴力行为的渲染。对残酷行为——诸如"磔""剜目""截耳"(又作"馘")——的叙述态度，包含如下理解，即以敌方("贼""夷"等)为非人，不适用于"仁"的原则。

② 《天工开物》的作者并不熟悉与火器制作有关的技术，却表达了对于红夷炮、"万人敌"之类火器的威力的震惊(如"千军万马立时糜烂"云云)。

制度细节。王夫之好深湛之思，总能于人们习焉不察、制度沿袭已久处发现弊窦。徒、流、充军、戍边，作为古老的惩罚手段，刊之法典，沿用已久，王夫之却发他人未发之覆，追究至于上述政治行为的潜在语义，洞见隐藏其中的有关军事（尤其边务）的价值态度。他在《噩梦》中说："……乃自充军之例兴，杂犯死罪，若流若徒，皆以例发充军。军舍武职有大罪则调边卫，边卫有大罪则发哨瞭，是以封疆大故为刑人抵罪之地，明示阃外之任为辱贱投死之罚，督制镇将且为罪人之渠帅，如驿吏之领囚徒，国家之神气，几何而不沮丧乎！"（页587）"然罪人充配，损国威而短士气，始为谪罪充军之议者，庸人误国之祸原也"（页592。按：《明律》充军条例至有二百十三条之多）。的确可谓鞭辟入里。王源《平书》论"刑罚"，也说："若夫充军之法则愈谬。军者，国之爪牙，宜鼓舞之，优渥之，然后可以得其心与力；乃以为罪人，而出于'徒'之下，人孰肯为之哉？此武备之所以弛，而敌忾无人也。"（参看《平书订》卷一三）李塨《拟太平策》也说："明问罪充军，大误。军者，民之杰；国之大事，戡乱安民以定社稷，曷乃以为罪所也？"（卷五）与王夫之不谋而论合。被我们惊为"特异之见"的，未必不是某一圈层中的共识。颜元所见，也与上述诸人有合。他说："军者，天地之义气，天子之强民，达德之勇，天下之至荣也。故古者童子荷戈以卫社稷，必葬以成人之礼，示荣也。明政充军以罪，疆场岂复有敌忾之军乎！"（《颜习斋先生言行录》卷下《不为第十八》，《颜元集》，页 688）上文提到文人、名士的兵事之谈不乏精彩，如王夫之、颜元这样的儒者的上述意义追究，不也出诸特识？

在清理"明清之际"这一起止不甚明确的时段的文献时，我发现了太多的"共识""不谋而合"，对其时的思想共享与可能的交流不禁产生了好奇——天各一方的论者是经由何种渠道实现"共享"的？被战乱、流离播迁所分割的士人间的"交流"缘何而进行？

（本文为 2000 年出席美国哥伦比亚大学东亚语言文化系、北京大学中国语言文学系、北京大学二十世纪中国文化中心主办之《晚明至晚清：历史传承与文化创新》学术讨论会提交的论文，经修改后作为《制度·言论·心态——〈明清之际士大夫研究〉续编》上编第二章。《制度·言论·心态——〈明清之际士大夫研究〉续编》由北京大学出版社 2006 年出版）

常态与流离播迁中的妻妾

——明清之际士大夫与夫妇一伦(之一)

妻/妾

关于传统社会的男性心理，俗谚有所谓"妻不如妾，妾不如妓，妓不如偷，偷着不如偷不着"[1]。有此诸"不如"，妻处境的尴尬可知，尽管其社会地位非妾、妓所能比，通常也非后者所敢觊觎。

据说古印度《欲经》专章讨论妻的行为规范，妻妾关系，再嫁寡妇、弃妇和国王深宫内后妃、宫女的行为准则，夫君与妻妾相处之道。古代中国规范夫妻、妻妾关系，则有《礼》与《律》。

古代中国严别嫡庶。妾作为男子的配偶，与男子同样具

---

[1] 陈东原《中国妇女生活史》引此谚，说明初江盈科《雪涛小说》已载之(第七章，页207)。

有法律意义上的婚姻关系，与妻却有法律地位之别。妻妾乃不同伦理地位的"妇"。《礼记·内则》："聘则为妻，奔则为妾。"《诗·南山》："取妻如之何？非媒不得。"《唐律疏议》："妻者，齐也，秦晋为匹。妾通买卖，等数相悬。婢乃贱流，本非俦类。"（卷一三，页256，中华书局，1983）由称谓看，"侧""副""偏"相对于"正"，主次分明，等级俨然。[①]冒襄的《影梅庵忆语》（如皋冒氏丛书）引杜濬（于皇）的"大妇同行小妇尾"。尾即尾随，所写冒氏与"大妇"（即正房苏氏）、"小妇"（即董小宛），未见得出自亲见，或许只是以为理应如此。陈维崧为其庶母作传，说其庶母之德，在"不自见其德"，惟善体其夫之德，以大妇之德以为德（《敕赠时太孺人先庶母行略》，《陈维崧集·陈迦陵散体文集》卷五，页110，上海古籍出版社，2010），不但无私，而且无己——这或也是世俗所认为的侧室的最高境界。同篇所写其母汤孺人，也正像下文所要写到的冒襄妇苏氏，正合于大家主妇的风范。在本篇所写的时期，"妾妇之道"，仍是极鄙之辞，意谓自拟于、自处于、自甘于卑贱。张履祥的如下一番话，无疑是深于世故者之言："娣之从嫡，必当如跛者之履，而不足以与行，则无僭上之疑，而嫡妾之分明。妻之从夫，必当如眇者之视，而不足以

---

① 陈鹏《中国婚姻史稿》："依礼，妾之身份低于妻，不得与夫齐体，故妾称夫为君，称妻为女君，事君与女君如事舅姑。"引陈铨的说法，"称为君者，同于人臣也"（页715）。同书还说："妾之身份既低于妻，故其见嫡妻须下拜，嫡妻坐而受之，不答拜。"苏冰、魏林《中国婚姻史》认为"从文化分野角度看，嫡庶分明的多偶制委实属于城市士大夫文化"（页194，文津出版社，1994）。

有明，则无反目之嫌，而夫妇之伦正。是妾妇之常道也。"（《读易笔记》，《杨园先生全集》卷二九，页815）要如跛（妾）如眇（妻），夫妇一伦中的妇（妻、妾），非有一定的表演才能，则难以做到吧。

卢象昇有一篇《寄训室人》，说自己"为官一十三年，……日惟国事苍生为念，不敢私其妻子"，"惟愿作吾匹者体吾心，以媳代子"，"以母代父"——使其妇承当了太沉重的责任。对妾的训词则是："惟尔为糟糠之亚，宜佐阃政于无愆，诚心以抚诸儿，小心以事亲上，修母道而循妾规，理中馈维勤，安清贫若素……"（《寄训副室》，均见《卢忠肃公集》卷一一，光绪三十四年重修版刊本）在当时，卢象昇这样的忠臣，宜有此家书。《甲申传信录》记陈良谟殉明前其妾有身孕，陈嘱其族侄，自己死后，可携那女子南归，"若诞生男，使守；汝能始终膳给之，甚善。若生女，且不能守，则凭若处分，可也"（卷三，页46）。这遗嘱亦堪玩味。

魏禧记某人妻李氏对妾，俨若君臣，"每女红间，则持《女孝经》及《女小学》正席南向坐，二妾坐东西向，为讲章句大义，旁及古今贞淫善恶感应事，二妾递当日供茶果饵以为常"（《泰宁三烈妇传》，《魏叔子文集》卷一七）。只不过妾所坐乃东西向而非北向而已。颜元与同道习礼，"参用《仪礼》训练其妻妾，命其妾田氏随女君（按：即其妻）拜祠，拜君（按：即他本人）、女君皆四"（《颜元年谱》，页63—64）。李塨撰颜元年谱，所记魏帝臣其人处妻妾的情境，颇有几分戏剧性，

229

说该魏"与妻宋氏相敬如宾，每外退必入宋榻，宋氏尝请之副室。或已至副室，宋氏辄来，副趋出垂手迎，搴帘肃入。夫妻坐谭久，副侍，不命不坐也。及宋氏卒，副祝氏以哭病亦死"（《颜元年谱》，页41）。李塨的如上记述，当然意在表彰，只是由今人读来，会感到不舒服罢了。

上文提到的颜元妾田氏，是颜元、李塨一致认为合于妇德的妾。据李塨说"先生（按：即颜氏）自外过中门，侧室田氏急掩扉避，先生遥嘉之曰：'可谓能守礼矣。'"（《颜元年谱》，页63）据年谱，田氏"有女德，柔顺而正"，"事先生十八年，未尝一昵近，未尝仰首一视先生面也。事女君如慈母"（《颜元年谱》，页81）。"未尝一昵近"，"未尝仰首一视先生面"，有违常情。只能说，有此夫不难有此妇。

陈确有诗《闻君将买妾》，为朋友计，写得很贴心。该诗劝其友买妾"毋过求精细"，说"精细必娇痴，娇痴大娘忌"；为子嗣考虑，"精细多怯弱"，不利于生育（"怯弱鲜孕字"）。这样看来，"莫若田家子，貌质任粗砺。粗砺宠不深，日常少淘气"；此外还有经济方面的考量，买村女"省黄金"，"货低价不贵"（《陈确集》诗集卷二，页634）。在陈确看来，这些道理都显而易见。这番话，也非深于世故即不能说出。陈确本人妇死不续娶，亦未曾纳妾，也应因了那份世故。但这样极务实的话倘若说给冒襄一流人听，或许会掩耳疾走吧。

严于嫡庶分际，系维护家族秩序的重中之重，具体处置却也有因人之异。屠隆所撰茅坤行状称赞茅妻"贤明"，却说那妇人尤为难能的是，其因所生子豪侈，而主张析产，"或曰：'孺人肩百苦，起家有今日，孺人子不当与诸姬子偶。'孺人曰：'子，均也，安得以老妇故，有所轩轾?'"（《明河南按察司副使奉敕备兵大名道鹿门茅公行状》，《茅坤集》附录一，页1354）妇人的"深明大义"，也应见之于这种场合。①

关涉人伦，尤当涉及"色"与"性"，名士与儒家之徒对规范的理解未见得总有不同。查继佐好声色，家中畜有"歌儿"。庄氏史案中，查所畜女伶柔些（应系姬妾）追随北行，"几欲身殉"（《查继佐年谱》，页32，中华书局，1992）。其所宠爱者，另有蝶粉、雪儿等（同书，页110）。其门弟子拟查于谢安、马融（同书，页70；《东山外纪》序，同书附录一，页74）。门弟子却又说，查氏"勤门内之学，语及人伦，虽燕处色笑时，必正色俨对。与人极和，独以此规谏，不惜苦口"；对于越轨的行为不无宽容，"但儇薄者不得入座"（《东山外纪》，同书附录一，页85—86）。查氏本人曾"挟歌儿与游"，诗曰"手持少女看佳句"（同书，页84）。"逢山水最佳，推篷倚月，清响裂寒空"，查则"洞箫和之"（同书，页125）。凡此，想必不自以为"儇薄"。其弟子所谓"门内之学"，"处夫妇"自是题中之义。

---

① 郭松义《伦理与生活——清代的婚姻关系》引《大清律例》关于嫡庶子男、妻妾婢所生子财产均分的条例（页382，商务印书馆，2000）。但由上引文字看，均分应并不普遍。妾的财产权问题更复杂。对《宋刑统》所谓"寡妻妾无男者，承夫分"这句话，日本学者就有不一致的解释（参看阿风《明清时代妇女的地位与权利——以明清契约文书、诉讼档案为中心》，页59注1）。同书记有婢妾出现在土地买卖文书中的情况，虽则如著者所说，这种情况十分少见，"也与婢妾身份不符"（页91注3）。

他向弟子传授经验，说："居室为学问最大，此处打不破，诸不可为矣。对妻妾，如临大敌。《大学·齐家》章'好知恶''恶知美'二语，疗妒之法无过是矣。"（同书，页90）自然得自"过来人"的体会。据此想象，查氏夫妇相对，很可能一本正经，与挟"歌儿"时是两副面孔。同篇记查氏避地某处，将离去，邻家少妇"炙鹅为饭以别，偕其姑邀先生（按即查氏）及从者与共席。先生局促，立引一白，谢去"（同书，页98）。则对他人之妇与对歌儿又不同，后者可狎，对前者必庄——亦其所掌握的分寸。名士不同于儒家之徒的，或在自律而非他律，行其所以为的"是"，不随人俯仰。

刘承幹撰《东山外纪·跋》，指摘该《纪》涉歌儿，"近于猥琐"，说撰写者"知尊其师，而不知其所以尊也"（《查继佐年谱》附录一，页145），也不免是陋见。《外纪》成书于查氏生前，可知查氏不讳其事，更不以为门生冒犯。至于其妇（应指蒋氏，见下文）的态度，钮琇的说法是，该妇"亦妙解音律，亲为家伎拍板，正其曲误"（《觚賸》卷七《雪遘》，《查继佐年谱》附录二，页162）。蒋士铨更说"美鬟"乃其夫人蒋为查氏所"市"（《铁丐传》，同书，页164）。如此，则甚为圆满。

陈寅恪《柳如是别传》关于王沄说柳如是乃"吴中大家婢"，曰"婢妾之界线本难分判，自可不必考辨"（第三章，页53，上海古籍出版社，1980）。①复社领袖张溥因系婢出，不为宗党所重，未成名时曾为强奴欺凌，死后遗属尚为恶仆所欺，须门生友人伸张正义（参看陆世仪《复社纪略》卷一、吴梅村《清河家法述》）。受限于"历史条件"，张溥作为出身低贱的"成功人士"，不足以"颠覆"嫡庶尊卑的秩序；也如刘宗周、张履祥等人倡导善待佃仆，毋宁说只是示人以其作为"开明士绅""开明"的限度。

妻为夫家的后嗣计而劝夫、助夫纳妾，亦古代中国所谓"贤德妇人"的通常做法。到本篇所写的时代，仍然被士民所称道。归有光《毛孺人墓志铭》称道毛氏之贤德，曰其夫"方少年，即为买妾，以广继嗣。久之未效，则增置者不一，而拊之，人人各得其所"（《震川先生集》卷二一，页519—520）。据陆陇其说，侯方域女嫁陈贞慧子，多方为其夫置妾，"有螽斯不妒之风"（《陈母侯孺人圹记》，《三鱼堂文集》卷一一，《文渊阁四库全书·集部别集类》）。宋荦哭奠其妻，说其妻"中年无产，吾前后置二妾，吾妻接待以礼，始终无间言。或吾数月不御，辄相劝抱衾。世俗妇人有见及此者否？"（《哭奠妻郭氏文》，《筼山文钞》卷上，豫章丛书）颜元妇为使颜氏纳妾以求继嗣，竟"病不服药"以求死（见前注）。

柳如是、顾媚、董小宛，是明清之际以名妓而主动安排

① 关于婢妾，陈鹏《中国婚姻史稿》："惟妓、婢虽与妾连称，其身份实低于妾。""唐制：妾与妓、婢，良贱悬隔，妓、婢，欲升为妾，须得幸生子或先放为良而后可。"（页677）。同书却又说："元时妾与婢同，不得视为良人。"（页680）

自己的命运，以或妻或妾的名分进入士大夫家庭生活的可资比较的例子。无论陈（子龙）、柳（如是）还是钱（谦益）、柳（如是）的故事中，各有一个处于阴影中的人物，即陈、钱的夫人。陈寅恪的《柳如是别传》已将两人由阴影下请出，只不过意在指认其所扮演的尴尬角色，而未将其本人作为关注的对象罢了。冒襄夫人的形象较为正面。至于龚鼎孳的原配童氏，见诸记述，态度有一点微妙。龚氏仕清，童氏不随宦京师，而是居合肥。据说其人辞清朝诰封，说："我经两受明封，以后本朝恩典，让顾太太可也。"（《板桥杂记》中卷《丽品》，页34，上海古籍出版社，2000）这番听起来大度的话，似乎大有弦外之音，未必不隐含了对顾媚的轻蔑。朝鲜人所著《皇明遗民传》据此而以龚妻为遗民（参看孟森《皇明遗民传序》，《明清史论著集刊》上册，页190，中华书局，2006）。

陈子龙的门人王沄撰《三世苦节传》，说陈子龙妇张孺人"通《诗》、《礼》、史传，皆能举其大义，以及书算女红之属，无不精娴，三党奉为女师"（《陈子龙诗集》附录二，页738）[①]。但这些显然不足以令陈子龙满意。其所重或许在彼而不在此。该传极写张孺人为无可挑剔足为楷模的贤德妇人，说张孺人

---

① 吕坤《〈闺范〉序》说，"先王重阴教，故妇人有女师"（《闺范》，民国十六年据明刻本影印）。此"女师"当由字面解释。魏禧死，其妇绝食以殉，彭士望"即枢前拜为女师"（彭氏《与门人梁份书》，《树庐文钞》卷二，道光甲申刊本）。《静志居诗话》写对黄尊素的夫人，刘宗周、瞿式耜"皆目之曰'女师'"（卷二三，页727，人民文学出版社，1990）。陈维崧《奉贺冒巢民老伯暨伯母苏孺人五十双寿序》亦以冒妻苏氏为"女师"。此"女师"，应系女性楷模。

"屡举子女不育。为置侧室"，且特别强调所纳为"良家子"（同书，页738、739）。陈寅恪以为陈子龙纳蔡氏为妾，出于张孺人"欲藉此杜绝其夫在外'流连声酒'"的良苦用心（《柳如是别传》第三章，页99）。该书一再写到柳如是不为陈子龙家庭所容，感慨于陈、杨（按：杨爱，即柳如是）因缘的"卒不善终"，追问"谁实为之，孰令致之"（同书，页124）。答案甚明。①

关于董小宛在冒襄家庭中的地位与处境，我将另文分析，这里先用一些笔墨于较少引起关注的面向，即冒襄及其友人笔下的其妻与其妾——那正是我在这一时期的文献中所读到的合于其时士人理想的妻妾关系。张明弼《冒姬董小宛传》有"姬（按：即董小宛）南征时，闻夫人贤甚，特令其父先至如皋，以至情告夫人，夫人喜诺已久矣"云云（冒襄辑《同人集》卷三）。以冒氏所写其妇的慈惠，《影梅庵忆语》中其妇善待董小宛（以及其他姬妾），应当是可信的。其妇的心胸气量，确也非寻常妇人可比。林璐所撰《丁药园外传》的丁澎妇，也如其夫的豁达大度，富于幽默感。该篇说丁"数得孺子妾"，仍心怀不满，"主妇贤，家人多不直丁君"（《虞初新志》卷四，页63，河北人民出版社，1985）。关于丁澎其人，下文还要写到。

---

① 该书写张孺人之干预陈、柳关系，多系猜测。如想象张孺人"号称奉其祖母高安人继母唐孺人之命"，将"率领家嫔……驱逐"柳如是（同书，页265）。说陈子龙"遣去"柳如是，"当不出于'阿母'即唐宜人之意，实由卧子（按：即陈子龙）妻张孺人假祖母高太安人之命，执行其事"（页285）。说陈氏之家，"人多屋狭，张孺人复有支配财务之权，势必不能更有余地及余资以安置志在独立户户之河东君"（页309）。但你也尽可想象系柳主动离开，而非直接受到了陈的家庭的逼迫。倘如此，岂不更可证柳氏掌握自己命运的冷静与强毅？

冒襄妇苏氏与其夫同年，三岁订婚，十九岁结缡，康熙十一年(1642)以62岁卒。冒氏《祭妻苏孺人文》(《巢民文集》卷七)说："妻之事夫，白首无违，至矣。"其妇做到的，却远不止此。她不但"色养翁姑，又代养祖翁姑"，更要侍奉膝下无子的伯祖父母、祖姑，外祖父母、姨母、诸舅、舅母。做冒氏妇，有如是之辛苦！此外还要对她自己的父母尽孝。其他对冒氏之姑（"翁妹"）之姊之弟，无不委曲求全。祭文写其妇对弟媳曲意迎合，以长嫂而"必抑其年，降其身，顺逊其语言，以昵就之"，可以想见冒氏从旁看得心痛，对其妇的体恤怜惜，以及隐忍既久的不平、愤懑。由祭文看，其妇较冒氏更宽容，能忍冒氏所不能忍。无怪乎冒氏愤然道："世有为侄妇、为弟妇、为长嫂，谦己善下，舍己徇人，至于死而不懈如此者乎！"冒氏祭文刻画的妇人，依了当时的标准，岂"贤德"二字所能尽！祭文写其为人妻、为人媳、为人孙媳、为人弟媳、为人长嫂、为人侄媳……一个妇人在家族中所任角色、所承重负，像是无过于此吧。"大妇"处冒氏家族的上述艰难，是"小妇"董小宛于侍奉公婆与"大妇"外不必承担的。冒氏感慨道："通计妻入吾门四十四年，历富贵贫贱、兵火患难、疾病死生、仰事抚（年谱作'俯'）育、婚娶丧葬，呼吸旋转，一言一事一步，何一不恃有吾妻也！"这样的文字，那一时期士大夫的悼亡之作中殊不多见。尽管不如《影梅庵忆语》的哀婉动人，却悲慨淋漓，文字间可感的伤痛，并不在《忆语》之下。人们但知冒氏有写董小宛的美文，却少有人知其祭妇之文另有其感人处。

在冒氏笔下，其妇的慈惠，及于"父执远友，夫妇贫老，忽来就养"者，及于"里中文士""方外游者"，及于仆妇婢子，甚至"厨下廊间，徙倚多老妪，皆无告携归，养之十数年数十年者"。冒氏一再躬亲施粥，从事赈济，正有其妇从旁支撑。由此看来，其能善待董小宛，确也可信。

以大妇处姬妾，能"不悭不妒""不吝不私"，在传统社会至为难能。冒襄笔下的苏氏却不止于此。《祭妻苏孺人文》写苏氏对董小宛："桃叶载归，小星入侍，怜爱如左右手。"冒氏"年过五十，复为聘老友蔡氏女，视如己女"；待苏氏故去，该女即"事老母，娱鳏夫，代主两世中馈"。不唯此，自幼抚养的金、张二姬，"共侍左右"，冒氏说，"皆吾妻所贻也"。为其夫设想、预计有如是之周密，这样的"大妇"岂是常人能做到的！

陈维崧《苏孺人传》说苏氏"端庄缜密，寡言笑，持重晓事理"，"通变务大体"（《同人集》卷三），正是大家主妇的风范。另文说冒氏夫妇"极尽家庭之乐"（《奉贺冒巢民老伯暨伯母苏孺人五十双寿序》，同书卷二）。冒、陈世交，陈维崧居冒家近十年，应得自就近的观察。该篇写到冒妇去世后，年迈健忘的冒母每日黄昏仍寻找其媳。接下来说，冒襄有两岁的幼女，系其妾所出，"每早起，必过孺人之灵帏而号呼曰：'吾母其何往乎？谁复以果饵唅我乎？吾母果安往乎？'大声哭，哭哀极"。该传关于苏氏的叙述，较之冒襄祭文撕心裂肺的诉说，似刻意冷静、平淡，收束处使你感到的震撼，却只能出自陈氏手笔。陈维崧毕竟是较冒襄更优秀的诗人，更有掂掇文字的技巧，知道可以用何种细节、怎样的文字组织击中你。

冒襄的《祭妻苏孺人文》《影梅庵忆语》，一写其妇，一写其宠妾，是可资比较的文本。或要两篇文字（以及冒氏的《告祖父墓文》等）并读——当然，《祭妻苏孺人文》表达的，毋宁说更是感激，对于其妇为冒氏家族的贡献与牺牲，以及因亏欠其妇的愧疚，不同于《影梅庵忆语》的两性相悦，凄美缠绵，却也一往情深，且令人看到冒氏的处伦常，也是他更"日常"的境遇。至于祭文中的夫妻恩爱，则体现在不惟辅助其夫，且以一身承担冒氏家族的重负，应对伦理困厄，为此而承受种种压力及委屈上；善待姬妾，在冒氏的祭文中，还只是小节而已。

这里或有士大夫关于妻、妾在家族中位置的认知。妾因地位的卑下，其位置主要在与士大夫个人的关系中，而妻则要承受来自整个家族的评估。对此，由冒襄悼亡妇与亡妾（董小宛）文字的书写方式，即不难感知。冒氏对其妻、妾之死都不胜痛惜。他自以为有负于董小宛（尽管只是"微有负"），而有负于其妻的，却毋宁说是冒氏家族，尽管此意他并不曾直接说出。《影梅庵忆语》也写了董对于冒氏长辈的"开眉解意，爬背喻痒"，董小宛之为董小宛，却显然在与冒氏的关系中；而《祭妻苏孺人文》中的苏氏，面对的是冒氏家族，承担的是那个家族加之于她的不堪承受的重负。由《忆语》看，董小宛并未也不被认为有必要或可能分担"大妇"所任之重。当然，冒氏妻、妾仍然属于个例，即使是有分析价值的个例。冒妻在冒氏家族中的处境，或许也是稍许极端的例子。但考虑关于其时士大夫婚姻生活的传记材料的稀缺，虽冒氏上述文字所讲述的故事较为特别，不足以概其余，对于考察士人家庭中的妻与妾，仍不失为有价值的文本。

关于冒襄的侍儿吴扣扣，陈维崧为其撰有小传，自说材料得自冒襄本人的叙述。该篇说吴姬名湄兰，字湘逸，小字扣扣，"举止娟好，肌理如朝霞，眉妩间作浅黛色"（《吴姬扣扣小传》，《陈维崧集·陈迦陵散体文集》卷五，页122），"性情才识，不异宛君"（同书，页123。按：宛君即董小宛）。该篇说，董小宛对吴"见而怜之"，私下里对冒氏说："是儿可念，君他日香奁中物也。"（同书，页122）则非但苏氏不妒，董小宛也不妒，无不为冒氏着想，则冒襄何其幸运！苏氏鼓励冒襄纳吴扣扣为妾，"怂恿不置"（同书）。吴姬不但能如董小宛侍笔砚，且也如董长于理财，"家中出入，悉出姬手"（同书，页123）。对侍儿信任如此，愈见出苏氏的豁达。毋宁说较之董小宛、吴扣扣，此妇更稀有难能。但也应当说，冒襄笔下的苏氏，多少出乎常情。你不免会想，关于此妇，是否有未被讲述也不欲讲述的故事？清中后期的俞正燮说，男子纳妾而责妻以不妒，是不情的要求，甚至说，"夫买妾而妻不妒，则是恝（按'恝'，漠然）也，恝则家道坏矣"（《癸巳类稿·妒非夫人恶德论》，《俞正燮全集》第1册，页634）。何等精到！这层意思，是冒襄一流人不曾想到的吧。用这一种眼光看冒氏妇，以至看陈子龙妇、顾炎武妇、方以智妇，所见想必会有不同。

冒氏为其妇写祭文，在其妇辞世四年之际。年谱但写顺治八年（1651）董小宛卒，"有影梅庵题咏"，不详是何题咏。收入《如皋冒氏丛书》的《亡妾董小宛哀辞》，篇末冒襄附记，曰"哀文积于胸臆六十五日，两日夜成"，则应于董小宛去世两个月后写就。收入《丛书》的《影梅庵忆语》，或更写于《哀辞》后。也证明了同为悼亡之作，对于妻、妾，仍严格依循了既有的规矩。

由明至清，关于妾均有平情之论，如归有光所说"古之女子，不幸而为侧室，而其贤德终不可泯者，如《小星》之'寔命不犹'，《归妹》之'以恒相承'，圣人皆书之于《经》"（《张通参次室钮孺人墓碣》，《震川先生集》卷二四，页574）。对妾的处置被认为合于情理的，则如颜元所记阎翁，该翁"得何、乔二女侍巾栉久，一旦谓之曰：'吾老矣，焉用误尔青年为也。'各令携所有可百金，召其父兄载归"。颜元说此翁的行事往往"迥迈寻常"（《习斋记余》卷八《再奠大来阎封翁文》，《颜元集》，页543，中华书局，1987）。只是二女"载归"后的命运，就未必是该翁所关心的了。

至于冒、董故事，以及钱、柳、龚、顾故事，人们仍然更乐于作为名士名妓的故事讲述，而刻意忽略女方的家庭角色、身份，或贬抑其在家庭中的地位。尽管钱对柳以妻相待，当时后世的有些文人，却仍指柳为钱的"副室""小妾"。《板桥杂记·丽品》说龚鼎孳以顾媚为亚妻，顾且受封。孟森《横波夫人考》据此说，"横波之称夫人，实受清廷封诰，非泛泛美称。"（《明清史论著集刊正续编》，页458，河北教育出版社，2000）而当时的记述，也仍然坚持称顾为妾。

刘宗周《论语学案四》："闺门，风化之始也。故称名之礼，夫子盖尝举之。曰'邦君之妻'，则系重于邦君矣，故君称'夫人'，明有匹也；自称曰'小童'，明有尊也；邦人称之曰'君夫人'，尊君也；……循名责实，则妾媵固不可以僭夫人，夫人亦不可以耦邦君，而邦君所以端刑于之化者，自不容已矣。"（《刘宗周全集》第1册，页598）其所拟《证人会约·约戒》诸戒中，有"戒闺帏"，曰"弃妻宠妾、以妾为妻、妾饰拟主母者上罚"（同书第2册，页585）。王应奎《柳南随笔》论钱谦益次苏东坡《御史台寄妻》诗，说钱氏"原配陈夫人，此时尚无恙也，而竟以河东君为妻，并后匹嫡，古人所戒。即此一端，其不惜行检可知矣"（卷一，第3页，中华书局，1983。按：钱诗即《和东坡西台诗韵六首》，《牧斋有学集》卷一）。王另在《柳南续笔》中记龚、顾，说金是瀛（天石）游金陵，值龚鼎孳大会诗人四十余辈于青溪，"伶人请演剧，天石命演《跃鲤》，举座失色。盖龚自登第后，娶名妓顾眉为妾，衣服礼秩如嫡，故天石以弃妻讥焉。龚为俛首，而天石傲岸自若"（同书卷四，页202）。

陈寅恪所激赏的，更是柳如是的勇毅，说："夫女子之能

241

独立如河东君，实当日所罕见。"(《柳如是别传》，页185)柳之"个性特强"(同书)，"能独立"，也在对"嫡庶"问题的坚持(参看同书，页421)。这也应当是柳与顾媚、董小宛大不同处：非顾、董可比，也非顾、董所能。但钱之于柳，龚之于顾，也非当时知名之士中仅有的例子。《静志居诗话》就说茅元仪序杨宛诗，"必称内子"(《静志居诗话》卷二三，页767)。查继佐侧室蒋氏称"夫人"，查亦曰"内子"，曰"妻"(《查继佐年谱》，页30、69)。正室病卒，"蒋夫人继理家事"(同书，页31)。杭州城降清，查氏"偕夫人蒋氏避乱庙湾"(同书，页40)。查氏陷庄氏史狱，眷属饱受惊吓，蒋夫人欲从死(同书，页30)。查曾与及门弟子为"继配"蒋夫人做寿，查亲笔大书"令妻寿母"四字(同书，页69)。

"称内子"，称"妻"，称"亚妻"，"礼同正嫡"，"衣服礼秩如嫡"，无非蓄意模糊界限，更像是一个花招、一种表达、一种宣示，既明确又暧昧。而柳、顾、杨等人介于妻妾之间的地位的模糊性，也证明了弹性空间的存在。等级似森严而实有缝隙，便于钱谦益、龚鼎孳这等文人"弄狡狯"，为自己所爱的人谋求一种不致太屈辱的名分。问题确也更在"名分"，至于实际待遇，则本不是问题。

《大明律》卷六《户律·婚姻·妻妾失序》："妻在，以妾为妻者，杖九十，并改正。""若有妻更娶妾者，亦杖九十，离异。"(《续修四库全书·史部政书类》)据近人所撰婚姻史，事实上的重婚似乎从未禁绝。"并后""匹嫡"，无代无之(参看陈鹏《中国婚姻史稿》）。古代礼法、典制毕竟不同于现代社会的法律、制度，有关的律令往往不敌既成习俗的力量。禁者自禁，娶者自娶，自古已然。至于战乱导致的"复嫡"的被认可，亦有先例（参看苏冰、魏林《中国婚姻史》，页150）。但有此律文与无此律文，仍然是不一样的。

以钱谦益、龚鼎孳的博学，自然熟于有关掌故，其"并后匹嫡"，处之泰然，笑骂任人笑骂，也因违禁并不必付出代价。钱、龚固可自行其是，有关的士论也绝非一律，极迂腐与极通达之论并存。在极迂腐者，钱、柳，龚、顾被认为伤风败俗的，不止于"并嫡"，还因违反了"良贱不婚"的禁制——尽管也从来就是"禁者自禁，而婚者自婚"（陈鹏《中国婚姻史稿》，页437）。徐芳《柳夫人小传》说，因柳如是挺身以一死纾家难，钱谦益子钱孙爱"德而哀之，为用匹礼，与尚书公（按即钱谦益）并殡某所"（《虞初新志》卷五，页81）。倘然，则并非柳所出的钱孙爱，也承认了柳的夫人地位。

陈寅恪《柳如是别传》以为崇祯八年陈子龙与柳如是"当已同居"，柳之于陈的关系，"与其谓之为'妾'，不如目之为'外妇'，更较得其真相也"（第三章，页235）。对于考察其时士大夫的婚姻、两性关系状况，此类"真相"绝非无关紧要。必也正名乎。对于名分，柳如是当年固然在意，陈寅恪写作《柳如是别传》时也仍不能不在意。名分与实际有可能不一致，却仍然是了解其人所处伦理地位的显明标识。陈、柳情缘也证明了即使风流放诞如柳如是，也不甘于、不安于"妾身未分明"的暧昧状态。但"亚妻"（顾媚）毕竟有一"亚"字；钱娶柳"礼同正嫡"，也到底是"拟之于"，也即相当于而非等同于——保留了微妙的差异。

名分与实际的家庭地位，确有可能并不一致；贵妻贱妾，落实到家庭关系处置，或大不然。柳、顾之于钱、龚，显然如此。清初孙垍龄攻龚鼎孳，疏中说到龚取悦顾媚，"置其妻孥于度外"（参看孟森《横波夫人考》，《明清史论著集刊正续编》，页453）。顾苓《河东君传》，说柳如是"颇能制御"钱氏，钱"甚宠惮之"（转引自陈寅恪《柳如是别传》，页344）。陈寅恪更有意用了世俗的说法，即谁受谁的气。张履祥之女为其夫所杀，其友陈确的说法是"宠妾杀妻"（《与张考夫书》，《陈确集》文集卷三，页124）。至于大妇受小妇的气，即到了近代，也绝非罕见。"婢作夫人"，虽是一句挖苦话，背后却大有事实。姨太太僭夺了家族的控制权，是20世纪通俗小说依旧在讲述的故事。或许正因了种种对伦理规范的破坏，与妻妾、嫡庶有关的礼制，才有必要一再重申。

《影梅庵忆语》极写进入冒家的董小宛近乎自虐的敛抑，却又说董为冒氏夫妇理财。"余出入应酬之费，与荆人日用、金错帛布，皆出姬手。姬不私铢两，不爱积蓄，不制一宝粟钗钿。"也应可佐证冒氏所说其妇的"不悭不妒""不吝不私"。关于董氏的长于理财、料理琐务，虽在流离中也井井有条，该篇多处提到。当然，仅此尚不足以认定董在冒氏家族的实际地位①，却使"被接纳"具体化且落实于责任。董承担了她难以承担的责任并从中感到满足而甘于"劳瘁"而死，其间有复杂的因果网络。

也如任一时代，发生本篇所写这一时期夫妇、妻妾间的，也有如下的恶性事件。方文妻"中风暴死"，妻家"移祸其妾"，"坼妾脑，堕胎死"（朱书《方盦山先生传》，《方盦山诗集》附录，页892，黄山书社，2010），极其血腥。由传世的文字看，上述"人伦之变"，似乎并未诉诸"司法"。张履祥的女儿被其婿鸩杀，张的友人且劝其息事宁人。无论妻还是妾（尤其妾），人身安全难以得到保障，由此可以想见。

明朝末年，不乏家庭伦理事件为政争所利用的例子，无论母子还是夫妇。前者如郑鄤，后者则如倪元璐。《明史·倪氏传》，说倪"雅负时望"，为温体仁所忌，怂恿刘孔昭攻倪，说倪的妻子陈氏尚在，而以妾王氏"冒继配复封，败礼乱法"；辩护者则说陈氏以过失被"出"，继娶王氏非妾（《明史》卷二六五）。至于万历朝的吕坤因编撰《闺范》而卷入政争一件公案，见《明史》卷二二六《吕坤传》，亦一戏剧性的例子。

至于士大夫于危难之际的处妻妾，冒襄的《影梅庵忆语》亦一可供分析的例子。下文还将谈到陈子龙、顾炎武当时局动荡、本人漂泊之际的处妻妾，谈到祁班孙当长流宁古塔时的处妻妾。至少以上数例中，士大夫于艰困、厄难中，在其

---

① 士人纳妾的动机，除了继嗣方面的考虑之外，尚有可能在使其协理家政。参看郭松义《伦理与生活——清代的婚姻关系》第八章第二节《纳妾的理由》。

身边的，是其妾而非妻。孙临、葛嫩同死的故事，惨烈悲壮，被人所乐道。[1]据钱澄之说，孙氏当危难之际，与其妻方氏诀别，嘱其妻"自为计，觅路归报太夫人"。其妻"从一老妪匿草间，转入村家"，得县令资助返回家乡（《田间文集》卷二一《孙武公传》，页410，黄山书社，1998）。孙氏不像当时有些忠臣义士那样，要求其妻身殉。倘钱的说法是实，则当是时，其妻方氏、妾葛氏均在身边，而孙临的处置不同。自然不便据此而得出某种结论，但士人在自己能做出安排的情况下，对妻妾的处置，似乎确有某种未必明言的"规范"。陈子龙以为仅一妾在身边可免家累；顾炎武将其原配妻子留在家乡，而在漂泊中纳妾；孙临当临难嘱其妻归，而与妾葛嫩同死；祁班孙当长流时，其妻在母亲而非自己身边。这些例子自不足以概其余。清初流人中，就有夫妇同流如吴兆骞、方拱乾者，也有携妾流放的丁澎。但上述诸例仍可玩味。

流离、播迁中的夫妇

我曾对明清之际士大夫的"游走与播迁"专文论述，这里接续这一话题，由易代之际士人的流动谈起，只不过将夫妻（及妾）均纳入考察范围；而后再进入一种特定情境，即清初流人之"流"，同样以夫妻（及妾）为考察对象，据士人文字，

---

[1] 关于葛嫩之死，有不同说法。参看李金堂校注《板桥杂记》，页27注15。

看其人在如上的境遇中，如何处夫妇一伦。当然，主要材料为当事者的自述，与他们的"实际生活"不便混为一谈。"自述"作为材料价值在于，其中往往有为士人摄取的"生活小景"，由笔墨间又可察知其处那一种非常状态的态度。这里有流动着的人，流动中的"人伦"，人们眼中的"患难夫妻（妾）"，患难中的夫妻（妾），以及士人于患难中如何处"夫妇"。非常态所以映照常态，作为常态的注释与补充。我的兴趣也依旧在"伦理规范"所不能涵括的丰富面相，尝试着对于古代知识阶层的生活，打开更宽裕的想象空间。

陈子龙自撰年谱，记自己甲申年三月治兵蛟关，"时予久遣家累，惟一妾在官舍，书卷数束而已"（《陈子龙诗集》附录二《陈子龙年谱》卷上，页688）。陈子龙曾先后纳蔡氏、薄氏、沈氏为妾（同书，页649、662、670）。此时在官舍陪侍的，未知是哪一个。由陈寅恪所考陈氏的家庭关系，不难知晓其以何者为"累"。据王沄所续陈氏年谱，顺治二年（1645）九月，陈氏"携家侨居于丁氏"（同书附录二《陈子龙年谱》卷下，页710），此时或妻妾同在。同年陈氏曾避地，其妇则"扶衰亲，抱幼子，展转流寓，备历艰险"（王沄《三世苦节传》，《陈子龙诗集》附录二，页739）。

易代之际士人于流离、播迁中的处妻、妾，可以顾炎武、方以智为例。顾氏于崇祯四年（1631）娶王氏，顺治六年（1649）纳妾韩氏，十年，更纳戴氏。顺治四年，有《将远行》

一诗；年谱将《丈夫》一首系于顺治九年。①顾氏 45 岁那年北游，已是顺治十四年。十六年曾南归到扬州，十八年南归至杭州，其间或与妻妾团聚（以上参见张穆《顾亭林先生年谱》，《续修四库全书·史部传记类》）。据王冀民《顾亭林诗笺释》，顾氏纳妾，"王氏仍以元配家居"；顾氏北游，"音问亦未尝断"（《顾亭林诗笺释》卷五，页 1004）。韩氏、戴氏外，顾氏似还有临时性的姬妾。据年谱，康熙十四年，纳妾于静乐。《亭林余集·与潘次耕札》中有"去秋已遣祁县之妾"，今春挈"幼子"往华下云云。同札还说李因笃"欲为我买田结婚之计，事虽未可必，然中心愿之矣"（《顾亭林诗文集》，页 168，中华书局，1983）。似乎随所到之处而纳妾，且对此不无自得，说"他日南北皆可遗种"（《蒋山佣残稿·与李霖瞻》，《顾亭林诗文集》，页 186）。

对其"留守"之妇，又不像是毫不介怀，甚至视其妇为畏友（参看《顾亭林诗笺释》卷五，页 1007）。顾氏于康熙二十一年（1682）以七十岁卒于山西，前于此，十九年，其妇王氏死于昆山。年谱："讣至，次日出署。十一日成服，设祭。逢七，祭奠焚帛如常仪。"顾氏有《悼亡》五首，其一曰："独坐寒窗望藁砧，宜言偕老记初心。谁知游子天涯别，一任闺芜日夜深。"（《顾亭林诗笺释》卷五，页 1004）自顾氏北游，至此已近三十年，王氏的苦况可想。全祖望《亭林先生神道表》："庚

---

① 《丈夫》："丈夫志四方，有事先悬弧。焉能钓三江，终年守菰蒲。……岂无怀土心，所羡千里途。"（王冀民《顾亭林诗笺释》卷二，页 244，中华书局，1998）。

申，其安人卒于昆山，寄诗挽之而已。"（《鲒埼亭集》卷一二）"而已"大可品味，不过如此，而已。

方以智于明亡之际逃亡、流寓，更于永历朝覆亡后为僧，年谱偶有其妻妾的消息。明亡前方氏曾流寓南京，《卜寓》一诗中说："作客常一身，出门何所顾。岂意故乡乱，家人尽南渡。"（《方子流寓草》卷二，《四库禁毁书丛刊》集部）携家流徙，乃万不得已（参看同书卷五《家徙》）。之后寓居京城，崇祯十三年（1640）除夕夜，侍父于狱，说"却将自古妻孥夜，竟作贤豪促膝时"（《方以智密之诗抄·痒讯·庚辰西库除夕》，转引自任道斌《方以智年谱》，页100，安徽教育出版社，1983）。32岁那年，方氏纳妾（《方以智年谱》，页113）；同年"迎家人入都"。甲申之变，方氏在京城被执，"乘间逃脱，弃妻小于不顾"（同书，页125）。事后方氏回忆南逃前的生离死别，说"妻孥跪涕泣"，"痛哭与我决"（《方以智密之诗抄·瞻旻·纪难》，转引自《方以智年谱》，同页）。抵达南京后，他的白发双亲高兴的却是他"怀忠弃妻子"，"家门无愧对钟山"（《瞻旻·告哀诗》，转引自《方以智年谱》，页128）。弘光朝刊罪拘捕北都南归诸臣，方氏被迫逃亡，漂泊于南粤山水间。顺治三年（1646），其父遣其妻及幼子来粤（《方以智年谱》，页138）。永历年间（顺治四年）方一再"弃妻子""孤身远遁"（同书，页141、144）。①方氏由北京至南京至广州，在两广及湖湘漂泊，曾一年三易姓名，其妻孥即如此颠沛流离。据《年谱》，方氏隐居平乐平西山时，"僦居破庐，上漏下湿，鸡豕杂处，旧疾时发。又以僮瑶为伍，瘴疠相胁"（同书，页170）。其妻子应同处此境。永历四年（顺治七年），方以智在桂林纳妾（同书，页167），此妾最终的下落不详。同年，其妻子曾"俱困集舟中"（同书，页168）。也是在同一年，方氏四十岁，被迫"剃发僧服"（同书，页169）；次年，其妻孥由人护送北返（同书，页172）。同年冬作《自祭文》，"言自甲申之变后，心如死灰，所眷眷者，惟故乡老亲而已"（同书，页173）。为僧后，方氏于永历六年（顺治九年）曾"于青山逢妻及幼子"（同书，页180），除夕返桐城，三代团聚（同书，页181）。永历九年（顺治十二年）父卒，奔丧桐城（同书，页194），应与妻相聚。由《年谱》看，永历十二年（顺治十五年）春，方氏离桐城。永历十五年（顺治十八年）方氏"有归桐城之意"（同书，页218），未成行。此后"时有回乡终老"的意愿（同书，页250）。五十八岁那年，"回桐城终老之意已决"（同书，页253），其子"在桐城动工修报亲庵"，欲迎方氏"归养"（同书，页255）。次年，"报亲庵"落成，方氏已做返乡准备（同书，页258）。第

---

① 方氏说自己"数年之间……两弃妻孥"（《寄张尔公书》，《浮山文集前编》卷八《岭外稿》，《四库禁毁书丛刊》集部）。所谓"弃妻孥"，或系将妻孥托付友人，以便只身流亡（参看《方以智年谱》，页144）。永历二年（顺治五年）在友人处与妻及幼儿团聚（同书，页153）。

二年"预秋日还桐"（同书，页260），却又负约，迟迟不归（同书，页266）。康熙十年，方氏六十一岁，死于舟中，其孙"回桐城安慰祖母"（按：即方氏妇）。

由钱澄之《方太史夫人潘太君七十初度》可知，方氏的夫人七十尚在。该诗序说，方氏"甫四十出家"，20年而殁。"夫人称未亡人，长斋奉佛，以迄于今"（《田间文集》卷一九，页378）。还说方氏为僧后，曾"间道归省老亲……亲殁，子事毕，出世青原"。"子事"既毕，从此也就真的为僧了（同书，页379）。①未提及其妇。方氏固然是人子，也是人夫，后一种角色，在这种叙述中，似乎是无关紧要的。士大夫妻妾的人生片段，有时即零碎地嵌在其夫的传记材料中——只是"片段"，通常连不成线，大片的空白留给你以想象填充，甚至连片段也无从搜寻，只有其夫婚娶的简单记载。记述简略或竟不记述，有诸种可能的原因，包括模糊的"隐私"意识，更可能出于轻视，或只是作为一种姿态的"轻视"。

甲申之变后的流离中，冒襄说自己"一手扶老母，一手曳荆人"，董小宛则"颠连趋蹶"，竭力尾随（《影梅庵忆语》）。你不致因此而怀疑冒氏的情感取向，妻与此妾在其情感生活中孰轻孰重，但在危难之时，务将其妻（更不必说老母）置于姬妾董小宛之上，并未因仓促而颠倒了伦序。冒氏在非常情境中对妻妾的处置，正可资考士大夫家庭中妻、妾所处位置，

---

① 对于方氏练习为僧的过程，钱氏曾有切近的观察。本篇也说："公之僧固不易为也，然公自此真为僧矣。"（同书）"真为僧"，夫妇一伦也就从此中绝。

士大夫自觉遵循的伦理规范，所认为的合于"礼义"的处理家庭关系的方式。

关于明清之际(尤其清初)士人的谋食之游，我在关于江右易堂的文字中已经写到，[①] 只是未取夫妇中"妇"的角度。与上文写到的方以智、下文将要写到的方拱乾有亲戚关系的方文，明亡后以游食、卖卜、行医为生。其《夜坐赠内》的首联，有极家常的情景："秋夜张灯掩竹扉，左边开卷右缝衣。"很温馨。"温馨"，也正应当是当时方氏所感，因而有尾联的"虽然环堵安闲甚，始悔从前游不归"(《嵞山集》卷八，《方嵞山诗集》页296。按：上文已写到方文的家变，这里所写其妇或为继室)。但这种"悔"似乎留不住方文，因而有一再的游与一再的"悔"。《代内答》用了其妇的口吻，抱怨其夫"一年十二回明月，十一回明不在家"(同书卷一二，页403)。他自说出游乃为饥所驱(《将之兖州留别内子》，《嵞山续集前编·鲁游草》)，说自己"年年作客轻离别"，其妇则"事事持家多苦辛"(《六月廿六日为内人四十初度寄之》，《嵞山续集后编》卷四，同书，页819)；《旅食叹》也写到"门户全凭健妇持"(同书卷五，页857)。但"饥驱"或许也是太现成的说辞。《将之兖州留别内子》的收束处，就说了一句老实话，"不是轻离别，依人可自慙"。由女性的角度，岂不分明可见男性的自私？江右

---

① 参看拙作《易堂寻踪——关于明清之际一个士人群体的叙述》(江西教育出版社，2001)、《易堂三题》(收入拙著《制度·言论·心态——〈明清之际士大夫研究〉续编》，北京大学出版社，2006)。

易堂三魏中的魏际瑞，诉说过"依人"的屈辱、不"自繇"。但看起来依人确有"自繇"，即摆脱了"家累"的"自繇"。

至于动乱年代题写于邮亭驿壁上的妇人女子的诗，往往见诸野史、笔记，提供了想象的空间。钱谦益的《列朝诗集》、陈维崧的《妇人集》等，均录有此类不知其名的女子的诗作，通常也是其人留在世间的最后的消息。那些题壁诗的作者，为人妻，为人母，为人女儿，只是事迹往往不可考罢了。

作为一种刑罚的"流"，所导致的，是一种特殊的流离播迁，发生在平世，与易代之际的流离，又有风味之不同。据有关记述，汉明帝"募死囚减罪戍边，亦令妻子相随，自是以后，遂为定制"（陈鹏《中国婚姻史稿》，页563）。"《唐典》卷六：流移之人，皆不得弃放妻妾。""中叶以降，政弛法苛，狱繁吏酷，妻子因缘坐而流远者，颠沛流离，展转道路，苦楚呻吟，有逾于死"（同书，页566）。"宋时'配徙者，其妻子流离道路，罕能生还。'（《宋史·刑法志》)"（同书）。古代中国的司法用语有所谓"妻子家产，籍没入官"云云，将"妻子"与"家产"分列。实则"妻子"亦一份"家产"，可以如物件般地没收了另行处置（即如发为奴）。较之于此，妻妾同流尚非最残酷者；何况由以下事例看，妻妾是否同流，似乎也还有讨价还价的空间。这种"播迁"因有强制性，由刑法强制执行，无可选择（包括迁至何地），较之易代间的流离，有远为屈辱的意味。从"流"的妇人，不消说也分有了一份屈辱。

关于流人的处"流"，我将在其他场合讨论。本篇所关心的，限于流人写于流放中与流放地的诗文中的"夫妇"一伦，他们的妻(妾)在其流放生活中扮演的角色，流人对于同处此境的妻(妾)的书写方式。士人夫妇的故事是需要背景的，"流"即是一种特别的背景。清初尚阳堡、宁古塔多故事，其中就有流人妇的故事、患难夫妻的故事、男人的故事与女人的故事。承担这苦难，更要求女人的勇毅。顾存仁谪居庸，"孺人尚居京师。时寒冻，虽诸僮皆苦楚穷徹，莫肯往。孺人独以一女子，提衣粮，触风雪，为诸僮先，崎岖走塞上，就山人(按：即顾氏)会"(《盛孺人墓志铭》，《唐荆川文集》卷一〇)。于焉可感女性的坚忍，其承受苦难的内在力量，蕴藏于柔弱躯体中的强韧。也是在这一种特殊情境中，夫妇一伦中"妇"的功能凸显，尽管她们罕有自己的书写，难以直接发声。

下文涉及的清初流人，有以妻相从者，有妻妾同流者，亦有携妾出塞者。孟森《科场案》，系考清初流人、流放地的名篇。据该篇，涉案的陆庆曾当流放时，"一妾挈幼子牵衣袂，行人尽为流涕"(《明清史论著集刊正续编》，页342)。陆贻吉腰斩西市，"家产入官，妻子长流尚阳堡。一子方四五岁，妻妾皆殊色，间关万里，匍匐道左，行人为之泪落"(同书，页345)。科场案中的知名案犯吴兆骞，兄弟不与同戍，"诸家记载，但称兆骞妻葛白首同归，传为佳话"(同书，页355)。下文还要写到，其妻葛氏系自愿出塞与其夫共此患难者。樊逢遭戍，在戍所另娶庶妻，生有一子二女。其子将其迎还时，庶妻与所生子女却留在了塞外，其子诗题中有"归途虽不落寞，而庶母及诸弟妹依依不忍分手，此时真难为情也"云云（参看李兴盛《增订东北流人史》，页297—298）。流放中有妾在身边的另如祁班孙。其妇留在会稽家乡，如上文所说，是这种情况下常有的安排。全祖望《祁六公子墓碣铭》，记祁氏妇朱德蓉工诗，祁被难时，其妇"尚盛年"，其娘家"哀其茕独，以侄从之，遂抚为女。孤灯缁帐，历数十年未尝一出厅屏"（《鲒埼亭集》卷一三）。未知祁班孙在宁古塔，其妇是否曾在梦中。

《科场案》一文还说，"凡流宁古塔者，旨内有父母兄弟妻子并流之语，尤为奇酷。然据事实言之，则似妻子同流为可信，父母兄弟即有并流，有不并流，不尽同也"（《明清史论著集刊正续编》页349）。《南山集》案中的方孝标，即"全家遣戍"远于宁古塔的黑龙江（同书，页354）。据同篇，尚有丁澎（药园），亦以全家往（同书，页362）。但由林璐《丁药园外传》看，丁澎似乎是挈妾赴戍，该篇写丁氏流放，未及其妇。《丁药园外传》记丁氏与其妾长流途中的问答，颇饶情趣。[①]文字间丁氏固不颓丧，其妾的神情意态尤率真可喜，想必能在流放的艰难岁月中，与丁以沫相濡。记述流人，《丁药园外

[①] 该篇记丁氏流放途中于邮亭驿壁读迁客诗，大喜。"孺子妾问曰：'得非闻赐环诏耶?'药园曰：'上圣明，赐我游汤沐邑。出关迁客皆才子，此行不患无友。'久之，粮尽，馁而啼。孺子妾慰劳曰：'卿有友，必箪食迎若。'药园笑曰：'恐如卿言，当先以酒疗吾渴。'"（《虞初新志》卷四，页64）同篇说丁澎"数得孺子妾"（同书，页63），未知随丁出关的，是哪一位。

传》是极生动的一篇文字，刻画小妾的神情，何其传神，实在是灰暗背景上的"亮色"。这小妾不但随侍，作为流人的伴侣，甚至是其精神上的支撑。与身份地位的卑微相应的，是她们柔韧的耐受力，承担苦难的勇气，较之出身高贵的女子强盛健旺的生命活力。

落到了这一层地面，即使仍竭力维持"士大夫"的身份、体面(主要经由继续读书、写作)，生活却不可避免地琐屑化了，士人也就有可能多了形而下的关怀。如下文将要写到的方拱乾之于自家菜园。家常琐屑，更是妇人的生活世界，这一世界是士大夫认为不宜也无须向外界打开的。因封闭而幽暗、暧昧，妇人的辛劳与苦痛也就难于为人所知。一旦在流放中，不免有了更多夫妇共同面对生存困境的机会。或许要在此情境中，方拱乾才会注意到其妇为生计的忧心。要证明夫妇关系在此情境中的亲密化，尚须更多的材料，你却不妨如此想象。尽管"贫贱夫妻百事哀"，但共同分担、负荷"贫贱"，也会是一种值得品味的经验。

较之其他流人，方拱乾的宁古塔诗确也多家常琐屑，其对妻的体贴即在其间。他写春米："病妻颜忽破，得意凌晨春。"(《朝春得米》,《何陋居集·甦庵集》,页51，黑龙江大学出版社，2010)说"老妻司管龠，田亩颇腆充。愧彼丞相女，乃饶贫家风"(同书，页51—52)，对其妇的耐劳苦、持家理财、经营田产，怀了一份感激。却也由妻的一面写拮据："老妻常数米，棘手胜攒眉。"(《数米》,同书，页65)贵族女子忍受这样一份生活，自然难能。方氏另在《老妻种葱盂中，笑而作此》(同书，页55)中，写本好种兰与水仙的妻，在此流放地却"种葱"，虽无芳香，仍聊胜于无。方拱乾与其妻也从事诸如摘蔬一类简单的劳作。他写老妻亲手摘蔬(《雨凉》，同书，页163)，写"老夫手种老妻摘"(《摘菜口号》，同书，页269)。无论对于方氏还是对于其妇，这都是新鲜、令人兴奋的经验。诗中这对夫妇的生活并不浪漫，却也不枯窘，甚至不乏温润，是纵然"患难"也未失乐趣的凡俗人生。据方氏说，蒙朝廷召还的那天，其妇的反应依然平淡："不暇问妻子，但看颜色殊。艰辛三载事，悲喜一言无。"(《十月十八日得召还信》，同书，页315)这种克制与冷静也自有动人处。

陈之遴《浮云集》中有写于戍所的诗，其妇徐灿却不能如同方氏的那些如话家常的诗作那样，现身在他这一时期的诗作中。一对共患难的夫妻，岂非更宜于作为咏歌的对象？由此也可见不同流人不同的书写策略。而如方拱乾所写平易俗常的日常生活情景，并不都被认为适于入诗。①《浮云集》中大

---

① 李兴盛《增订东北流人史》说，陈之遴及数子死于戍所，其妻徐灿遂布衣蔬食，不再为诗，后"蒙恩"扶陈之遴榇以还(页236，李兴盛《增订东北流人史》，黑龙江人民出版社，2008)。徐灿为清代著名女词人。据《清史稿》卷二四五陈之遴传，顺治十三年(1656)，陈被命"以原官发盛京居住。是冬，复命回京入旗"；十五年，"流徙尚阳堡，死徙所"。陈之遴《浮云集》中写及、写给其妇，或与其妇唱和者，均为"诗余"。由该集卷十二与徐灿有关诸作，或许可以想象伉俪情深。《西江月·湘苹将至》："梦里君来千遍，这回真箇君来。羊肠虎吻几惊猜，且喜余生犹在。/旧卷灯前同展，新词花底争裁，同心长结莫轻开，从此愿为罗带。"应作于乙酉年(1645)前。

致可以断定写于流放中与流放地的诗作，如"朱颜多早凋，须发幸已白"（卷三《冬杪》，《四库禁毁书丛刊补编》），其妇应在其间。另诗曰："一室栖幽洞，三冬卧冻云。"（卷六《冬日杂兴》其七）这"一室"自有其妻徐灿。还说："岁寒谁可共，一室自行藏。"（同卷《冬日闲居》其一）其妇更是呼之欲出。卷六《追旧》六首，写旧日游宴之乐，虽未点明，那画图中自有徐氏"三潭清似镜，长拟照红颜"云云，不胜今昔之感。①其妇所付代价，这也是最显而易见的方面。吴骞《新刻拙政园诗集题词》说徐灿"身际艰虞，流离琐尾，绝不作怨悱语"，"不失风人之旨"（《清代诗文集汇编》第105册，页323，上海古籍出版社，2009）。徐氏传世的诗作中极少日常生活描写。女性较之男性，或许更矜持，更有防范窥视、保护隐私的警觉，对生活的私密面刻意回避。但那心事却也仍有透露。《立春日感怀》，曰："千古荒凉地，春光到日迟。息心疏翰墨，呵手事机丝。"（《拙政园诗集二卷》，同书，页336）其《秋感》一首，说"弦上曾闻出塞歌，征轮谁意此生过"（同书，页344）。那对于她，确是意想之外的非常经历。

由祁彪佳日记看，当乙酉年危难之际，祁氏也曾想只身

---

① 同集卷十二《满庭芳·湘苹寿》，有"岁岁朱颜长驻，依然是初嫁丰神"句，可据以想见其目睹徐氏在辽东荒寒地老去的痛心与无奈。顾永年有诗曰"可怜雪面迎风穴，翻令香肌拥铁衾"（《偕室人郑氏出塞于今三年矣作此慰之》，参看李兴盛《增订东北流人史》，页321）。方拱乾《绝域纪略·风俗》极写宁古女子之劳苦无助，"皆中华富贵家裔"（《何陋居集·甦庵集》附录二，页504），与本文所说的流人妇，处境与命运又不可同日而语。

出走——在祁，未必不出于护惜妻、子之一念。流人也有以"休弃"开脱其妻妾者。苏冰、魏林《中国婚姻史》："唐律虽不准犯流应配者休弃妻妾，离异事仍有。"（页208）民间本有"夫妻本是同林鸟，大难来时各自飞"的说法，但这种说法对于无论方拱乾、吴兆骞还是陈之遴夫妇，都不适用。阮籍有诗曰："一身不自保，何况恋妻子。"（《咏怀诗》之三）反其意，即使自身难保，也依然顾念妻子的，也大有人在。吴兆骞尚在刑部狱时，致父母的书札中就曾说到"娘子为人甚善淑"，乞其父母"善待之"[《上父母书（一）》，《秋笳集》附录一，页279，上海古籍出版社，1993]。另札则说"娘子为人甚可怜"，乞其父母"照顾之"[《上父亲书（一）》，页280]。由宁古塔写给其父母的信中还说，"儿媳幸已不来，得在家中代儿侍奉父母，此极喜事。但怜他少年失所，又无一子，茕茕孤独，竟如寡居"，乞父母"每事恕他"[《上父母书（二）》，页287]。其《辛丑七夕》一诗，有"塞外频惊七夕来，闺中应记三年别"句（《秋笳集》卷二，页54），作于其妇赴戍前。

吴兆骞之子吴桭臣《宁古塔纪略》，说其父顺治十五年出塞后，其母"葛孺人日夕悲哭，必欲出塞省视，而以舅姑在堂，两女稚弱，不敢显言"，后吴兆骞父察知其意，"哀而壮之，遂为料理出塞计"，将两女"许字"或托付于人，"庚子冬，自吴江起行，遣家人吴御及沈华夫妻（按即吴兆骞所说仆婢）同送我母至宁古塔。辛丑二月初五日到戍所"（同书附录二，页324—325），时吴氏抵宁古已五年。如上文已提到的，葛氏

259

并非"缘坐"，是自愿到塞外照料丈夫起居的。《秋笳集》附录六《酬赠题咏》中，有为吴妇送行的诗作，可知时人因葛氏赴戍的感动。吴兆骞与人书中有"癸卯春，弟妇来，携二三婢仆，并小有资斧，因以稍给"云云。同札还写道"妇复多病，一男两女，薇藿不充"（《戊午二月十一日寄顾舍人书》，同书卷八，页265）。他说其妇"甚耐苦"（《奉吴耕方书》，同书附录一，页313）。妇人"耐苦"，自然是吴兆骞的福分。另札却说"所携婢仆，奄忽都尽"，"外无应门之童，内无执釜之婢，茕然夫妇，形影相吊"（《与顾华峰书》，同书，页308）。倘若如此，则不但要亲操井臼，还要相夫教子，其妇的辛劳可想。

因有全祖望的记祁六公子，祁班孙的宁古塔经历或更为人所知。由杨凤苞《书孔孟文事》（《秋室集》卷五，《续修四库全书》集部别集类）一篇看，祁班孙因魏耕牵连，终至长流宁古塔，案发应在顺治十八年（1661）、康熙元年（1662）之间。祁班孙《壬寅杂诗三首》写在启程赴关外之初，记有与妻子分离时的凄惶。"昔别吴东门，会嗟别离长。杳杳即永路，乃不在我傍。"（其一）"金石非久长，恩情会有移"（其二），未知何指（《祁彪佳集》附录《紫芝轩逸稿》，页336，中华书局，1960）。至于《入都》中的"仓卒遵往路，芳心重致疑。岂君有他意，故不悲别离。含情今不吐，长途欲诉谁"（其二，同书，页337），则系由妇人角度的设问。在艰难的行旅中，仍不免设想家乡思妇的牵挂。因详记流放途中所见，祁班孙的诗作对于考察流人，别具价值。其《出都》第一首写流人妇不得不抛撇哺乳中的小儿，"昔为名家母，今为边戍妻。独身行万里，不知所从谁"（同书，页339）。第三首写流人夫妇的相濡以沫，应得之于目击："妇女栖草间，懔懔结衣裙。更复怀中儿，啾唧惨鬼魂。男儿作餔糜，手指冻欲皴。斧冰吹坴火，持哺何殷勤。飘零感亲故，况此骨肉恩。"（同书，页340）抵达戍所，也仍然未到行程的终点，燕雀营巢衔粟，不过白费了气力。《复迁》："兵车夹路傍，传呼何促迫。长安下羽书，云当遣军籍。牛马集前途，糇粮备今日。妇女尽随行，不得少休息。……"（同书，页342）抵达戍所，安顿下来，也就渐有了生趣。《迁所》15首，其二有"弱妾能持春，作糜颇如酪。刍酒酿山花，聊亦忘其浊"云云。此"弱妾"或即当祁六公子逃归后留在了宁古塔的那位？或许正因祁氏非如吴兆骞那样名重一时，诗中反而有较多的物质生活的细节，令我们可以想象"万里投荒"这种套话背后的事实：途中所见其他流人的苦况，到达戍所后的所见所闻所感。

由全祖望为祁班孙所撰《墓碣铭》看，祁班孙流放时，其妇不曾相随。班孙由流放地脱身遁归，将一妾留在其地，是一种特别的安排。未知此妾系当年携去，还是流放中所纳。据说班孙为僧后，"亦累东游"，或即与此妾有关——全氏只说其人在关外尚传佛法。尤有趣味的是，该文记班孙曾说"宁古塔蘑菇足称天下第一，吾妾所居篱下出者，又为宁古塔第一，令人思之不置"。思之不置的，当不止蘑菇。由上文所引诗句看，其妾较之出身名门的贵妇，应更耐得劳苦，更有应对艰苦条件的生存能力。①关于祁六公子的传说，证明了即使荒寒之地也未必就抑没了生机。经了全祖望那几笔点染，那片"绝域"顿然生动。金圣叹临刑，还唠唠叨叨地传授食经，相比之下，祁公子流放归来称道宁古塔的蘑菇，就不那么为人所知了，我却更愿意想象荒寒中那一层淡淡的颜色。

杨宾《祁奕喜、李兼汝合传》，说祁班孙由宁古塔脱身逃归后，曾"至苏州虎邱（按：原文如此），大会宾客，一月乃归"。次年事闻当道，欲捕之，祁即于苏州尧峰为僧。为僧后，"家信至，不发，对众焚之"，遣该奴归，曰："嗣后不须来矣。"（《杨大瓢先生杂文残稿》，同治抄本）其时其母商景兰尚在。祁氏对于来自其家的召唤不为所动，态度决绝，也正合于时论的标准：如祁班孙这样的遗民拒绝返回世俗生活（包括家庭），是一种政治姿态。由此看来，祁氏的妻、妾，命运更凄苦的，是其妻吧。②

流人传状关于其人妻妾的记述，往往语焉不详。与流人

① 祁班孙于康熙三年（1664）被征调往乌喇（今吉林市）充当水军，四年"赇其守将脱身去"，其妾因在宁古塔，未能同逃（参看李兴盛《增订东北流人史》，页269）。未知其妾此后的命运。吴兆骞《上母亲书（二）》说"祁奕喜（按即班孙）于丁巳十月初六日自乌喇逃归故乡矣"［《秋笳集》附录一，页297。按祁氏逃归应在康熙四年（1665），在流放地度过20年］。

② 祁班孙康熙四年（1665）逃归后，五年落发为僧，十二年（1673）坐化，卒年39岁。其母商景兰约卒于1676年，其妻朱德蓉卒年不详。朱彝尊《曝书亭集》卷四有与祁五、祁六有关的诗多首，卷六则有《梦中送祁六出关》，尾联为"红颜白发双愁汝，欲寄音书何处传"（同书，页95）。

妇有关的材料不过偶见于士人的笔墨间，因稀有而更加可珍。有清一代流人甚众，其中不乏知名之士，我只能援引数例以讨论流人妇的境遇，自知这些个案不足以概其余。至于其他流人夫妇的命运，有李兴盛的《增订东北流人史》所提供的丰富线索，兹不再赘。[①]

不同于上述士大夫的流离播迁贬谪流放，以及普通百姓因了战乱或饥馑的流动（"流民"），同一时期尚有与经济生活方式有关的流动，以及由此造成的夫妻关系，[②] 不在本篇考察的范围，或留待其他场合讨论。

[①] 李兴盛该书说陆庆曾遭戍尚阳堡，临行时，其妻妾三人相从，对此陈祚明有"生平三妇艳如花，麻衣犯雪从风沙"句（页 217—218）。诸豫戍尚阳堡，其妇则留在京城，诸氏说其妇"恨不同予徙"（页 221）。潘隐如死在尚阳堡，"其妇为盗所害"（页 222）。该书还说康熙二十一年，陈梦雷被判流徙盛京，其妻李氏相从；三十五年李氏积劳病卒（页 286、287）。李兼汝遣戍宁古塔，携一妾同行，其妾病死戍所（页 270）。杨越戍宁古塔，夫人范氏相从，曾有诗曰："谁道完颜城上月，年年犹得照齐眉"（同书，页 271、273）。范氏节日外出，"诸镇将妻若女望见之，争相邀过其庐，扶居南炕中，割鸡豚举酒为寿。有邀而不得者，则以为耻"（页 428）。

[②] 魏禧《江氏四世节妇传》说道"徽州富甲江南，然人众多，地狭，故服贾四方者半。土著或初娶妇，出至十年、二十、三十年不归，归则孙娶妇，而子或不识其父"。说自己"尝心恶其俗，他日得志，当为法绳之"，却又赞赏当地妇人的"勤俭贞醇"，多贞女节妇（《魏叔子文集》卷一七）。

我读傅山

本文的读傅山，所读乃《霜红龛集》(丁宝铨刊本，山西人民出版社 1984 年影印出版)中的傅山。《霜红龛集》非即傅山，自不能指望从中读出傅山全人。但其中有傅山，尽管所读出的或因人而异。本文所写，即我所读傅山之为"文人""名士""遗民"。

文人傅山

明代江南(尤其东南)文人文化昌盛，相形之下，北方即见"厚重无文"，人文风物似质实而乏情韵。生长于晋中的傅山富于文人趣味，只是其人以遗民名，以医名，以金石书画名，以侠义名，其"文人"之名不免为上述诸名所掩。

自扬雄说"雕虫篆刻""壮夫不为"(《法言·吾子》)，文人虽手不能缚鸡，却每大言"经世"，似鄙文事微不足道。傅山虽也偶尔袭用这类话头，但他确实一再表达过对文事的尊重。这里有明确无疑的价值态度。其《老僧衣社疏》说："若夫诗是何事，诗人是何如人，何谈之容易也！"（《霜红龛集》卷二二，页606）在傅山那里，文与书与画，境界无不相通。但他说"一切诗文之妙，与求作佛者境界最相似"（《杜遇余论》，同书卷三〇，页818），却是参悟了妙谛之言。他说："明经处到不甚难，以其是非邪正显然易见，而文心掂播甄谑，实糟粕所难得窥测。"（《文训》，同书卷二五，页673）由儒者看，怕是将难易颠倒了。傅山醉心于文字之美，对其论文的手眼也颇自负，自说"胸中有篇《文赋》"（同卷，页693）。① 至于其说"世间底事，好看在文，坏事在文，及至坏事了，收拾又在文"（《老子十三章解·绝圣弃智节》卷三二，页853），却又不免出诸文人（不限于文人）式的夸张。

清初北方遗民中，傅氏是博雅与通脱足与江南人士比拟的人物。由他的《与戴枫仲》（卷二四）一篇说为文次第，可知其文章背后的知识准备：子、史之外，尚有佛典道藏（"西方《楞严》""东土《南华》"等）。傅氏本人行文造句常出乎绳尺之外，正依据于他多方面的学养与才艺。他的画论尤可自注其

---

① 卷二六的《失笑辞一》《失笑二》，似即可读作傅氏的《文赋》。二文叹文事的奥妙无穷，状其境之壮丽丰富。他笔下的"文"，亦一种生命现象（有其"天"），"拘士""文章礼法之士"只能使生气全失。其不满于"劝百讽一"的儒者所谓"诗赋之经"。至于所说文的"无古无今"的非时性、超时性，亦可注傅氏在时风中的态度。

文字。① 似乎是，傅山以书画家而为文，即将书画径直作进了文章，表达也往往因突兀而警醒，陈腐于此即成新鲜。《犁娃从石生序》(卷一六)劈头一句是"犁娃方倚晋水之门"，就颇饶"画意"，绝非一味规摹唐宋者所能写出，更不必说"制艺"那一种训练。至于似率易的文字间每有精悍之气溢出，又是性情不可掩也不欲掩者。

傅山长于记事而不循史法，传状文字常杂用小说笔法，取一枝一节，或略小而存大(其所以为的"大")，适足以造成叙述的个人性。命意亦奇。如《耷道人传》(卷一五)发挥"耷"(即聋)之义，《叙灵感梓经》(卷一六)说"受苦""受救苦""救受苦"，思理活泼，议论风发泉涌。下文将要谈到的《书山海经后》更属巧于设论、妙于用喻的一类。傅氏所谓能使"精神满纸"的那"三两句警策"(卷二五《家训》，页694)，他得之似易易。不同于寻常传状文字的还有，不大记传主的政绩，而好写家常琐屑——也透露出傅氏的价值态度，其所轻与所重。至于如《汾二子传》，不妨读作关于士的处境的寓言：士处俗世、庸众中。该篇写王、薛二人的行径为"汾之人"所非笑，其死义之后"汾之人皆益笑之"。这里的"汾之人"，也如三百年后鲁迅笔下的"鲁镇人""未庄人"，像是某种"总名"。"士在众人中"，是傅山关注的一项主题，这类主题也更能注释其自我界定与处乱世的姿态。

---

① 《题赵凤白山水巨幅》即有"绝不用绳尺"一句。因出乎"此事法脉"，方成"奇构"。论梁乐甫字，亦欣赏其"全不用古法，率性操觚"(卷二五)。

傅山文字"拙"而富于谐趣。"拙"正属他所好。但拙非即枯淡；傅山所好的，是古拙而有风致（亦即"韵"）的一类。他本人的文字就一派朴茂，因古拙以至生涩示人以"人性力度"，那"拙"于此是文境又是人性境界。① 其朴其拙，都经了打磨烧炼，类木石之精，精气内蕴，只待由文字间稍泄而已。他那种半口语化的非规范（不合文法）表达，故作唠叨，足以酿成一种俳谐趣味。写风情固谐，送行文字亦不妨调侃（如卷二二《草草付》），传状文字更庄谐杂出（如《明李御史传》模仿口吃）。谐趣、乡野村俗气、狭邪趣味，诸种成分出诸傅氏笔下，已难以离析。善谐本是一种心智能力，在傅山，又根源于温暖的世俗人间感情。至于庄严文体（如卷二二《红土沟道场阅藏修阁序》等）用不庄严语书写，则又属于傅氏特有的智慧形式。傅山曾自忏其不庄，② 但性情在这里也终不能掩。

---

① 傅山说"拙"，如《喜宗智写经》（卷二二）。与此相通，他乐赏"高简"，《家训·文训》曰："文章未有高而不简、简而不挚者。"（卷二五，页 673）乐赏"直朴"，《题汤安人张氏死烈辞后》所谓"直朴不枝"，"专向自己心地上作老实话"（卷一七，页495）。品藻人物也用同一尺度，如《太原三先生传》（卷一五）形容王先生"真朴孄简"（页439）。但这仍只是其一面。由其所作大赋，可知其对华丽富赡的嗜好，也可知其所论拙、朴，非枯淡之谓也。你自然感到，"拙"在傅氏，是审美更是道德境界，且已非"本色"，而是出于自觉的提炼。他本人的文字绝非一味"拙"。其行文运思的机智处，显然得诸对《庄子》的嗜好与佛学（包括禅宗机锋）训练。

② 《明观察杨公蕡田先生传》（卷一五）传后附记："忆三十年前，或有以画册属余题者，余颇为离合体讯之……而先生颇闻之。尔桢与余言：'先生云：人以文事相属，是雅相重，何轻薄尔为？'余闻之，猛省，谢过，自是凡笔墨嘲诮之习顿除于中"（页414—415）。

为傅山之人之文在雅俗间定位很难。南方人士由其乡俗、村野处读出了"萧散"。如下录的小笺《失题》(全文)："老人家是甚不待动,书两三行,眵如胶矣。倒是那里有唱三倒腔的,和村老汉都坐在板凳上,听甚么'飞龙闹勾栏',消遣时光,倒还使的。姚大哥说,十九日请看唱,割肉二斤,烧饼煮茄,尽足受用,不知真个请不请。若到眼前无动静,便过红土沟吃碗大锅粥也好"(卷二三)。像这样土色斑驳且古意盎然,在城镇消费文化发达的江南(尤其东南),已难以在士人文字中觅见。因而好傅氏之文者,也可能出于文化怀念。其实为南方人士所感的"萧散",在北方士人,倒可能是直白地写出的日常状态,经了不同情境中的阅读才成"闲适"的。傅氏的这一种"近俗",所近乃"村俗"(不同于"市俗"),要由北方生活本身的"乡村化"来解释。北中国"城市化"水准长期低于江南(尤其东南),而傅山又拒绝晋商所代表的那一种文化。① 他的古风与乡气,因于环境也出于主动的选择。但也仍不妨认为,傅氏的这类短章小简,与同时张岱等人的小品,虽有人生及文字意境的不同,却都呈示了悠然宽裕的一道人生风景。

　　至于如傅山那样,将方言俚语运用得一派娴熟,则又是江南的博雅之士所不屑为也不能为的。这也堪称傅山的一绝。"乡俗"于此,即成别趣。傅氏虽杂用各体,但在我看来,最

---

① 参看卷三六《杂记一》说"丐贷决不可谩为",似唯恐其浇,宁人负我,不可负人,甚至不可以"负我""藏诸心"(页1004—1005)——确也古色烂然。

本色当行者，还是那些像是率而为之的文字，如《草草付》《失题》之类。你大可相信这类文字间散发出的世俗人间气味，正为自居"方外"的傅山所沾恋。而他的文体趣味，也包含对那形式所寄存的生活方式的肯定态度。

其时的北方人物，傅山之外，如孙奇逢，均有似出天性（而非出诸义理如"道平易"）的"平民气"。孙氏在我读来，尤其气象浑厚宽和如大地，与同时理学中人颇不侔。但那是"乡土"而"庄"的一类，与其人的儒者身份一致，风味仍不同于傅氏。傅山即其平民气，也根柢于文人性情。[①] 傅氏对类似的人生意境极具鉴赏力。《题唐东岩书册》中记唐颐（东岩）之子近岩老人逸事，谓其"质实无公子习"，"传闻访先大夫来时，每骑一驴，随一粗厮。坐久，厮睡熟，不能起。先生蹙之，令牵驴，不即应，笑而待其寤"（卷一八，页539）。

如此近俗的傅山，偏能行文古奥，佶屈聱牙，又使你相信其人的嗜古（当然其"嗜古"与前后七子的根据未必同），正在其时的复古空气中。[②] 清人及近人好说傅山与清学、清学家

---

① 但他颇能欣赏孙奇逢，说孙氏"真诚谦和，令人诸意全消"，自说"敬之爱之"，甚至为孙氏的"模棱"辩护（《杂记三》卷三八，页1068）。他对"王学"有显然的好感。

② 傅山对汉代文化情有独钟，不但对汉赋、汉碑，且对《汉书》。这也是其所尤"嗜"之"古"，上述"拙""朴""高简"，均可注其此种"嗜"。他要戴廷栻（枫仲）"细细领会《汉书》一部整俊处"，说"外戚一传，尤琐碎俏丽，不可再得"（《与戴枫仲》卷二四，页653）。"整俊"而"琐碎俏丽"，是其读"汉"而尤有会心处，也是其为文用力处。卷一六《两汉书人姓名韵叙》说早年读《汉书·东方朔传》，"颇好之"。卷三七自述早年学书，"既一宗汉法，回视昔书，真足唾弃"，说"汉隶一法，三世皆能造奥"（页1044—1045）。对东汉节义，更再三致意。

的关系(如其金石学、训诂,与阎若璩),似欲以之为其人增重。但傅山的神情显然与学问家不似,所用也非严格的学术方式。①至于以佶屈聱牙状难状之境,迷离惝恍,出入于真幻、虚实、梦觉、明晦、空有之际,也足以使他的文字脱出陈、熟——尽管有时像是走火入魔,仍不妨看作精心设计的文体策略,其中或暗含了对士人的"不学"的反讽。他的《序西北之文》说毕振姬之文"沉郁,不肤脆利口耳。读者率佶屈之,以为非文"(卷一六,页465),径可移用于形容他本人的这一路文字。你可以据此认为,傅山对"拙"的喜好,与佶屈聱牙,固然系于性情学识,也出于自觉的文化姿态:逃避媚俗。他极其鄙夷以至憎恶他所谓的"奴俗",对这种俗,敏感到近于病态。②这里又有傅山的洁癖,对某种文化"纯洁性"的几近于苛的要求。傅山的近俗与对"俗"的极端拒斥("和""同"与拒绝"和""同"),就如此地呈现于文字层面。不如说,傅山以

---

① 其以书法家,由文字学、金石学知识解字,却每每动情,似由字中感觉得一派生意,不唯"是"之求,有时传达的毋宁说是对文字的诗意感受。如以为"春"字"最韵","髩"字"妙理微情","蠢之心动,亦有女怀春,妙字,不必以淫心斥之"(《杂记二》卷三七,页1023)等。至于因解字因释义而驳正成说,不惜穿凿(亦每有妙解),也更显示了思理的活泼,证明了其知解、想象力,与严格的训诂旨趣有异。

② 傅氏说"奴俗"处甚多,尤其在论书法的场合。如说"奴态""婢贱野俗之气",说"字亦何与人事,政复恐其带奴俗气……不惟字"(卷二五《家训》,页695、701)。还说"奴儒""奴师"(卷三一《学解》),"奴书生"(卷三七《杂记二》),讥讲学曰"鏖糟奴货"(卷四〇《杂记五》),党争则有"奴君子"(同卷《书宋史内》),至论医亦说"奴"(卷二六《医药论略》)。说"不拘甚事,只不要奴"(卷三八《杂记三》)。"奴"在傅氏,乃极鄙之称。"奴人"的反面即"妙人""高爽者",亦应即其他处所谓"韵士",实即慧业文人。"奴人"有时也指庸众(参看卷二八《傅史》)。

个人化的形式，将所谓"漆园"(《庄子》)的文化品性固有的矛盾性呈现了。

有如此深的文字缘，即不大会附和禅宗和尚所谓的"不立文字"。文人禅悦，所"悦"往往就在文字所负载的智慧与"文字智慧"。这通常也是文人与佛学的缘。[1] 傅山的文字兴趣，对"无用之用"的兴趣，对心智愉悦的追求，确也有助于解释其对佛经的耽嗜。[2] 傅氏一再以"俗汉"与"韵士"对举。《恭喜》一文说"诸佛菩萨无不博学，语言文字谓不用者，皆为诳语"(卷二二，页629)。《劣和尚募疏》(同卷)更比较了"俗汉"与"风韵君子"宗教趣味之别，也可读作他有关"文人与宗教"的一种解释。该文说谢灵运一流文人有"作佛根器"；谢灵运也正属于黄宗羲以之为"山林之神"的"慧业文人"(参看黄氏《靳熊封游黄山诗文序》)。民间信仰与文人信仰根柢本不同。文人非但向宗教寻找"人生观"，且向宗教寻诗，寻找构造人生意境的材料，与佞佛求福祉者，动力自异。傅山《药岭宁宁缘》断然道："若云庄严不是风韵，风韵不是庄严，都无

----

[1] 参看卷二二《募智慧缘》《草草付》。傅氏写梵境，笔下也一派生机，且有画家所好的繁富意象。"必使境界墟芜，是为真空，不见华严铺陈，亦自受用"(《五惜社疏》卷二二，页615)。有此见识，也自不会附和"黜聪明"之说——或许因此，骨子里倒是更近"漆园"的吧。

[2] 参看卷三四《读子三》读公孙龙子的几则。其于世儒的不契，亦可由此种文人根性得以解释。他说儒家"所谓布帛菽粟之文，一眼而句读而大义可了"(页940)，非但无余蕴(如公孙龙如《楞严》的"幽杳""空深"的"旨趣")，且不能变化多姿("变化缥缈恍惚若神著")。其对《墨子》的兴趣，则也因其"奥义奇文"(卷三五《读子四》)。其读《公孙龙子》《墨子》，均可自注其与佛教之缘与道教皈依。

是处"(卷二二，页631)。吸引了文人的，即此融会了"庄严"与"风韵"的宗教意境。南北或有不同的智慧形式，如南方的义理兴趣，与北方的践履热情；但"文人性"却无间南北。傅氏也即据此解释了爱佳山水(如谢灵运)与"作佛"的内在关联。

傅山与佛、道的缘，又不只系于文字。傅山嗜读佛经，《家训·佛经训》(卷二五)说佛经"大有直捷妙谛"，"凡此家蒙笼不好问答处，彼皆粉碎说出，所以教人翻好去寻讨当下透彻，不骑两头马也"(按："此家"应指"儒家")。即使如此，佛教仍未必可以作为信仰，故"须向大易、老子寻个归根复命处"(页682)——又解释了其所以"黄冠"而不"披缁"。佛教盛行于南方，道教流行于北方，固有各自的根据；傅山的"黄冠"，却要由其人的"终极关怀"与立身的严肃不苟来解释。

这里说文人傅山，以"文人"(亦一种读书人)为身份、角色，何尝不出于选择！对于傅山，选择"读书"之为生活方式，也即选择"纯洁的人生"，使"一切龌龊人事不到眼前心上"(《佛经训》，页684)。他训子侄，也说："凡外事都莫与，与之徒乱读书之意。"(卷二五《家训》，页701)当易代之际，这种"文人"的角色选择，也即选择与当世的关系，选择活在当世的方式，其意味可知。他甚至具体描写了他想象中的那一种文人生活情境："观其户，寂若无人；披其帷，其人斯在。"(同书，页704)这里又有晚年傅山所希冀的生存状态。洁癖、对纯净度的苛求中，从来有文人式的"弱"。这不消说是退守的人生。傅山于此，也更见出了"道人"面目。

周作人自说"甚喜霜红龛集的思想文字"（《风雨谈·〈钝吟杂录〉》，页34，岳麓书社，1987），作过一篇《关于傅青主》（见同书），大半是抄录，却也可见其喜之"甚"。周作人谈论傅山，将傅山与颜元比较，我读傅山，想到的却是其时浙西的陈确。颜元思想虽较顾炎武、黄宗羲为"古怪"，但那种圣徒气味，即与傅山不伦。陈确虽师事刘宗周，但似生性与理学不契，① 有与生俱来的文人习癖，饶才艺，富情致。其人之"韵"，正近于傅山的一路。骨子里那股倔强廉悍之气也相类。只是陈确虽不契理学，仍未全脱道学方巾气，是儒家之徒，辟起佛来即武断到不由分说，没有傅氏思想的"宽博"。②

---

① 黄宗羲《陈乾初先生墓志铭》二、三、四稿均曰其人"不喜理学家言"，"格格不能相入"（《黄宗羲全集》第10册，浙江古籍出版社，1993）。《霜红龛集》卷三一《学解》则批评"世儒"，"世俗之沟犹瞽儒"（该文解释"沟犹瞽儒"，曰："所谓在沟渠中而犹犹然自以为大，盖瞎而儒也"，语见页825）。卷四〇记李颙，尤生动地自白了与其时主流思想学术、主流话语的"不契"。该书中其他批评理学、宋儒处尚多。

② 关于陈确之饶才艺、富情致，参看黄宗羲《陈乾初先生墓志铭》初稿（《黄宗羲全集》第10册）。陈、傅二氏可比较者尚不止于是。他们均有"世家"背景；均擅书法（傅山更负盛名）；都好说"孝"（陈确曾书《孝经》），但傅山却绝无陈确关于"节义"的通达见识；明末浙、晋两地著名的诸生干政事件，分别由陈、傅倡首（黄氏所撰墓志铭说陈确"廉劲疾恶，遇事发愤有大节"，傅山也略同）；陈、傅均丧妻不再娶，不纳妾，陈氏且著《女训》，与其论学宗旨不合的张履祥亦称道其"居家有法度"（《杨园先生全集》卷三二，道光庚子刊本）——姿态大异于其时标榜"通脱"的南北名士；只是陈确更有端谨，并傅山那种诉诸文字的狭邪趣味也绝无。作为其时有名士气的南北著名遗民，其人与其时其世、当代思想学术、伦理观念的关系，是研究士的精神自由及其限度的材料。

但陈确的透彻处，又非傅山所能梦见——对此，我将在下文中谈到。

名士傅山

周作人说，"傅青主在中国社会上的名声第一是医生，第二大约是书家吧"（《关于傅青主》，《风雨谈》，页3）。我相信傅氏生活的当时，其人事迹传播于人口的，肯定还有（或曰"更是"）豪侠仗义。几种关于其人的传记文字，都说到崇祯九年（1636）傅山率众赴阙为袁继咸讼冤的壮举，以之为令傅氏名声大噪的重要事件。正是此举使你相信，易代之际他身陷囹圄，是命中必有的一劫。傅山本人像是并不即以豪杰自命，那篇《因人私记》披露的更是世情、"士情"；对入狱事更讳莫如深。但那血性、那豪气仍每出文字间，而且是北方式的血性与豪气，沾染了"冰雪气味"。

他的《叙枫林一枝》记丹枫阁外雪，"落树皆成锋刃，怪特惊心"（卷一六，页463）。读戴廷栻《枫林草》残编，见其"俱带冰雪气味"。傅氏正有此冰雪情怀。其兄傅庚说其"无问春侧侧寒，辄立汾河冰上，指挥凌工凿千亩琉璃田，供斋中灯具"（卷一四傅庚《冷云斋冰灯诗序》，页369）。有此豪兴，且好奇境奇情，正是名士面目。

真名士无不是所谓"性情中人"，如黄宗羲所说"情之至者，一往而深"（《时祃谢君墓志铭》，《黄宗羲全集》第10

277

册）。深于情也即伤于情。傅山本人就说过，"无至性之人，不知哀乐；有至性之人，哀乐皆伤之"（《佛经训》，页686）。孙奇逢《贞髦君陈氏墓志铭》记傅山之母："当甲申之变，山弃家而旅，随所寓奉母往，母绝不以旧业介意，沙蓬苦苣，怡然安之。迄岁之甲午，山以飞语下狱，祸且不测，从山游者佥议申救。贞髦君要众语之云：'道人儿自然当有今日事。即死亦分，不必救也。但吾儿止有一子眉，若果相念，眉得不死，以存傅氏之祀足矣。'逾年，飞语白，山出狱见母，母不甚悲，亦不甚喜，颔之而已。"（《夏峰先生集》卷七，畿辅丛书）傅山母确可称乱世奇女子。但"奇"而至于出人情之常，令人但觉气象荒寒，不似在此人境。傅山的道行似终不能至此。《霜红龛集》卷一四那一组《哭子诗》，写亲子之情，篇篇血泪，悲慨淋漓。"无情未必真豪杰。"在我看来，唯其如此，才更足称名士。

钟于情，即有所执持，对人间世有其沾恋，非世俗传说的那种亦人亦仙的怪物。傅山的《明户部员外止庵戴先生传》，说戴氏"天性专精坚韧人也"（卷一五，页434），也是夫子自道。这"专精坚韧"与下文将要说到的"不沾沾""不屑屑"，绝非不相容。周作人读傅山，读出了"倔强"与"辣"（《关于傅青主》），所见即与顾炎武不同。但傅氏的魅力维持得较为长久者，却又确实更在顾炎武所说的"萧然物外，自得天机"（《广师》，《顾亭林诗文集》，页134，中华书局，1983）。那萧然也同样根柢性情，又是一种经了理性熔冶的人生态度。无论作

278

字还是作诗、作佛,他均不取"有意",以为如此方能不失其"天"。他笔下人物亦可注此。《帽花厨子传》说其人"聊为诸生,不沾沾诸生业"(卷一五,页454)。《太原三先生传》写王先生"好围棋,终日夜不倦,亦不用心,信手谈耳"(同卷,页440)。写钱先生:"时时有诗,不屑屑呕心,所得佳句率粗健淡率,极似老杜口占诸奇句。七十以后,益老益健益率益淡,绝不尔恤也。"(同卷,页441)①但更难能的,还应当是对产业的"不沾沾",用了"漆园"的话说,即不"役"于此"物"。② 有这份洒落,才足以令其人不鄙(《帽花厨子传》所谓"鄙夫"的"鄙")。"不沾沾""不屑屑",也即不呕呕,不热衷、奔竞,才会有其魅力所在的那份悠然、宽裕,他人所乐赏的"萧然""萧散"。有这种似执持非执持的态度,也才配说所谓"漆园家法"。

　　傅山式的萧然自然不是"做"得出来的。那萧然并不由于

① 傅氏本人对文字的态度亦然。参看《霜红龛集》集附录三刘赞录戴廷栻刻《晋四人诗》"凡例"。刘霔《霜红龛集备存小引》亦曰:"傅青主先生足迹半天下,诗文随笔随掷,家无藏稿,亦无定稿。甚有执所著以问先生,而先生已忘为己作"(页1238—1239)。《霜红龛集》集乾隆年间张思孝所辑乃12卷,刘霔辑40卷付梓已是咸丰年间,傅氏著述尚有佚。另有未"佚"而为编刻者摒弃的(见注18)。傅氏晚年对自己文字的态度似有变化。《家训》嘱孙辈:"凡我与尔父所为文、诗,无论长章大篇,一言半句,尔须收拾无遗,为山右傅氏之文献可也。"(卷二五,页703—704)
② 其《佛经训》说:"一生为客不为主,是我少时意见欲尔。故凡事颇能敝屣遗之,遂能一生无财帛之累。"(页684)郭铉《徵君傅先生传》(《霜红龛集》集附录一)说傅氏为袁继咸讼冤"出万余金",可知其饶于赀;又说其易代后"弃数千金腴产,令族分取,独挈其子眉隐于城东松庄"(页1161)。能敝屣富贵,才是"世家子"且"漆园"之徒本色。

279

天真，倒更像是因了入世之深。① 傅山深于世情，对"人"甚至未必有粹儒式的乐观信念，竟说"最庞最毒者人"(《杂记三》，卷三八，页1054)；对人加之于人的迫害，像是创巨痛深。这足以提示"萧然"的限度。《汾二子传》写庸众的麻木冷漠，《因人私记》写"人情反复，炎凉向背"，都凛凛然透出寒意。他也从来无意于掩饰其现世关切。他本人曾自说其"萧散"之不得已。《寄示周程先生》曰："弟之中曲，不必面倾。示周吾之道义友，自能信之。然成一骑虎神仙人，或谓其有逍遥之致，谁知其集蓼茹蘖也！"(卷二三，页637)这逍遥中的苦趣，也要深知遗民者才能品出。实则傅山其人热烈与萧散兼有之。一味激切，即不像人生；萧散不已，人生又会少了分量。顾氏所见，未必误解。②

既有名士风，见识自不同于俗流。名士例不讳言"色"，通常也就以此与道学、礼法士较劲。《霜红龛集》卷二《方心》序径说"色何容易好也"(页36)！《书张维遇志状后》一篇则许张氏"敢死"，说"敢死于床箦，与敢死于沙场等也。且道今世纵酒悦色以期于死者，吾党有几人哉"(卷一七，页496)——

---

① 由傅氏名臣、名将像赞(参看卷二七《历代名臣像赞》)，及《傅史》一类文字，可感其人对事功的渴慕。他说韩愈、说白居易，对其政治才具、事功，均艳称之，又未始没有对"文章士"的轻视。至于他本人的强毅、能任事，则可证之以《因人私记》等文。

② 全祖望《阳曲傅先生事略》(《鲒埼亭集》卷二六，四部丛刊初编集部)："惟顾亭林之称先生曰'萧然物外，自得天机'，予则以为是特先生晚年之踪迹，而尚非其真性所在。卓尔堪曰：'青主盖时时怀翟义之志者'，可谓知先生者矣。"可见知人之难，即遗民也不即能知遗民。

280

确系出于"别眼",所谓"常人骇之,达者许之"(《书郝异彦卷》,同卷,页500)。《犁娃从石生序》写风情,题旨严肃,却也仍能令人感得透出于文字间的狭邪趣味。至于乐府《夕夕曲》(卷二)等,更流于香艳。傅山或许属于周作人所说为人谨重而文字放荡(偶一放荡)的一类。他所作传奇竟被编刻其文字者付之一炬,其"猥亵趣味"可知。① 傅氏所好之风情,与东南名士所好的风雅文人与旧院才媛间的"风情",显然有质地的区别。至于上文说到的陈确,其笔下绝无傅山那一种村野气、俗文化气味。这里或许又可见出乡村式的北方,与城市较为发达的南方的文化趣味的不同。

说"色"态度世俗,说"食"亦然。傅山自称"酒肉道人"(《帽花厨子传》);他确也颇不薄待自己的那副皮囊,非但不讳言口腹之欲,且写"吃"的津津有味,像是在蓄意冒渎雅人。如上文所录《失题》中的"烧饼煮茄"及"大锅粥",《喃陀南赋》(卷一)、《敉小赋》(卷二)、《无聊杂记》(卷七)的咏"合络"(《书张维遇志状后》所写"河漏",疑亦"饸饹")。他对于食,所欲不奢,写到的多属民间且地方性小食或野味,其乡土爱恋在上述表达中,也格外切实。由这类文字还可知,傅山虽言及"易代"即不胜怆痛,但并不即因此而自虐,其人的"遗民

---

① 由刘霩《霜红龛集·例言》可知,傅山所作传奇内容多俗,其中"语少含蓄"(应即不雅驯)者,"古娱一见,即投诸火。诗文有类此者,概不收录"(《霜红龛集》附录三,页1247。古娱,待考)。傅氏不讳而他人讳,亦文人身后遭际之奇特者。倒令人想到傅氏本人是否尚有未传之奇?

生涯", 并不如人们所设想的那般枯寂。

傅山好"以道人说和尚家语"(卷二一《天泽碑》, 页 583—584)。他虽于道学不契, 对道学而"忠义"者却不吝称许。甚至谈及"门户", 也不标榜超然, 附和时论(参看卷一五《明李御史传》)。他撰《题三教庙》, 用了调侃的口吻, 说: "佛来自西方, 客也, 故中之; 老子长于吾子, 故左之; 吾子主也, 故右之。虽然, 他三人已经坐定了, 我难道拉下来不成?"(卷一八, 页 545。按"吾子"即孔子)非但于"三教"不设畛域, 对三教外之教也不排攘, 表现出包容的气量(时下所谓"同情之了解"), 像是并无"异教"概念。① 在门户、宗派之争势同水火的明末, 可算得异禀之尤"异"者。在我看来, 唯其能如此, 较之其时名士, 是更"彻底"的名士, 也是更诚实无伪的信徒。

傅山非但不以"出家"为佛徒的标志, 且以为"真作佛者, 即真佛牙亦不持"(《傅史》卷二八, 页 772)。由其文字看, 傅山做"道人"同样不拘形迹, 做得一派自在。《书扇寿文玄锡》曰: "不知玄锡之事天, 不于其众所匍伏之寺, 而独于其屋漏, 俨然临汝, 无时不畏威惕住此。"(页 554)但"事天"而"独于其屋漏, 俨然临汝"者, 较之"匍伏"之"众", 对宗教从来更

---

① 他强调夷夏之辨, 但在信仰层面上, 却又持论通达, 重在"真"与境界之相通, 而无论胡、华, 佛、儒。《太原三先生传》说回教: "乃知其教之严净, 非异端也。"说教中人: "今七十余, 而奉其教不衰, 可不谓用力于仁者哉!"(页 443)其《书扇寿文玄锡》: "先生原西极人。西极之学, 与耶苏同源而流少异。今互争正陪, 然大都以事天为宗。"(卷一九, 页 554)

有一份虔信。傅氏何尝独于信仰为然！他从未自放于礼法之外，面对礼法秩序，其神情毋宁说有十足的庄重。这也应是《庄子》以还几千年间士的历史的结果。你看他以批评神宗为"大不敬"（卷一七《书神宗御书后》），即绝不像是会有黄宗羲《明夷待访录·原君》的那种思路。他自说曾编"性史"，"深论孝友之理"，"皆反常之论"（《文训》），那"反常"多半也如不守戒律，更因了对经典的尊视、对义理的深求。这只要看他即使为佛家书碑，也努努说忠孝不已即可知。他自说"颇放荡，无绳检"（《跋忠孝传家卷》卷一八，页533），也偶有狎邪之作，对儿女情事别具鉴赏态度，却又乏关于节烈的通达见识，如东南人士归有光、归庄等人那样。你决不能想象其人能如钱谦益似的娶河东君之流"礼同正嫡"——且不论荒寒的北方有无可能滋养出河东君。他说如下的话时的态度，是绝对严正的："凡妄人略见内典一二则，便放肆，有高出三界意，又焉知先王之所谓礼者哉！礼之一字，可以为城郭，可以为甲胄，退守进战，莫非此物。"（《杂记二》卷三七，页1015—1016）正是由纲常伦理，标定了其人"心灵自由"的限度。你不妨相信，叛逆性的伦理思想，倒是孕育在风流的南方，商业化、城市化水准较高的南方，有着风雅文士与旧院才媛的南方。其时北方优秀之士，常显示出土地般素朴的智慧，甚至不避"猥亵趣味"，却可能有骨子里的迂陋。傅氏论书、训子，一副端人正士面孔。那为人艳称的旷达淡泊，是以道德自律为底子的。周作人虽"甚喜"傅山的思想文字，对其家训却不大以为然，也正因此（《〈钝吟杂录〉》，《风雨谈》）——由通达之士的不甚通达处，正可看出其人与其时其世的更深刻的精神联系。①

因而上文所说傅氏之洒脱，之不拘形迹，要与其自律之严、行事为人之不苟一起看，才读得明白傅山。傅氏确也好说"作人"。其书法论往往即人格论。他一再强调的，是书写行为的严肃性。至于鄙赵孟頫的人格，甚至以早年学赵为"比之匪人"②，他自己也意识到苛。对书艺尚如此，与南方名士之一味尚通脱者，意境自然大异。

傅山乃真名士。凡此豪杰气、侠气、痴情，及诸种大雅近俗处，均成其"真"。但这里以"名士"说傅山，恐非其人所乐闻。那时代实在不缺"名士"，毋宁说"名士"太多，故傅山

---

① 嵇曾筠《傅徵君传》（《霜红龛集》附录一）："失偶时年二十七，眉甫五龄，旁无妾媵，誓不复娶。"丁宝铨所辑《傅青主先生年谱》系张氏卒于崇祯五年，傅山二十六岁。

② 《作字示儿孙》诗后记："贫道二十岁左右，于先世所传晋、唐楷书法无所不临，而不能略肖。偶得赵子昂、香光诗墨迹，爱其圆转流丽，遂临之，不数过而遂欲乱真。此无他，即如人学正人君子，只觉觚棱难近；降而与匪人游，神情不觉其日亲日密而无尔我者然也。行大薄其为人，痛恶其书浅俗如徐偃王之无骨，始复宗先人四五世所学之鲁公而苦之，然腕杂矣，不能劲瘦挺拗如先人矣。比之匪人，不亦伤乎！不知董太史何所见而遂称赵頫为五百年中所无——贫道乃今大解，乃今大不解。""然又须知赵却是用心于王右军者，只缘学问不正，遂流软美一途——心手之不可欺也如此。危哉！危哉！尔辈慎之。毫厘千里，何莫非然"（卷四，页91—92）。傅山对其论赵之苛也有反省。《家训·字训》："予极不喜赵子昂，薄其人，遂恶其书。近细视之，亦未可厚非。熟媚绰约，自是贱态；润秀圆转，尚属正脉——盖自兰亭内稍变而至此。与时高下，亦由气运，不独文章然也。"（卷二五，页679）即属原情、平情之论。

讥假名士，说彼人"窃高阳之名，欺人曰：我酒狂。若令伯伦家荷锸见之，必以锸乱拍其头矣"（《老僧衣社疏》，页606。伯伦，刘伶）。

遗民傅山

明人颇有属意山右人物者。与傅山同时的吴伟业《程昆仑文集序》就说过："吾闻山右风气完密，人材之挺生者坚良廉悍，譬之北山之异材，冀野之上驷，严霜零不易其柯，修坂骋不失其步……抑何其壮也！"（《吴梅村全集》卷二九，页683，上海古籍出版社，1990）但要到明末傅山之出，山右才有更足为其地文化骄傲的人物。而当明清之际，傅山首先是以名遗民而为世人瞩目的。

傅氏并不自掩其遗民面目，毋宁说有意彰显之。《霜红龛集》集卷一〇《风闻叶润苍先生举义》的"山中不诵无衣赋，遥伏黄冠拜义旗"、《甲申守岁》的"梦入南天建业都"、《右玄贻生日用韵》（乙酉）的"生时自是天朝闰，此闰伤心异国逢""一日偷生如逆旅"，无不是其时"典型"的遗民话语。他自说"耽读刺客游侠传"而"喜动颜色"（《杂记（三）》卷三八，页1049），说"耿耿之中有所不忘，欲得而甘心者"（同上），也无不在有意示人以遗民心事，展布血性男子抑郁磊落的情怀。《巡抚蔡公传》《汾二子传》等作的感人处，亦在其中的"遗民情结"。他的《家训·仕训》（卷二五）等篇，更令人可知他所认为的遗民处易代之世的原则。"遗民"在傅山,并非一种特别的标识,借助一套特殊行为呈现。你由上文可知,他的"文人"及"名士"姿态中,无不寓有"遗民"身份自觉。事实上,一部《霜红龛集》的大部,均可读作这一"遗民"状态、经验的记录。"遗民"是时间现象,但有关的士人经验,却有不限于时间者。如上文已经说到的,傅山以他的文字,将士人生存体验的严酷性凸显了。

由《霜红龛集》集还可知傅山与同时南北名遗民(顾炎武、阎尔梅等)间的往还,彼此的精神慰藉与呼应。卷九《顾子宁人赠诗随复报之如韵》曰:"秘读朝陵记,臣躬汗浃衫。"《奉祝硕公曹先生六十岁序》说阎尔梅(古古)"不应今世,汗漫去乡国。旧善骑射,今敛而不试。时寄豪诗酒间……""我方外之人,闻之起舞增气"(卷一九,页550—551)。而傅山本人作为名遗民,其所经验的情境的讽刺性,莫过于因他的"名"而为时主(清主)与众人("满汉王公九卿贤士大夫逮马医夏畦市井细民",参看嵇曾筠《傅徵君传》等)所强。他于此证明了"世网"的难脱,欲"方外"的不能。这或许也是《庄子》之徒所能遭逢的最具讽刺性的情境。

至于他的说死说风节,则全在时论中,且较诸一般论者更有激切——这一层却显然与所谓"漆园家学"无涉。他好说"出处"之"大",一言及忠义即辞情慷慨,以为关涉人之为"人"(参看卷二八《傅史》),与同时儒者所谓"存人道",思路相通。本文开头即说傅山之为"文人";但要由他说"文行"之

"一"，说"文章生于气节"（卷二七《历代名臣像赞·韩文公》），方可知他是仪型的"文人"。他对他本人的风节也颇自负。《书金光明经忏悔品后》曰："山自遭变以来，浸浸四十年，所恶之人与衣服、言语、行事，未尝少为之婀嬢将就，趔趄而从之……"（卷一七，页522）他的"遗民道德"，更有严于时流者。他不但宣称不欲人"诬以刘因辈贤我"，更不以吴澄、虞集等为然，《历代文选叙》讥此二人"弃其城而降于人之城"（卷一六），持论较同时遗民如孙奇逢、刘宗周等为苛。①他的"赵孟頫论"严重其辞，也令人可感"遗民社会"语境的紧张性：失节的忧惧，自我丧失的忧惧。上文已说到他嫌恶"奴俗"。在他看来，赵孟頫应是媚俗之尤者，而媚俗也是一种失节，或正与失节于夷狄同一根柢。

作为遗民，傅山深刻地感受着他生存的时代，体验与表达着他对生存处境的感知。他一再描绘其时士所处言论环境，讽喻的笔墨间透出冷峻的现实感。在这方面，上文已提到的《书〈山海经〉后》最是奇文。该篇据《山海经》第一《南山经》"淘山……有兽焉，其状如羊而无口，不可杀也，其名曰……"，发挥道："可以杀者，职有口也，无口则无死地。文章士不必辄著述持论始为有口，始鼓杀身之祸，居恒一言半

---

① 《家训·训子侄》："著述无时亦无地，或有遗编残句，后之人诬以刘因辈贤我，我目几时瞑也！"（卷二五，页671）《杂记（一）》："薛文清公云：'许鲁斋无时不以致其君尧舜为心。'此语极可笑。"因不察"其君何君"（卷三六，页993）。傅山对元人也非一昧作苛论。《祝榆关冯学师七十寿》曰："吕思诚三为祭酒，而以许衡为法衡世，所谓大有得于程、朱，而以道为己任者也。"（卷一九，页552）

句，皆为宵人忌，皆是兵端。介母曰：言，身之文也。愚谓不但文，几以身为的而积人矢镞者。"（页 514）①将士人、文人处境之凶险，渲染得淋漓尽致。以下因《山海经》第二《西山经》"天山……有神焉，其状如黄囊，赤如丹火，六足四翼，浑敦无面目，是识歌舞，实为帝江也"说"囊"，更有妙解："老子曰：宁为腹，不为口。腹也者，中也，囊也。孔子亦曰：几事不密则害成，亦申括囊之谨。故囊者，天下之妙道也，然而自无口始；无口而后可囊，可不杀……不能无口而不见杀者，幸而已矣。人不杀，造物者杀之矣。""囊之时义至矣哉！然囊难能也，无口或可能也。"（页 515—516。郭璞、毕沅、郝懿行诸家均不及此义，参看袁珂《山海经校注》）奇思妙想，一派愤世嫉邪者言，也可作为与清学家的训诂不同方法及旨趣之一例。这是一篇演绎寓言（《山海经》）的寓言——关于"言"的寓言。而具有讽刺意味的是，《霜红龛集》一集中刻露而尖锐的，却正是说言之为祸的这一篇。因而其说"言祸"，也如龚自珍说的"避席畏闻文字狱"，倒是表明了并不真惧祸，及意识到了可供言说的缝隙。同文篇末说到"诞"与"实"。"诞"乃现实本身的品性，"现实"无非一大寓言。《书〈山海经〉后》说现实的荒谬，正系用了《庄子》式的智慧说《庄子》式的命题。由此等文字推测傅氏之于"漆园"，他的终于"黄冠"，也应当可得一解吧。

---

① 郭璞注："禀气自然"；郝懿行云："不可杀，言不能死也；无口不食，而自生活"（参看袁珂《山海经校注》，页 15，巴蜀书社 1993 年版）。

傅氏生前身后，颇吸引了对他的诠释。其友戴廷栻所撰《石道人别传》(《霜红龛集》附录一)杂采传说，似已不以常人视傅山：傅氏当其世就已传奇化了。此传的精彩处，如说"道人习举子业，则读方外书；及为道人，乃复乙儒书而读之"(页1156)，令人想见傅氏的文化姿态。至于郭铉所撰传，说傅氏"更著奇书，藏其稿于山中"(页1162)——像是到死还特意留了悬念。其他，如赴阙讼冤，如黄冠，诸传所记互有异同，无非见仁见智，各见其所欲见。

在我看来，诸传状中，以善读明遗民著称的全祖望的那篇《阳曲傅先生事略》(《鲒埼亭集》卷二六)最得其人精神。全氏强调傅山的风骨气节、现世关怀，谓其人以学庄列为韬晦，记述其遗民遭际，剖露其遗民心事，所传也是"遗民傅山"。但"遗民"毕竟不足以尽其人。清末如丁宝铨等人笔下的傅山，欲彰显其遗民精神而愈将其片面化了。[1] 片面化也罢，误读也罢，有意误解也罢，对傅山本人已无所损益，知人论世，照出的永远更是"读"者自己的期待以至面目。本文也难免于此，

---

① 傅山《霜红龛集》丁宝铨《序》(宣统三年)谓"《潜丘札记》谓啬庐(按傅山别字啬庐)长于金石遗文，尝谓此学足以正经史之讹而补其缺，厥功甚大(约原文)。按：本朝庄氏(葆琛)、吴氏(荷屋)，为用金文证经之巨子，毕氏(秋帆)、阮氏(文达公)，为用石文考史之大宗，其源乃开于啬庐。由是以言，金石文证释经史，傅学也。"同文说颜元学风"啬庐所渐渍者也"，说曾(文正)氏文派，"为啬庐宿所主张者"，还说傅氏"昌言子学，过精二藏，乾嘉以后遂成风气"，甚至说"近日之哲学实啬庐氏之支流与其余裔"，似对傅氏的影响力有夸大。同文说："然石庄《绎志》，谭氏访求于海墙扰攘之时，船山遗书，曾公雕刻在江皖糜烂之日，儒书讲习，卒赞中兴。啬庐贞谅，迥异吊诡。倪承学之士闻风兴起，则人心世道之已荡决者，或回澜于学术之流行，亦未可知。"宗旨本不在学术。

故题作"我读"。

（本文发表于《文学遗产》1997 年第 3 期，作为附录收入
《明清之际士大夫研究》一书。《明清之际士大夫研究》1999 年
由北京大学出版社出版）

附录

《明清之际士大夫研究》后记

关于写作本书的缘起，我已反复说到。在近几年所写散文中，我对自己 20 世纪 90 年代初由中国现当代文学转向“明清之际”曾一再回溯。正如当年进入现代文学专业，只是为了摆脱那所我在其中任教的中学，涉足明清之际，也像是仅仅出于文学研究中的某种心理疲劳。但终于选定了这一带河岸作为停泊地，毕竟有更深的缘由，只是一时难以理清罢了。即使在这项研究进行了六年之后，将所做的工作诉诸清晰的说明，仍使我感到为难，尽管我也一再说过，“士大夫研究”是我本人的现代文学研究在同一方向上的延伸。我确也在从事现代文学研究时，就有意清理自己关于“士”的似是而非的成见；后来的经验证明，原有那些看似自明的概念，在限定了的时段中，遭遇了质疑与校正，现象的复杂性因而呈现出来。

至于明末清初在思想史上的重要性，已无须论证。庞朴先生在近年来发表的文章中还谈到，他"认为中国明清之际出现过启蒙思潮或者叫早期启蒙思潮"（《方以智的圆而神》，《传统文化与现代化》1996 年第 4 期）。日本学者沟口雄三则认为，"如果就中国来看中国的近代历程"，那么明末清初政治上的君主观的变化，与经济上田制论的变化，"应被视为清末变化的根源"，"从这里寻找中国近代的萌芽，绝不是没有根据"（《中国的思想》中译本，页 111，中国社会科学出版社，1995）。但这仍然不是我选择"明清之际"的最初的缘由。也如在现代文学研究中，我与题目的相遇，通常凭借的是直觉，是某种契合之感；我最初只是被明清之际的时代氛围与那一时期士大夫的精神气质吸引了。于是在几乎毫无准备，同时对自己的力量并无充分估量的情况下，我迈过了那道门限。

如本书上编这样将研究材料作为"话题"处理，以及有关话题的分类原则，也同样未经事先拟定。只是在这一角度的研究到了一个段落之后，才想到了如下的解释，即明清之际的上述"思想史意义"首先是士大夫经由"言论"提供的。言论通常在"话题"中展开，而"话题"则在具体的历史情境中展开。言论无不反映着其赖以生成的环境，包括话题在其中展开的言论环境。明清之际言论的活跃，赖有历史机缘，即如所谓"王纲解纽"所造成的某种松动、某些话题禁忌的解除，明代士风士习（及"左派王学"）所鼓励的怀疑、立异倾向等。此外还有制度上的原因，尤其与"言论"关系较为直接的明代的监察制度。明清之际最初吸引了我的，就应当有其时活跃的言论环境、生动的言论方式，以至某些警策的议论。至于本书中所讨论的"话题"所体现的分类原则，自然更系于个人旨趣，个人的经验以及知识准备、理论视野，是由能力、训练、原有的研究基础事先规定了的。

"明清之际"是个起止不明确的时段。在这本书中，它大致指崇祯末年到康熙前期。写作本书上编诸章时，"明清之际"对于我，首先是一片活跃而喧嚣的言论之区。我在此分辨不同的声音，对语义做分类处理，以便发现、确认思想的线索。几乎从一开始，我就被"言论"所吸引。一个论题的拟定，通常是在遭遇了令我的精神为之一振的"说法"之后——我确也像在现当代文学中那样，会为某种出常的表达方式所吸引。我游弋在那些线装或洋装书的字里行间，更像一个狩猎者，随时准备猎取言论及言论形式。这种情形其实与我原先的工作不无相似：当我在现当代文学作品中漫游时，也往往并无明确的目标，却同样充满期待，随时准备为特殊的智慧及智慧形式而激动。当然，在此后对言论材料依"话题"为线索梳理时，我已由最初的激情中脱出，努力于寻找言论背后的逻辑，言论与言论者的经验与其时士人普遍经验的关联。我当然知道，将最初激动了我的言论材料编织成《说"戾气"》《明清之际士人之死及有关死的话题》(分别发表于《中国文化》与《学人》，即本书第一章的第一、二节)，绝非事出偶然。更可能是，我的尚未分明的思考，被所遭遇的材料激活并明晰化了。

有关"戾气"的话题吸引了我的，首先不是那一时代的政治暴虐(这类描述是如此刺激，你在丁易关于"明代的特务政治"的著作中已领略过了)，而是有关明代政治暴虐的"士"的批评角度，由此彰显的士的自我反省的能力，他们关于政治暴虐的人性后果、士的精神斫丧的追究，对普遍精神疾患的诊断，以及由此表达的对"理想人格"的向往。而易代之际被认为至为重大的节义问题(也即生死问题)，令我关注的，则是怎样的历史情境与言论氛围，使得"死"成为"应当"甚至"必须"的，也即使得某种道德律令生效的条件。"用独"是王夫之的说法。借此题目，我试图清理其时士大夫与反清活动有关的经验描述；之所以大量引述王夫之，是因为王夫之的反省更具深度与力度，他以哲人与诗人的优异禀赋，将士当其时选择的困境与精神痛苦，表达得淋漓尽致。

"南北"作为话题，古老而常新。我在这里所关心的，是这一话题在明清之际特殊时段的展开，其时士人借诸这话题想说些什么，以及怎样说。使我的有关论题得以成立的，首先是明代政治史上与地域有关的材料，包括展开在朝堂上的南北论；吸引了我的，还有易代之际士人尤其"学人"对"播迁"的态度，播迁中主动的文化选择、地域认同。"世族"与"流品"在明清之际的语境中，是两个相关的话题。我的兴趣在于世族的衰落之为历史过程对士人存在状态的影响，士人保存其文化品性的努力。由更长的时段看，作为上述话题的背景的，是发生在漫长时期的"贵族文化"衰落、士的"平民化"的过程。士人对此的反应与对策，是值得考察的。至于"流品"这一概念的陌生化，在我看来，除了因于世族的衰落外，也应与知识者自我意识的削弱、士群体自我认识能力的蜕化有关。

"建文逊国"是有明"国初史"的一大公案。"易代"这一特殊背景复杂化了有关谈论的性质。我的兴趣在透露于士人的有关谈论的情感态度——对"故明"、对明代人主，以及士人的命运之感。我试图揭示的，是"建文逊国"这一发生于有明国初的事件，在200余年间对士人心理的深刻影响，易代之际士人经由这一话题对明代历史的批判。

讨论上述话题，你不能不对那些话题赖以展开的言论环境发生兴趣。参与构成其时的言论场的，就有士人关于"言论"的言论。这无疑是一种悖论式的情境，所谓自身缠绕。士所表达的对言论的功能理解，直接关乎士的自我角色期待，他们的自我定位。你会发现，那种功能理解与角色意识，在你并不陌生。明清之际士人对其时代的言论行为的批评，也正在他们参与构成的言论环境中展开，甚至他们批评的态度、方式，也须由其时的言论条件来解释。梳理这类言论，我的着重处仍在与明代政治关系密切的方面："言路"与"清议"，即言官之于朝廷政治，言官政治对士人言论方式、态度的影响；明代政治生活中的清议。为了对有关现象做出解释，我尝试过对明代"言路"的制度考察，却因缺乏细密考辨的能力，不得不部分地放弃了预定目标，而满足于一般性的陈述。"模糊影响"，或也是人文研究中常见的弊病。在这一论题中尚未及展开的，还有制义、策论以及章奏之为文体，对士人言论方式、议政方式的影响。尽管难以付诸论证，我仍然认为这一角度对于我的论题是不可缺少的。

在处理言论材料时，我力图复现那个"众声喧哗"的言论场，而非将其呈现为组织严密、秩序井然的"公共论坛"。当然我也只能近似地做到这一点。即使像是没有明确的理论预设，当我搜集材料并将其整理排列时，仍然依照了一定的"秩序"。我所能做的，是尽可能保存相互抵牾的议论、陈述，因为我相信这将有利于发现，甚至有助于澄清。我的难题始终在理论工具的匮乏，这里有一代人文研究者难以克服的局限。也因此，我甚至不能实现我已隐隐"看到"的可能性。在写给友人的信中，我说，我其实很清楚，因为不懂得语言哲学，不懂得符号学、叙事学等等，阅读中不可避免地浪费。我很清楚，如若工具适用，一定能由文献中读出更多的东西。

我将继续"话题"的研究——明清之际士人的"君主论"，他们的"井田、封建论"，以及"文质论""异端论"，等等。较之已纳入本书上编诸题，这无疑是一些更传统也更与儒学相关的话题，需要更耐心谨慎地对待。事实上，上述研究已在进行中，在搜集材料的过程中。不但诸多课题几乎同时进行，而且彼此衍生。因此随时处在饥渴状态，感到知识的匮乏，占有材料的不足，尤其是有关话题之为"史"的材料，那一话题下言论的积累。我深深体验到学养的不足，缺憾的无可弥补。

至于选择明遗民作为课题，也同样并非出于对这一现象的重要性的估量，而是因了涉足这一时段不久，我就被"人物"——顾炎武、黄宗羲、王夫之、傅山、方以智、陈确、魏禧等等——所吸引。"遗民"出自士人刻意的自我塑造，自觉的姿态设计。"遗民"须凭借一系列方式（记号）而自我确认，而为人所辨识。但在具体的研究中，我不想过分地强调遗民的特殊性，而更关心其作为"士"的一般品性。遗民不过是一种特殊历史机缘中的士。"遗民"是士与当世的一种关系形式，历史变动中士自我认同的形式。士对"历史非常态"的反应，往往基于士的普遍生存境遇与生存策略。上述认识使我一开始就尝试给有关"明遗民"的描述一个较为开阔的背景，尽管我在这里同样遇到了解释框架的限制。

困难自然还在知识准备的不足。余英时《方以智晚节考·增订版自序》说："唯余考密之晚节尚别有一重困难而为通常考证之所无者，即隐语系统之破解是已。以隐语传心曲，其风莫盛于明末清初。盖易代之际极多可歌可泣之事，胜国遗民既不忍隐没其实，又不敢直道其事，方中履所谓'讳忌而不敢语，语焉而不敢详'者，是也。""顾亭林在诸遗老中最为直笔，顾其诗中以韵目代字者亦往往而有。故考证遗民事迹者非破解隐语不为功。"（允晨文化实业股份有限公司，1986）而

299

这一项工作在我，不过略及其浅层，限于学力，今后也未必能深入，因而绝不敢自信读遗民真得了正解，何况遗民文字漫漶湮灭，更何况"文字"或适足以障蔽了所谓的"真实"呢！但我对于传统的考据之为方法，也并非无所保留。在本书的"余论"部分，我谈到了"以诗证史"的限度问题。在我看来，某些以引证丰赡而令人倾倒的考据之作，所证明的除著者的博学外，毋宁说更是想象力、人事洞察力，以至"文学才能"；那些密集的材料所提供的，最终仍不过是诸种可能中的一种——即使其作为推测极富启发性。出于同样的考虑，我对自己本书中的推测、判断，也往往心存游移，对此你可以由本书的文字中读出。由此我想到了对于历史生活、事件，可以经由文字复原的程度；想到为了保持某种解释的"开放性"，宜于采取的叙事态度。

我很清楚，关于明遗民，我所涉及的只是极有限的方面。友人谈到明遗民的主张为新朝所吸纳，成为其制度建构的资源，他们的思想著作构成清初主流文化，他们本人在这过程中实现认同的过程——这无疑是明遗民命运中尤具戏剧性、讽刺性的方面，也是我的研究中尚待深入的方面。由有清一代看去，明清之际的士人(尤其名遗民)对明代的政治批判，其含义是复杂的，即如有关"言路"的批评，有关"党争"的批评，有关讲学、党社的批评，等等。但我也注意到，在其时所有较为重大的论题上，都有不同的议论；在看似一致的言论背后，也往往有前提、逻辑的参差。我所能够做的，或许仍然是呈现众声喧哗的言论场，并对言论背后的"动机"提供某种解释。至于本书描述处明清之际的遗民族群，置重心于其与故国(明代)的联系，也因我关于清代更少知识积累；而论证明遗民思想于有清一代制度的意义，须有明清两代制度的比较研究为依据。但即此你也可以相信，明遗民作为现象，还有相当大的研究余地。

在本书之后，我将以某些群体(如刘宗周及其门下，如江西易堂)为专题，继续对明清之际士人、对明遗民的研究。我也将进行与明末"士风"有关的研究(同时注意到这种研究的风险与限度)，以便使本书中尚未深入的方面，得以在另一场合展开。

有学界前辈说到我的研究的意义，或许在将大量材料依我选择的题目整理了，给后续的有关研究提供了基础。当然，材料的拣取仍然受制于理论背景、工具。我对材料的整理的特别之处，毋宁说在阅读的范围。我主要是由文集中取材的，而这一部分文献往往被史家与文学研究者搁置或舍弃。阅读文集是一种漫游，由一个人到另一个人、到某一群体；在漫游中倾听彼时士人间的窃窃私语(经由书札)，侃侃谈论(比如在史论中)，甚至他们之间的诋诃、谩骂。对于人事的敏感(因而对文集的兴趣)，不消说是在文学研究中养成的。

当然如上所说，我提供的绝非无统属的材料，因而在排列材料时，不可避免地将我的眼光、视野的边界呈现了。而且为我所利用的文字材料极其有限，我尚未及做更广泛的涉猎，比如对于诗词歌赋，以及小说戏剧等等。这里也有学养、精力的限制，甚至不得已的取巧：文集中的文字作为表达的直接性、明确性，以及书札一类文字的某种"私人性"，便于我的利用。我当然知道，我暂时搁置的那一部分文字，对于我的目的至少是同等重要的，问题在于如何利用。我对自己解读古诗赋的能力心存疑虑，尤其穿透"形式层面"的能力。

同时我也发现，即使个人文集，甚至其中更"私人性"的文体如书札，也受制于那一时期的叙述方式、趣味——这在明清之际以至有清一代有关"忠义"、遗民的记述中尤为显明。你随处可感传统史法、正史书法对叙事的规范。我在本书第三章有关"建文逊国"的史述分析中，已说到了这一点。道德化，对精神事件的偏重，对生活的物质层面的漠视或规避（其后果包括有关记载的阙略、统计材料的匮乏），都限制着对历史的"复原"，"生活"在文体、时尚的剪裁下，已不但支离而且单一化了。而"由史所不书处读史"，有时不能不近于空谈。我自然明白困扰了我的绝非新问题，我只不过亲历了久已存在的困境罢了。

我的工作或许位于"思想史"研究的边缘上。在寻绎研究对象的思想史的意义时，我不免想到是否正是"思想史"（有时即"理学史"）的既定格局，限制了对"思想"的整理，使得大量生动的思想材料因无从纳入其狭窄的框架，而不能获取应有的"意义"。引起我兴趣的，通常更是一些像是未经系统化的思想材料，甚至为一般思想史弃而不用的材料。我相信"思想史"并非仅由那些已被公认的主题构成。或也由于文学研究中的积习，我力图把握"人与思想"的联结，在生动的"人的世界"寻绎"思想"之为过程。无论这样做有怎样的困难，我都认为其不失为值得致力的目标。

我自知严格的思想史的方法(是否有此"方法"?)，对于我并不适宜。我在面对"明清之际"时，仍然是"文学研究者"。我曾力图摆脱那个角色，但后来半是无奈半是欣慰地发现，已有的学术经历与训练，正是我进入新的领域的钥匙。对于"人"的兴趣，始终是我做上述课题的动力：那一时期士人的心态，他们的诸种精神体验，以至我所涉及的人物的性情，由这些极具体的人交织而成的那一时期复杂的关系网络。即使对事件的研究，吸引了我的往往也是"心理"的方面，尽管我并非有意于"心态史"。一家刊物在有关我的论文的编辑说明中，说到"史料与体验的结合"，这种说法并不使我感到鼓舞。"体验"在历史研究中似不具有方法论的意义。但"体验"或许确实是我暗中所凭借的。正是体验支持了"直觉"，并为论说勾画了方向，甚至潜在地确定了论说的态度。"体验"将我与研究对象的联系个人化且内在化了。

我还应当说，我所选择的时段以其丰富性，扩大了我有关"历史"的概念。在研究中我对历史生活的日常的方面，有日益增长的兴趣。"鼎革"这一事件对于日常生活层面的影响，还远没有被描述出来。复现朝代更迭中广阔的社会生活图景，无疑是繁难而诱人的课题。阅读中我往往会被某些细节所吸引。比如见诸士人文集的有关赈灾的记述，在我看来，就可供做专题研究——不但据以研究灾变，而且借此考察暴露在灾变中的社会财富分配及社会各层的生活状况，考察士人借诸赈灾的民间政治的展开，士的民间组织与官方机构的关系，以至赈灾的技术性方面，从事赈济者的具体操作。

令人兴奋的是，明清之际历史生活的丰富性，其思想史意义，在被不断发掘出来。近期《学人》所刊王汎森先生关于明末修身之学对清末民初知识界的影响的分析(《中国近代思想中的传统因素》，《学人》第 12 辑，江苏文艺出版社，1997)，就引起了我极大的兴趣。该文所谈到的刘宗周的《人谱》，也属于我正待研究的课题。

在近几年所做学术回顾中，我曾说到对当初不得已地选择学术心怀"感激"；说到这种选择正是在作为"命运"的意义上，强制性地安排了我此后的人生；写到了那种"像是'生活在'专业中"的感觉，也写到了"认同"所构成的限制。我以为，学术有可能是一种积极的生活方式：经由学术读解世界，同时经由学术而自我完善。对于我更重要的或许是，学术有可能提供"反思"赖以进行的空间。人文学科因以"人"及其"关系"作为对象，所提供的一种可能，就是研究者经由学术过程不断加深对自己的认识。即如我上面所说到的诸种缺陷，倘若没有一定的反省条件，有可能永远不被察觉。我不便因此而宣称我的研究是所谓"为己之学"。但自我完善之为目的，确实使我并不需要为"耐得寂寞"而用力。我曾说到过"无人喝彩从不影响我的兴致"。

学术作为生活方式，自有它的意境。在研究中我曾一再地因对象而激动。激动了我的，甚至有理学家那种基于学理的对于"人"的感情。我经由我所选择的题目，感受明清之际士人的人格、思想的魅力；在将那些人物逐一读解，并试图把握其各自的逻辑时，不断丰富着对于"人"的理解。作为艰苦的研究的补偿的，是上述由对象的思想以及文字引起的兴奋与满足。如顾炎武表达的洗练，如钱谦益、吴伟业、陈维崧式的生动，如王夫之议论的犀利警策。更令人陶醉的，还是那种你逐渐"进入""深入"的感觉。在这过程中甚至枯燥的"义理"，也会在你的感觉中生动起来。

尽管因素乏捷才，不能不孜孜矻矻、一点一滴地积累，这份研究工作仍然不总是枯燥乏味的。治学作为艰苦的劳动，从来有其补偿。清代朴学大师梅文鼎（定九）自说其治学状态，曰："鄙性于书之难读者，不敢辄置，必欲求得其说，往往至废寝食。或累日夕不能通，格于他端中辍，然终耿耿不能忘。异日或读他书，忽有所获，则亟存诸副墨。又或于篮舆之上，枕簟之间，篷窗之下，登眺之余，无意中焂然有触，而积疑冰释：盖非可以岁月程也。每翻旧书，辄逢旧境，遇所独解，未尝不欣然自慰。然精神岁月，消磨几许——又黯然自伤。"

(《绩学堂文钞》卷一《与史局友人书》,《续修四库全书》集部别集类)我想我熟悉类似的紧张与兴奋,紧张中生命的饱满之感,以及那种生命消耗中的犹疑与"自伤"。梅氏又说:"往往积思所通,有数十年之疑。无复书卷可证,亦无友朋可问。而忽触他端,涣然冰释,亦且连类旁通,或乘夜秉烛,亟起书之。或一旦枕上之所得,而累数日书之不尽,引申不已,遂更时日。"(同卷《复沈超远书》)谁说"学术生涯"没有其特殊的诗意呢!

在本书完成之时,我感谢鼓励和帮助了我的友人,尤其平原、晓虹夫妇;感谢为我的有关研究提供了发表机会的刊物,《中国文化》《学人》《传统文化与现代化》《上海文化》《文学遗产》《中国文化研究》《社会科学战线》等。由现当代文学研究到目下进行的研究,我始终得到师友、同行与出版界的鼓励。我不能不一再重复地说,我是幸运的。

1998 年 5 月

(《明清之际士大夫研究》,北京大学出版社 1999 年 1 月出版)

306

《制度·言论·心态
——〈明清之际士大夫研究〉续编》后记

我起始于 20 世纪 90 年代初的关于"明清之际的士大夫"的研究，因了这部书稿的完成，有可能告一段落，尽管某些具体方向上的研究，还将在一段时间中继续。对于我来说，写这部"续编"，是一段艰难的经历，这不但因了论题本身的难度，也因了"状态"在时间中的变化。一位北大的研究生在以我为题的作业中，谈到她阅读本书以论文形式发表的个别章节时的印象，说续编较之正编，有"论述策略的调整"，这种策略即"更加注重对于外围材料的搜集，兼采其他研究者关于时代背景与历史源流的诸种'外部研究'，使得文章更具有某种坚实的支撑与深远的语境"。我却不禁要想象这年轻人读到那些文字时的失望。她很可能有更大的期待，尤其在研究的方法、路径方面，而本书所提供的，远不能使她满足。

　　仍有必要对本书的内容及我的意图做概略的说明。

　　本书的上编刻意避免以"士风"标目，出于对那种过分追求同一性，不惜为此而剪裁"事实"以就成见的概论式的论述方式的怀疑。我当然明白自己无以避免"概论"，无以避免"化约"。似是而非，笼统，模糊影响，根源于我们的认识方式与认识能力，也根源于表达的困境，无从逃避。但也因有上述警觉，此编各章更用力于"分析"，并力图保存现象、趋向的丰富性。我当然明白绕开"士风"这概念，并非就能绕开如下质疑：被你选中了作为分析对象的现象隐含了怎样的"量"的因素，以至获得了你所认为的重要性？我只能说，对于上编所示的那些现象的敏感，固然生成在个人的经历、经验中，也一定受到了既有论述的提示、暗示。

不以"士风"标目，也因了有关"晚明士风"的已有论述，难以为我个人的阅读经验所印证。这里涉及的，并非真实与否的问题。对于那一以及任一历史时代，找到相当数量的材料支持某种并非轻率的判断，都并不困难。我和其他研究者不过基于不同的期待、依据不同的材料、由不同的方面试图接近那一时期；我们的所得或许可以互为补充：不是在达成"完整"的意义上，而是在复原历史生活本有的丰富性的意义上。即如王汎森先生所谓的"道德严格主义"，与通常关于"晚明士风"的诗意描述即不免大相径庭。也正是种种"犯冲的色素"，以及无穷无尽的中间色，使得我们的历史想象大大地复杂化了。由此不也证明了"总体描述"的不无意义？任何一种出于严肃意图的确有依据的描述，都有可能包含"真相"；更有意义的是，这种描述将作为质疑的对象，引出更多的发现。

作为本书所处理的一部分材料的，有明末"任事"者的文集。那些人物中有易代之际的所谓"忠义"（忠义/遗民），孙承宗、鹿善继、孙传庭、史可法、金声、金铉、范景文，等等。较之临难之际的表现，在本书中我更关心他们任事时的动力与姿态。那些人物尽管文采风流不足以映照一时，其人的志节、心迹，却自有动人之处。任事者的言论，自然方便了对明末政治的考察；我所关心的，也仍然更是言说的人，是言说者的思路、态度、方式，以至透露于言论的性情。我由自己的意图出发读彼时的论政文字，读出的确也更是其人。"经世文编""名臣奏稿"读之不足，即更向文集中寻访——文集对于我的目的，依然有着不可替代的价值。《皇明经世文编》宋徵璧所拟《凡例》，说"藏书之府，文集最少"，慨叹于当代文献的湮灭无闻，即"名公钜卿"的文字，亦不能"尽备"，"如韩襄毅、徐武功，皆本吴产，襄毅疏草，武功文集，访其后人，竟未可得"。（按：韩襄毅，韩雍；徐武功，徐有贞）如此看来，即使我所搜检的文集未见得罕见，对于这一种材料的运用，也有利于保存文献吧。

在"经世·任事"这一题目下，我试图分析明末清初士人的经世取向，危急时刻承当事任者的姿态与情怀；分析经世取向在著述中的体现，诸种论政文体的运用，掩蔽于此种文体的士人心迹；分析士人在清初这一敏感时期所遭遇的与经世取向有关的伦理难题。于此我尝试着探究的，可能是与正编不同，以至看似相反的面向。那本书论及易代过程中巨大的道德压力下可不死的死，此章置于正面的，却是士人的知不可而为。景观的不同不过系于看取的角度——那个历史时代是经得住由各个方向察看的。

"谈兵"本是志在"经世"的士人的具体动作。选择这一动作进行分析，多少因了它的戏剧性，却也出于对古代中国文士与兵事的关系的兴趣。我试着说明支持士人谈兵的诸种条件，包括制度条件；在讲述文臣文士对于明末军事的参与时，涉及了王朝权力结构中的"文/武"，介入军事、担当军事责任的文士所实际经历的文武冲突；我感兴趣的，还有那一时期由火器的军事运用所激发的制器热情；最后，则是其时士人与兵事有关的伦理思考——在我看来，此中正有那一时期所提供的富于深度的思想。

在"游走与播迁"这一题目下，我试图分析士人在明清之际的常态及非常态的流动，推动了此种流动的诸种因素，士人的流动与"易代"这一事件的关联，展开在"流动"中的士人命运。"师道与师门"一章所清理的，有其时士人言说中的"师"之一名，师道与师门，讲学以及官学与私学，等等。在我看来那一时期与"座主/门生"有关的言论，尤有分析的价值。师弟子对于界定士之为士，从来有其重要性。明清之际的有关言说，更包含士对自身处境的紧张关注，大动荡之余伦理修复、人格重建的努力。

"明清之际"是一个起止不明确的时段。我继续利用"之际"之为界域的模糊性，以便伸缩自如；在做具体分析时，兴趣却更在此"际"的明代一方，力图缘此而上溯，为此际寻求解释。我知道当我所分析的现象发生时，不但有明200余年，且此前的全部历史都参与其间。我远不能穷尽有关现象的远缘以至近因。但我仍在这一方向上尽了努力。面对我所选取的现象，我所强调的，依然是"明清易代"这一历史情境的特殊性、际此世变的人及其选择。易代关头的经世取向，势必有不同于平世，谈兵亦然。士夫从来有性质、目标不同的游走，"播迁"这一种流动，则以"鼎革"之际为甚。"师道""师门"虽古已有之，我的关注却更在意涵特殊的师道论述，与乱世师门。

由正编延伸，续编仍然以其时的儒家之徒（以及儒学影响下的士人）的著述作为主要的材料来源。上文说到已有的关于"晚明士风"的描述不能为我的阅读经验所印证，多少也应因了我所选来阅读的文献。支持文学史（以至文化史）关于"晚明士风"的描述的，主要是文人诗文与笔记，而我从事这项研究，却更倚重儒家之徒的文集；尽管"儒者""文人"的类型划分，用于其时的士人，难免不削足适履。

上编中的大部，已有关于"话题"的讨论，只不过进入了下编，话题更为传统而已。黄子平在为那本《明清之际士大夫研究》所写书评中，提到思想史研究通常想到的是"启蒙"这个惯用词，"或'君主观''封建论'等与政治思想或制度创新有关的'传统'话题；赵园却有意无意避开了这些套路，直探'庶

313

气''节义''用独'等更具'精神气质'又与历史语境密不可分的话题"（《危机时刻的思想与言说》，刊《二十一世纪》）。我却及时地以此书证明了自己并不能拒绝"传统话题""套路"的诱导，尽管明知某些题目被认为的重要性，是经由一再的论说而生成的。

本书写作中的艰难，部分地也因了话题的"传统"。那些话题的确有太过漫长的历史，有待于做近乎无穷的追溯，限于学力，我却只能大致以"有明一代"为限，即此也难免于挂一漏万。但我仍然要说明，我的兴趣不在观念史，不在为有关的思想清理出一条"演进"的线索，而在言论者的旨趣，隐蔽在言论背后的动机，那些思想、言说与"明清之际"的关系，即在"思想—情境"，思想的历史内容以及个人经验内容。为此我努力避免先入之见，避免一意向"前近代"为"近代思想"寻找本土源泉。我更希望做到的，是让言论回到它被言说的历史情境，无论我能在何种程度上（以至能否）做到这一点。也因此在处理如"君主""井田、封建"这类思想史的题目时，我的方式不可能是严格思想史的。这固然限于能力，也系于旨趣。这种研究的局限是一望可知的。比如不能解释一种思想何以能由普遍认识中拔出，何以突破了"历史条件"的限制；也难以解释有相似经历的个人间思路的不同（以至相左）。对于明清之际士人的君主论，我感兴趣的，更是士经由"君/臣"一伦的自我界定，他们对"臣"对"士"的伦理地位的阐发；井田论作为对于深刻的社会危机的回应，令我动心的，则是明

314

中叶以降士人的均平吁求，士人中的优秀者超越"阶级利益"拯饥济溺的热忱；"文质"一章则着重讨论士人与"文"有关的想象，他们——尤其儒家之徒——对于"辞章"的态度，作为有可能继续展开的"文人/儒者"论的张本。

本书写作期间应邀完成了一本小书《易堂寻踪——关于明清之际一个士人群体的叙述》(江西教育出版社，2001 年)，附录中的《易堂三题》，是借诸易堂的由若干角度的论述，与正文的某些章节有呼应。至于《廉吏·循吏·良吏·俗吏》一篇，或许像是"非常异义可怪"之论。在我看来，即使涉及"廉""清"的敏感话题，也仍然有讨论的余地——问题的另一方面，问题间的另一种关联，士人有关此一问题的"另类"见解，那见解背后的思理、经验背景，以见彼时思想材料之丰富，士人思路之分歧，思想空间之宏阔。由此一端，不也可闻"众声喧哗"？分辨其时的不同声音，始终是我致力的方面，何况那另类见解的确富于深度！

我曾在正编的后记中提到"是否正是'思想史'(有时即等于'理学史')的既定格局，限制了对'思想'的整理，使得大量生动的思想材料因无从纳入其狭窄的框架，而不能获取应有的'意义'"。还说"引起我兴趣的，通常更是一些像是未经系统化的思想材料，甚至为一般思想史弃而不用的材料"。其时如王夫之这样的儒者，其思想固非理学所能框限。关于王氏，侯外庐说，"他的直接传统，在我看来，已经不是理学……影

315

响了他的学说的人，实在不完全是张载"（《船山学案》页8，岳麓书社，1982）。还说："船山为颠倒理学的头足者，理学的外表甚浓，而其内容则洗刷干净。"（同书，页22）对侯氏上述论断，我不能置一词，想说的却是，我自己迄今为止的明清之际士大夫研究，倘没有王夫之和他的那些"非常异义可怪"之论，即使还能进行，面貌也将相当不同。

所拟书名"制度·言论·心态"中的"制度"不免夸张。书稿中的薄弱部分应即"制度"。这里的"制度"，或许更宜于读作意向——探究制度对于人（士大夫）的塑造，确是我的部分意图。涉及"制度"的材料，多半是作为言论、话题分析的，关心既在"士风"赖以造成的制度条件，却更在士人对有关制度的诠释，他们的制度批评，即作为话题的制度论。令我自己也略感意外的是，因了"求知"与"求解"的渴望，那些制度文献，竟也读得津津有味。

在有了一定的积累之后，阅读也即比较、辨析——真正的学术工作于焉展开。即使原来以为枯燥的题目，也会渐饶趣味。也就这样一点一点地艰难推进，对象的轮廓渐次显现，其层次肌理俨若触摸可及；由此及彼，由近及远，版图于是乎扩张。进入愈深，也愈有深入的愿望，随着问题的日益明确，线索日见清晰，反而加剧了求知求解的紧张，对象在感觉中愈见茫茫无涯际，计划中阅读的书单不断伸长，于是痛切地感到了精力衰退中的力不从心。至于本书引文的密匝，固然因论断之难，也为了存"言论"，冀稍近于"真相"。谢国桢在其《明清之际党社运动考》的自序中说，最初为使读者"不感枯燥"，"有时文章也不免稍为煊赫一点"，后来修订时"感觉所谓'煊赫'的地方，总归于不忠实，遂把他删去了，仍抄录原文以存真相"。我不敢自信"存真相"，只能说存文献的原貌。

我的这项研究自始就不曾以"完整性"为追求。这不仅因了穷尽对象之不可能，也因了我一向较为狭窄的视野与关注范围。我往往是被一个个具体的认知目标所吸引，被由一个目标衍生出的另一个目标所推动，被蝉联而至的具体"任务"所牵系；在工作中我的快感的获得，通常也由于向这些具体目标的趋近，似乎终于绎出了现象间的联结，发现了言论间的相关性；错综交织的"关系"如网一般在不意间张开，这背后无穷深远的"历史"，似渐渐向纸面逼来……我明白这是一些渺小的属于一己的快乐，但它们切切实实地润泽了我的生活。

在这过程中，聊可作为休憩的，是与较具文学意味的材料的遭逢——披沙拣金，偶遇奇文，精神未始不为之一振；尽管那些文字，通常为"文选"所不收。黄宗羲说，"有平昔不以文名，而偶见之一二篇者，其文即作家亦不能过"（《钱屺轩先生七十寿序》，《黄宗羲全集》第10册，页653，浙江古籍出版社，1993）。可惜的是未能采集，事后竟无从追索，否则可辑为一编的吧。

我也依旧为"人物"所吸引，为人物光明俊伟的气象所吸引，为他们正大的人格所吸引，时有触动、感动，以至感慨不已。即使在关于"明清之际士大夫"的研究结束之后，那些人物，那些问题，仍将在我的意念中。它们已成为我的生活的一部分，亦如"中国现代文学"一样无从割舍。与这些不同时段的"知识人"同在的感觉，是学术之于我的一份特殊赐予，我珍视这种经历与感觉。我也曾设想在京城及周边地区搜寻明清之际士大夫的踪迹。即使遗痕全无，也无妨站在"实地"，遥想其时情景，追寻那些痕迹被"岁月的潮水"冲刷的过程。但我的所长，或许只在凭借文字的想象与重构；寻踪的设想，多半只是设想而已。

本书的大部分章节，在正编的写作中，题目已约略生成。该书完稿至今的七年里，经过了持续的积累，才有了续编所呈现的面貌。这是一段漫长的行程。某些章节曾一再调整，甚至有大幅度的改写。力有不能及，于是处处见出挣扎。偶尔翻看正编，竟也暗自惊讶，想到这些文字倘若写在一些年后，不知还能否如此"挥洒自如"。较之正编，续编更避免过度地"介入"。这既与年龄、写作状态有关，也出于自觉的约束。依然有不自信——不自信于对材料的掌握，不自信于对文本的解读与判断。"不自信"有效地抑制了议论的冲动。当然，向史学的学习，也参与造成了上述态度，尽管这态度不便用"客观"来形容。

改稿到最后，是 2005 年夏最热的一段日子。偶尔由电脑屏幕望向窗外，看到的是满树桐叶森然的绿。世道、人心都变化得太快，时过不久，即成怀念。即如我，就怀念初入"明清之际"的那段时间，怀念那时感受到的极新鲜的刺激，与人物及其思想蓦地遭遇时的震撼。章学诚说："夫学有天性焉，读书服古之中，有入识最初，而终身不可变易者是也。学又有至情焉，读书服古之中，有欣慨会心，而忽焉不知歌泣何从者是也。功力有余，而性情不足，未可谓学问也。性情自有，而不以功力深之，所谓有美质而未学者也。"（《文史通义校注》内篇二《博约中》，页161—162，中华书局，1983）"学"是可以在时间中积蓄的，"性情"却难免于时间中的磨损。据说庄子曾说自己"贫也，非惫也"（《庄子·山木》）。我个人近年来的状况，却正宜用一"惫"字形容。回想初入"明清之际"、撰"戾气"诸篇之时，已恍如隔世。读者诸君倘能由此书的文字间读出这种"惫"，或能有一份体谅的吧。

本书写作过程中，继续得到陈平原、夏晓虹夫妇与贺照田等朋友的支持与鼓励。意外地收到了台湾"中研院"文哲所惠赠的《刘宗周全集》，以及王汎森先生的系列论文的复印稿，令我有无以为报的惭愧。我还应当感谢社科院及文学所的图书馆，它的藏书与借阅条件，使这项研究成为可能。

2005 年 8 月

（《制度·言论·心态——〈明清之际士大夫研究〉续编》，北京大学出版社 2006 年出版）

图书在版编目（CIP）数据

明清之际的思想与言说／赵园著. —增订本. —
西安：陕西人民出版社，2023.6
ISBN 978-7-224-14549-6

Ⅰ. ①明… Ⅱ. ①赵… Ⅲ. ①士—中国—研究—明清
时代 ②大夫—中国—研究—明清时代 Ⅳ. ①D691.42
②K248.03

中国版本图书馆 CIP 数据核字（2022）第 081810 号

出 品 人：赵小峰
总 策 划：关　宁
策划编辑：王颖华
责任编辑：王颖华
封面设计：姚肖朋
版式设计：白明娟

明清之际的思想与言说（增订本）

作　　者　赵　园
出版发行　陕西人民出版社
　　　　　（西安市北大街 147 号　邮编：710003）
印　　刷　陕西龙山海天艺术印务有限公司
开　　本　787mm×1090mm　32 开
印　　张　10.125
字　　数　177 千字
版　　次　2023 年 6 月第 1 版
印　　次　2023 年 6 月第 1 次印刷
书　　号　ISBN 978-7-224-14549-6
定　　价　69.00 元

如有印装质量问题，请与本社联系调换。电话：029-87205094